★ ★ ★

Deaths
of Despair
and
the Future
of
Capitalism

美国怎么了

绝望的死亡与资本主义的未来

★ ★ ★

[美]
安妮·凯斯（Anne Case）
安格斯·迪顿（Angus Deaton）
著
/
杨静娴
译

中信出版集团 | 北京

图书在版编目（CIP）数据

美国怎么了：绝望的死亡与资本主义的未来 /（美）安妮·凯斯，（美）安格斯·迪顿著；杨静娴译 .-- 北京：中信出版社，2020.9（2021.12重印）

书名原文：Deaths of Despair and the Future of Capitalism

ISBN 978-7-5217-2097-6

Ⅰ.①美… Ⅱ.①安… ②安… ③杨… Ⅲ.①经济－研究－美国 Ⅳ.①F171.2

中国版本图书馆 CIP 数据核字 (2020) 第 159649 号

美国怎么了——绝望的死亡与资本主义的未来

著　　者：[美] 安妮·凯斯　[美] 安格斯·迪顿
译　　者：杨静娴
出版发行：中信出版集团股份有限公司
（北京市朝阳区惠新东街甲 4 号富盛大厦 2 座　邮编　100029）
承 印 者：中国电影出版社印刷厂

开　　本：787mm × 1092mm　1/16　　印　　张：21.25　　字　　数：400 千字
版　　次：2020 年 9 月第 1 版　　印　　次：2021 年 12 月第 4 次印刷
京权图字：01-2020-4083
书　　号：ISBN 978-7-5217-2097-6
定　　价：68.00 元

谨以此书献给

朱利安、塞莱斯汀、拉克、安德鲁、瑞安、
詹姆斯、约翰、玛丽和威尔，
愿你们拥有一个更加公平、更少绝望的世界。

目录

推荐序

经济学家应该对普林斯顿大学经济学家安格斯·迪顿教授及其杰作并不陌生，如其于2013年出版的畅销书《逃离不平等》。我在20世纪90年代初开始注意迪顿教授的研究，这主要源于他在经济学顶刊发表的几篇关于健康与收入分配的必读论文。事实上，他的长期研究系统性地推进了人们对于贫困、健康、消费与发展经济学的认知，为人们深刻了解相关问题奠定了坚实的微观经济学基础。也因此，他于2015年获得诺贝尔经济学奖。

2019年，迪顿教授与夫人（也是同事）安妮·凯斯教授出版了一本新书，中文版叫《美国怎么了：绝望的死亡与资本主义的未来》。这是一本非常值得花时间细读的佳作，也是我近来难得一口气读完的新书。

该书所论主题相当复杂，有些主题饱受争议，尤其是在当下。然而，作者勇于直面诸多尖锐问题，运用超凡的驾驭能力，逐一道出精彩见解，其中不乏颠覆常人直觉的观点，让人脑洞大开。平心而论，这些观点若不是出自两位经济学大师的力作，我未必会反思自己很多与书中观点相悖的看法。当然，我也未“照单全收”这本书中的所有结论。

在论及正文之前，值得一提的是，他们令人敬佩的谦卑态度和科学精神。在这本书中，他们始终把大众读者视为首要尊重的对象。在他们挥洒自如的笔下，尽管论述的是人类大是大非的问题，很多涉及学术性很强的经济学、政治学、社会学以及医学相关命题，字里行间无不呈现他们对非专业读者进行的精心裁剪和深入浅出的耐心安排，漂亮的叙事文风更让人爱不释手。与此同时，他们对所论问题的严谨态度并未打折，与其发表的学术论文并无二致。针对关键的史料、数据、方法以及相关发现，他们要么给出自己坚信的肯定答案，要么向读者坦承他们的认知局限或明示结论的不确定性。

如果要全面领会《美国怎么了》的深刻内涵，不妨先浏览一下《逃离不平等》一书。《逃离不平等》是一部关于工业文明如何促进人类经济繁荣的巨著，基于大量的史料实证数据，全景式地展示了250年以来，得益于资本主义市场经济主导的工业文明，人类总体上首次成功逃离了有史以来长期遭受的极度贫困与过早死亡的“马尔萨斯陷阱”。与此同时，因为各国的长期经济增速差异，贫富国家的人均收入差距也随之扩大不少。

《美国怎么了》的视角和论点则迥然不同，可以说是以揭示《逃离不平等》成功故事背后的负面问题为主线，展开了对美国在新世纪出现的社会“逆繁荣”现象进行的深刻剖析和尖锐批评。用他们的话说，这本书的主题“没有那么令人振奋。它记录了绝望和死亡，批评了资本主义的多个方面，并对全球化和技术变革在今日美国是否卓有成效提出了质疑”。

《美国怎么了》开门见山地向读者展示了一幅美国当下逆繁荣变化的悲观图景。基于对美国历年死亡记录的精心分析，两位作者发现了令人吃惊而又沮丧的社会逆转现象，他们称之为“绝望的死亡”流行病。自20世纪最后10年以来的30年，美国未受大学教育的白人劳工阶层占了工作人群的38%，他们的命运遭受了前所未有的重创，从而成为因绝望而死亡的最大牺牲品，且人数不断增长。导致“绝望的死亡”的三大“杀手”分别是滥用阿片类药物中毒、酒精中毒的肝病以及自杀。而在同一时期，接受大学教育的白人并未经历如此遭遇，尽管同期的期望寿命增长显著低于战后数十年的“黄金”时光。更令人难以想象的是，长期处于社会经济劣势的黑人，虽然其绝对死亡率仍然高于白人，平均寿命增长也几乎停滞，但没接受大学教育的黑人队列在同期并未出现“绝望的死亡”流行病抬头的恶劣趋势。

两位作者随后用大量篇幅讨论“绝望的死亡”之因。我最为欣赏的是其论证的“靶向”方法学。以第十章为例，题为“歧途：贫困、收入与经济大衰退”。凭直觉，我猜想这十有八九是所论问题的“元凶”——靶点。然而，经过抽丝剥茧的分析，他们图文并茂地逐一予以“毙”之。说到贫困，他们证明了在过去30年，白人劳工的“绝望的死亡”流行病的蔓延与美国贫困人口的分布并不相关，所以主因一定不是他们比其他群体更穷。关于收入不平等，人们可能猜想其也是罪魁祸首。然而，他们认为，绝望的陷阱并非因为最顶尖的1%富人变得更富，而是因为绝望的人群所在的社区和工作场所发生了灾难性退步，致使其收入、工作、家庭、婚姻状况全面崩溃。同理，他们基于1929年和2008年两次经济危机的数据分析，并未发现其间“绝望的死亡”人数激增，因此认为“剑指经济危机”也是认知歧途。他们还补充了国别比较分析，进一步论证了欧洲国家同期也经历了经济衰退、政策紧缩和高失业，然而都未曾发生类似的“绝望的死亡”流行病。

值得一提的是，作者在此也没有回避一个颇为尖锐的说法：遭受“绝望的死亡”流行病侵害的一代人，也许是自身“丧失了勤奋精神”而懒得努力工作与积极上进的后果。对此，他们不以为然，并运用劳动力市场的供需原理争辩：如果是因为劳动力供方不务正业的行为，就业下降应该伴随市场工资上升才对，可实际数据显示的却是二者双降，所以最有可能是劳动力市场需方的萎缩所致。

拜读至此，我按捺不住自己的好奇心，迫不及待地想知道他们究竟能解密什么惊人答案。从微观的角度看，两位作者明确认为，“美国的医疗制度危机是造成没落和绝望的最直接原因”。这里，如同大多批评美国医疗体制的典型说法，他们也集中痛斥美国医疗的最大“表征”：一方面，支出了占GDP（国内生产总值）18%的巨额医疗费用，全球之最；另一方面，又未取得相应最好的健康结果，其惊人的浪费和低效似乎不言而喻。不仅如此，巨大的医疗负担还“正在耗尽美国人的生存基础”，最终导致灾难性的“绝望的死亡”。但这并非重点，两位作者真正的重点是——美国医疗体制究竟错在哪里。他们的答案是美国的医药、医疗和保险体系构成的供给侧隐形“联盟”，凭借其自身强大的市场能力，加上游说政府为其变相垄断、寻租提供“保驾护航”，共同牟取快速增长的医疗暴利。这对为员工购买医保的雇主而言，不得不通过降低人员工资转嫁成本；对于没有医保的人群而言，情况自然更糟。再从宏观层面分析，两位作者认为根源在于美国资本主义在解决社会保障矛盾时的制度缺陷。他们辩称，主要因为医疗市场的信息不对称性，为资本主义缔造繁荣的市场竞争难以奏效，进而不可能为医疗服务的供需双方提供双赢结果。

如要解决美国医疗的上述重大问题，路在何方？两位作者坦承，他们无意也无力在这本书中绘制美好的医疗改革和社会保障蓝图，但仍然尝试给出一些建设性意见。其中，他们特别强调二次收入分配和建立社会医疗保障的重要性。他们指出，美国目前的税收制度需要改革，使其为全民提供更为公平的收入分配和社会保障，而不是当下的“劫贫济富”。不过，他们也再三声称，明确不赞成优先考虑对收入顶端的所有富豪课以重税来“劫富济贫”。这里，他们特别强调了区别“不平等”和“不公平”的重要性，前者包含了合法收入的差距，后者则是不义之财的结果。所以，公共税收政策的改革应该着力于如何“限制寻租和减少掠夺”，而“不必对被普遍认为公平收入的那一部分收入和财富征收高额税赋”。他们不无哲理地比喻道：“阻止小偷的正确方法是不让他们偷窃，而不是给他们加税。”

至于如何才能成功改革美国的税收政策、社会保障及其医疗体制，两位作者并未进一步展开论证，我想也不该做更多苛求。客观而言，这既非这本书的篇幅所能涵盖的内容，也不是仅凭两位作者就能完成的重任。温家宝总理在任期间曾经说“医改是一项世界性难题”，此话真的一点儿也不夸张。关注各国医改的读者朋友也许知道，迄今为止，还未发现哪个国家的医疗制度堪称典范，足以成为众多国家效仿的模式。事实上，医疗制度何去何从正越来越成为影响各国政治、社会、经济发展取向的重大议题，也是各国争论不休的热点、焦点问题。

在此，请容我对此书的结论要点从不同的视角谈三点个人之见。

第一，关于医疗市场的竞争问题。在国际医改和健康经济学文献中，一方面，大家普遍认同诺贝尔经济学奖得主肯尼斯·阿罗教授关于医疗市场具有信息不对称的一般性特征；另一方面，也开展了大量关于医疗市场竞争效应的实证研究。虽然研究结果不尽相同，正面、负面的都有，但据我所知，竞争有利于促进服务效率、医疗质量甚至成本管理的实证文献仍是主流。哈佛大学商学院被誉为“竞争战略之父”的迈克尔·波特教授甚至声称，美国医疗问题的症结非但不是竞争本身或过度，而恰恰是缺乏有效竞争所致。

第二，关于医疗费用增长问题。对此，我特别赞同哈佛大学经济学家大卫·卡特勒强调的一个观点：医改经济学分析不该以控制医疗费用上涨为目的，而应聚焦于分析每一美元医疗开支的健康回报是否值得。芝加哥大学诺贝尔奖得主罗伯特·福格尔也曾在相关论著中独立提出了高度一致的见解。基于这个逻辑，国家医改的要务之一应是加强对医药技术和临床服务开展系统的经济学成本效益评价，从而不断完善医保目录和支付手段。事实上，各国近年来的确也正在此方面不断推进相关工作，包括中国的全民医保近期开展的药物经济学评价，以及英国国家卫生与临床优化研究所（NICE）和美国临床与经济评价研究所（ICER）等机构发挥的重要作用。

第三，关于美国资本主义与社会保障制度。众所周知，欧洲主要国家的资本主义制度伴随了强烈的高税收、高福利的国家社会保障色彩，美国长期践行的则更是以捍卫“个人选择自由”为核心价值观的资本主义制度，主张“小政府、大社会”的价值取向和公共政策。因此，如要推行更为彻底的社会保障和全民医保制度，必定要求美国民众放弃更多的个人选择和资源支配权，从而让位于政府扮演更大的资源配置角色。对于美国人而言，此举非同小可，而是大是大非问题，更不是总统、政府、国会说了就能算事。想想看，历经多少前任总统的医改尝试失败之后，奥巴马总统好不容易成功通过了美国全民医保法案，也还险些因此被控为有悖美国自由精神的“违宪”之举而被弹劾。虽然逃过此劫，但特朗普上台后，仍旧以同样理由继续着推翻该法案的努力。目前来看，美国全民医保的命运仍然堪忧。即使两位作者也在这本书的结尾章节告诫，“我们也清楚地意识到政府的危险，更大的政府意味着更多的寻租空间和更大的不平等”。他们坦言，曾经考虑以“资本主义的失败”为部分副书名，但最终选择了“资本主义的未来”，表达其希望拥有的更美好的未来。

以上只是我的几点浅见，既不全面，更谈不上正确与否，就当抛砖引玉吧。最后，我还想与青年读者啰唆两句如何更好地阅读这本书的体会。这本书既涉及很多政治性很强的议题，又不乏学术性很深的研究问题。因此，我会尽量学习两位作者的治学精神，对于书中呈现的争议性、冲击性很强的观点结论，无论我们同意与否，接受还是弃之，只要坚持开放性、批判性的思维态度，相信也会受益匪浅。无论如何，我相信大多读者不会后悔阅读此书。

刘国恩

北京大学国家发展研究院长江学者特聘教授

北京大学经济管理学部副主任

国务院医改专家咨询委员会委员

序　言

在 2013 年出版的《逃离不平等》一书中，安格斯·迪顿讲述了一个乐观的故事。那个故事主要讲述了过去 250 年中人类所取得的巨大进步，描绘了前人无法想象的物质进步，贫穷匮乏得到消减，人类寿命也不断延长。人类不断创造知识并对其加以应用，使这种进步成为可能。在这一进程中，最耀眼的明星当属资本主义，它挟全球化威力之勇，使数以百万计的人摆脱了赤贫状态。民主不断在全球各地开花结果，越来越多的人得以参与社会进步，投身于建设自己所在的社区和社会。

本书的主题则没有那么令人振奋。它记录了绝望和死亡，批评了资本主义的多个方面，并对全球化和技术变革在今日美国是否卓有成效提出了质疑。但是我们仍然保持乐观，我们依然相信，我们可以通过对全球化和技术变革加以管理实现普遍利益。世界不必像今日美国那样运作，而是应该将其重新定向，使其服务于大众的利益。自由市场竞争可以做很多事情，但是它也在很多领域不能很好地发挥作用，例如，在提供医疗保障方面，高昂的医疗费用已经对美国人的健康和福祉造成极大的伤害。如果各级政府不愿像其他富裕国家已经实行的那样，推行强制医疗保险和强力控制费用，那么悲剧将不可避免。绝望的死亡现象在很大程度上正是美国——也只有美国——未能吸取这一教训的结果。

此前，资本主义也曾失信于大多数人，例如在19世纪初开始的工业革命时期，以及其后的大萧条年代。但最终，资本主义这头野兽被驯服，而非被杀死，并取得了《逃离不平等》一书中所描述的巨大成就。如果能够制定正确的政策，我们就可以确保今天发生的一切不是另一场重大灾难的序幕，而只是暂时的挫折，未来我们将重新走上经济欣欣向荣、人民身体健康的康庄大道。我们希望本书虽然不能像《逃离不平等》那样鼓舞人心，但可以帮助我们重回正轨，在21世纪能够重现过去取得的进步。世界的未来应该是充满希望的未来，而不是绝望的未来。

在撰写本书时，我们希望读者在阅读之时无须频频查阅书末的注释，收听有声书的听众也不需要参看图表。因此，本书的章节独立成篇，书中的图表也得到了详尽描述，即使不参看本书，也能理解我们的论点。我们增加注释的目的主要有两个。其一，绝大多数注释是引文，提供了支持我们观点的数据或者佐证我们观点的文献。其二，在少数情况下，注释包含了更详尽的技术性资料，以供感兴趣的读者查阅。这些内容对于本书的正文而言并非必需的。

在写作过程中，我们在描绘绝望时经常深感痛苦，相信一些读者在读到相关内容时也会有同样的感受。那些正遭受我们所描述的抑郁或成瘾困扰的人可以寻求帮助。如果你有自杀的想法，请拨打美国国家自杀预防生命热线1-800-273-8255（电话）。你也可以在SpeakingOfSuicide.com/resources上找到其他协助性资源的列表。如果你本人、你的家人，或者你认识的某个人正深陷药物成瘾或酒瘾，那么我们建议你首先和一位值得信赖的家庭医生或精神顾问进行交谈。我们还推荐嗜酒者互诫协会，即匿名戒酒会（Alcoholics Anonymous，aa.org）和嗜酒者家庭互助会（Al-Anon，Al-Anon.org），后者旨在帮助受影响的嗜酒者家庭成员。这些组织在美国和世界的大多数地方都有分支机构，为许多人提供帮助，并提供一个友善和无风险的有效支持社区。通过它们的网站，可以方便地找到其本地组织。

安妮·凯斯

安格斯·迪顿

2019 年 10 月，写于新泽西州普林斯顿

引　言

午后的死亡

本书的写作始于2014年夏天蒙大拿州的一间小木屋内。我们每年8月都会前往麦迪逊河瓦尔尼桥旁的小村庄度假，那里可以俯瞰麦迪逊山脉的群山。我们曾立志调查幸福感与自杀率之间的关系，换言之，调查在那些幸福感低下、人们声称自己生活得一团糟的县乡和城市，自杀现象是否更为普遍。纵观过去10年的自杀率，蒙大拿州麦迪逊县是我们常年居住的新泽西州默瑟县的4倍。我们对此颇为好奇，特别是因为我们在蒙大拿州总体上过得非常愉快，并且那里的其他居民似乎也生活得很开心。

在调查过程中，我们发现美国中年白人的自杀率正在迅速攀升。我们还发现另一个令我们颇为困惑的现象，那就是美国中年白人还遭受着其他伤痛的困扰。他们中罹患疼痛症的比例更高，整体健康状况也更差。虽然他们的总体情况略好于美国老年人——毕竟健康状况会随着年龄的增长而恶化——但二者之间的差距正在缩小。一方面，老年人的健康状况得到改善；另一方面，中年人的健康状况则在恶化。我们知道，病痛会驱使人们自杀，所以或许这两者之间存在某种联系？

那只是第一步。当我们考虑如何呈现我们的结果时，我们希望把自杀现象置于一个更大的背景中。自杀在总体死亡情况中的比例如何？与癌症或心脏病等主要死亡原因相比，其严重程度又如何？于是，我们回到美国疾病控制与预防中心，下载相关数据并进行计算。我们惊讶地发现，对美国中年白人而言，不仅自杀率正在上升，他们的整体死亡率也在攀升。虽然增加的数字不大，但考虑到死亡率应该逐年下降，因此死亡率不再下降也是一件值得关注的事，更不用说不降反升了。

我们以为自己一定在什么地方犯了错误。死亡率不断下降是20世纪最美好，也最确定的特征之一。任何一个大群体的死亡率都不应该不降反升。例外情况当然也出现过，例如，第一次世界大战末期的流感大暴发，或者30年前许多年轻人死于艾滋病。但是，死亡率稳步下降，特别是中年人的死亡率稳步下降，是20世纪最伟大（也最可靠）的成就之一，并且这正是推高美国以及世界其他富裕国家新出生人口预期寿命的原因。

到底发生了什么？自杀事件的数量并不足以解释整体死亡趋势的逆转。我们研究了其他可能导致这种逆转的因素。令我们惊讶的是，“意外中毒”是一个重要原因。怎么会这样？难道很多人不小心误喝了通乐管道疏通剂或者除草剂？由于我们（当时）的无知，我们并不知道“意外中毒”这一死因也包含药物过量使用致死，也不知道服用阿片类药物[①]造成的死亡已经成为普遍现象，并且这种情况还在迅速蔓延。此外，酒精性肝病的死亡率也在迅速上升。因此，死亡率上升最快的三大原因包括自杀、药物过量使用和酒精性肝病。这些类型的死亡都属于自戕，无论是用枪迅速地自我了断，还是缓慢并且不那么确定地因为药物成瘾送命，抑或更缓慢地死于酒精中毒。我们开始将这三大死因统称为“绝望的死亡”。这主要是为了给它们贴一个标签，从而能够方便地将其联系在一起。导致死亡的究竟是怎样的绝望，到底是经济上、社会上，还是心理上的绝望，我们

---

① 阿片类药物有镇痛和中枢神经系统镇静作用，主要用于中到重度疼痛的治疗，比如癌症的疼痛，但容易成瘾，常见的包括海洛因、吗啡、芬太尼、杜冷丁、美沙酮等。——编者注

不得而知，也未妄加臆断。但这一标签被广泛接受，而本书则是对这种绝望的一次深入探索。

本书所讲述的正是这一类死亡以及被死亡阴影笼罩的人群。我们如实记录了当时的发现，以及我们和其他人随后的更多发现。其他作家已在新闻报道和一系列发人深省的好书中描述过死者的名字和面容，并讲述了他们身后的故事，我们也将利用这些描述。我们自己此前的工作主要聚焦记录正在发生的一切，但是在本书中我们更进一步，尝试追溯其潜在的经济和社会根源。

哪些人正在死去？一个人死亡后，需要为其开具一份死亡证明，其中一栏需要填写死者的学历。在这一栏中，我们又有一个惊人的发现。增加的绝望的死亡者几乎全部是没有学士学位的人。拥有学士学位的人基本上未受影响，处于危险之中的是那些没有学士学位的人。这种情况在自杀人群中尤其突出。一个多世纪以来，受过良好教育者的自杀率普遍较高，[1]但在当前泛滥的绝望的死亡中，情况却并非如此。

学士学位正在日益分裂美国，它带来的非同寻常的好处成为贯穿本书的一个主题。有学士学位的人和没有学士学位者的差距越来越大，不仅在死亡率方面，在生活质量方面也同样如此。没有学士学位的人饱受病痛日益增加、健康不断恶化以及严重精神压抑的折磨，工作和社交能力也不断下降。与此同时，这两类人群的收入、家庭稳定性和所在社区的差距也不断扩大。[2]学士学位已经成为社会地位的关键标志，那些没有学士学位的人好像被迫佩戴着一枚圆形的猩红色徽章，上面写着BA（学士学位），并打了一个大大的红叉。

过去半个世纪以来，美国（像英国和其他富裕国家一样）已经逐步建立精英制度，并且被我们理所当然地视为一项伟大的成就。但是，正如英国经济学家和社会学家迈克尔·杨早就预言的那样，这种制度也有其阴暗的一面。他在1958年提出“精英制度”这个概念，同时认为精英制度将导致社会灾难。[3]那些没能通过大学考试、成功毕业并成为大都会精英的人，在飞速发展、科技腾飞、兴旺繁荣的都市中并无一席之地，被迫接受在全球化和机器自动化生产的威胁下朝不保夕的工作。精英人群会为自身的成就扬扬自得，将其归功于自己的努力奋斗，同时鄙视那些没有学士学位的人，认为他们也曾被给予机会，但是却没有抓住机遇。受教育程度较低者的价值得不到认可，也不会获得尊重，他们自己往往也以失败者自居，并对社会制度不公愤愤不平。[4]纵观今日世界，成功可以带来多大的好处，那些未能通过精英测试的失败者就面临多大的惩罚。迈克尔·杨不无预见性地将那些被时代洪流抛弃的人群称为“民粹主义者”，将精英人群称为“伪善主义者”。

在我们的叙事中，不仅有死亡，还有病痛和成瘾，以及分崩离析和丧失意义的生活。在没有学士学位的美国人中，同居率和非婚生子女比例持续上升，结婚率则持续下降。许多中年男子并不认识自己的孩子，因为他们已经和曾经同居的女友分手，而他们的孩子现在正和一个不是他们父亲的男人住在一起。过去那些来自宗教组织，尤其是传统教会的慰藉，现在已经从许多人的生活中消失。人们对工作的依恋度日益下降，许多人已经彻底脱离就业大军，仅有少数人拥有长期雇佣关系，雇主也不再像以前那样对员工负责，而这种长期雇佣关系对许多人来说曾是地位的象征，是富有意义的生活的一个基础。

过去，更多的工人加入工会。工会帮助工人提高工资，并帮助他们对自己的工作场所和工作条件拥有一定的控制权。在许多城镇，工会议事厅是社交生活的中心。而现在，曾经支持蓝领工人的高工资已基本消失，制造业的工作机会已被服务业工作取代，例如，医疗、食品制备和服务、保洁服务以及维护修理性工作。

我们所讲述的关于绝望的死亡、病痛、成瘾、酗酒和自杀的故事，关于低薪的低档工作的故事，关于婚姻解体的故事，以及关于宗教信仰下降的故事，主要发生在那些没有学士学位的非西班牙裔美国白人身上。据美国人口普查局估计，2018 年，年龄在 25~64 岁的美国人口数量为 1.71 亿，其中 62% 为非西班牙裔白人，而这些人中的 62% 没有学士学位。换言之，受教育程度较低的美国白人，即面临上述危险的人群，占工作年龄段总人口的 38%。当然，全体美国劳工阶层，不分民族和种族，均正在遭受经济力量的伤害，但黑人和白人的故事截然不同。

回望 20 世纪七八十年代，那些在中心城区工作的非洲裔美国人的遭遇与 30 年后白人劳工阶层的经历颇有共同之处。全球化的第一波浪潮对黑人的打击尤其严重，对于这个长期处于弱势地位的群体，中心城市的工作机会变得稀缺。受教育程度较高和更有才能的黑人逐渐离开市中心地区，搬到城市中更安全的社区或者郊区。结婚率急剧下降，因为适婚男子不再拥有工作。[5] 犯罪率迅速上升，同样上升的还有因为暴力和霹雳可卡因泛滥导致的药物过量使用和艾滋病造成的死亡，其中艾滋病对美国黑人的冲击尤其巨大。黑人长期以来一直处于最弱势的地位，而美国以及全球经济格局的变化进一步削弱了其社会地位，因为经济格局的变化造成低技能工作机会大量流失，黑人群体首先受到这一负面影响的冲击。

长期以来，非洲裔美国人的生活处境一直比白人艰难。无论是过去，还是现在，黑人的寿命都更短。黑人也更不容易上大学或者找到工作。即使找到工作的黑人，其平均收入水平也低于白人。黑人的财富更少，拥有自己住房的可能性更小，进监狱和陷入生活贫困的可能性更大。在上述许多领域（尽管不是全部领域），黑人的处境现在都已有所改善。自 20 世纪 70 年代以来，黑人在教育、工资、收入和财富方面的情况都越来越好。1970—2000 年，黑人死亡率的下降幅度超过白人。在 21 世纪前 15 年，黑人的死亡率持续下降，而与此同时，劳工阶层白人的死亡率则有所上升。

与 1970 年相比，公开的歧视现象有所减少。美国已经选出一位黑人总统。同时，过去绝大多数人认为不同肤色的人通婚是错误的，而现在的情况已经变成绝大多数人认为这样做没什么问题。毫无疑问，一些白人对丧失白人长期享有的特权感到愤恨，但这只是伤害了他们，而对黑人没有影响。[6] 长期以来，人们一直指出，主要针对黑人的种族主义制度实际上损害了贫穷白人的利益。富人曾拉拢贫穷的白人，告诉他们，尽管他们可能没有多少钱，但至少他们是白人。正如马丁·路德·金总结的那样，"南方贵族夺走了全部，只留给贫穷的白人吉姆·克劳法（Jim Crow）①"。于是，当贫穷的白人没有钱吃饭时，"他可以吃吉姆·克劳，并自我安慰说，无论自己的日子多么糟糕，也总比黑人要好，因为至少他是一个白人"。[7] 随着种族歧视与其他形式的歧视日渐消失，白人劳工阶层也丧失了这些歧视给他们带来的好处。超过半数的美国白人劳工阶层认为，对白人的歧视已经与对黑人和其他少数族裔的歧视同样严重，但在受过大学教育的白人中，只有 30% 的人认同这个观点。[8] 对此，历史学家卡罗尔·安德森表示，对于一个"长期享有特权的人而言，平等看上去无异于压迫"。[9]

尽管黑人的死亡率仍然高于白人，但过去 30 年间，黑人的死亡率与没有学士学位的白人的死亡率的差距已明显缩小。20 世纪 90 年代初，黑人的死亡率是白人的两倍多，但后来，随着前者的死亡率持续下降，后者的死亡率不断上升，两者之间的差距缩小到 20%。2013 年以来，阿片类药物滥用也开始蔓延到黑人社区，但在此之前，绝望的死亡只是贫穷白人的流行病。

在接下来的章节中，我们记录了白人劳工阶层的生活如何在过去半个世纪逐步衰落。非西班牙裔白人占据劳动年龄人口的 62%，因此了解他们的死亡率本身就具有重要意义。有关 20 世纪七八十年代非洲裔美国人的故事已经得到广泛的研究和探讨，[10] 我们对此并无多少补充，但我们仍然希

---

① 吉姆·克劳是美国戏剧演员托马斯·赖斯扮演得一个黑人角色，后来逐渐演变为贬抑黑人的称号和黑人遭受种族隔离的代名词。——编者注

望提醒大家，那个故事与今天白人的困境存在某些相似之处。与此同时，西班牙裔人群则是一个涵盖多族裔的群体，划分的依据是其是否讲西班牙语。美国西班牙裔人口的死亡率因西班牙裔移民构成的变化（例如移民主要来自墨西哥、古巴或者萨尔瓦多）而不断变化，因此我们无意讲述一个能够囊括这一群体的统一故事。

我们在本书中阐述了一些社会和经济力量，这些力量使得劳工阶层的生活缓慢地日益恶化。其中一个论点主要关注了劳工阶层白人这一群体内部价值感的不断下降和文化的日益失调。[11] 毫无疑问，有关非婚生子女禁忌的社会规范崩溃，最初对许多人来说似乎意味着一种解放，但从长远来看，它带来了沉重的代价。那些年轻时笃信自己可以活得无拘无束，不需要承担责任的人，在人到中年之后发现自己孑然一身，独自漂泊。对宗教的背弃或许与此类似，当然这也有可能是因为宗教组织未能适应政治和经济变化，并在不断变化的世界中继续提供意义和安慰。这些关于社会规范的论点无疑有其道理，但我们的叙事更加侧重于某些外部力量，这些力量已经逐渐吞噬半个世纪前典型劳工阶层生活所依赖的基础。现在有这样一种观点，认为劳工阶层的灾难是咎由自取，因为他们对工作丧失了兴趣，但是有充分的事实证明，这纯属无稽之谈。

在进行通货膨胀调整后，美国男性的平均工资增长已经停滞半个世纪之久。对于没有学士学位的白人男性而言，其平均收入的购买力在1979—2017年下降了13%。而在同期，美国人均国民收入增长了85%。尽管2013—2017年，受教育程度较低者的收入变化出现了可喜的转机，但与其长期下降趋势相比，这一转机微不足道。在经济大衰退①结束后的

① 经济大衰退指由2007年8月开始的金融危机引发的经济衰退。这场金融危机又被称作金融海啸，是由美国次级房贷信贷危机引发的流动性危机。2008年9月。危机开始蔓延至其他经济领域。国际货币基金组织认定这是自大萧条（1929—1933年）以来最严重的经济和金融危机，通常它也被认为是有史以来第二严重的经济衰退。——译者注

2010年1月至2019年1月，近1600万个新工作岗位被创造出来，但其中只有不到300万个工作岗位针对的是没有学士学位的人，针对仅有高中学历就业者的工作岗位更是只有区区5.5万个。[12]

工资长期下降是打击受教育程度较低的美国人的一种根本性力量，但简单地将绝望与物质生活水平下降相联系并不能解释目前发生的一切。首先，工资的下降还伴随着就业情况的恶化——从较好的工作跌落到较差的工作，许多人完全离开了就业市场，因为较差的工作没有吸引力，也因为根本就没有什么工作可做，或者因为他们难以为了新工作搬家，也可能是以上这些原因的综合作用。工作质量的下降和完全脱离就业所带来的痛苦，远远超过单纯的收入损失带来的痛苦。

其次，许多低工资工作无法带来受雇于成功企业（即使只是一名低级雇员）的自豪感。当清洁工、看门人、司机和客服代表直接受雇于一家大公司时，他们归属于这家公司，但是当这家大公司把这些工作外包给只能支付很低的薪水且没有晋升机会的商业服务公司时，这些雇员则不再归属于该公司。即使工人们从事与外包前相同的工作，他们也不再是这家大公司的一部分。正如经济学家尼古拉斯·布鲁姆发人深省地指出的那样，这些人不再被邀请参加公司的假日聚会。[13] 如今，柯达公司的看门人一路晋升，最终成为集团旗下一家公司首席执行官的日子已经一去不复返了。[14] 而且在上面提到的工作中，一些工作现在受到软件的密切监控，这些软件完全剥夺了工人的控制权或主动权，堪比旧时代那些被工人深恶痛绝的装配线。[15] 与此相反的是，即使是矿工等从事危险和肮脏工作的工人，或是知名大公司的低级职员，也能够因为自己的职业角色感到自豪。

没有前途的男人不可能成为好的婚姻伴侣。受教育程度较低的白人的结婚率开始下降，更多的人失去了婚姻带来的好处，包括不再有机会见证孩子的成长以及失去含饴弄孙之乐。目前，大多数受教育程度较低的白人母亲平均至少有一个非婚生孩子。暗淡的前景使人们更难建立像他们父母一般的生活，拥有自己的家庭或者攒钱送孩子上大学。高薪工作的匮乏威胁着社区及其可以提供的服务，如学校、公园和图书馆。

工作不仅是金钱的来源，也是劳工阶层生活中的仪式感、习俗和惯例的基础。当工作遭到破坏，传统劳工阶层的生活最终将不复存在。伴随着婚姻和社区的消失，意义、尊严、骄傲和自尊也丧失殆尽，随之而来的将是绝望。劳工阶层损失的不仅仅是金钱，甚至可以说，金钱并非他们的主要损失。

我们的论述呼应了社会学的奠基人之一，埃米尔·杜克海姆对自杀的论述，即一旦社会无法为某些成员提供框架，使他们能够在此框架中过上有尊严和有意义的生活，自杀现象就会出现。[16]

我们关注的重点并不在于经济上的困境，尽管经济困境无疑存在。没有学士学位的白人并不是美国最贫穷的群体，他们几乎不太可能比非洲裔美国人更穷。因此，我们认为，工资下降实际上正在逐渐摧毁人们生活的方方面面。

为什么现行经济体制辜负了劳工阶层？如果我们希望提出变革建议，那么我们需要知道到底发生了什么，应从哪里开始变革，以及什么政策可能发挥作用。

无疑，我们依然可以转而批评人们应该对自身的失败负责，并宣称在现代经济社会中，没有学士学位的人不可能成功，因此这些人要做的只是接受更多的教育。我们并不反对教育，并且认同教育的价值肯定会随着时间的推移而不断提升。我们也期望建立一个新世界，能让每个人都从接受大学教育中受益，而且人人都有上大学的意愿，并有能力这样做。但我们无法认同如下基本前提，即除非人们拥有学士学位，否则他们就对经济毫无贡献。我们当然也不认为那些得不到学士学位的人不应得到尊重，或者被当作二等公民对待。

人们往往将全球化和技术变革视为造成当前局面的元凶，因为它们降低了受教育程度较低的劳动者的价值，并以更便宜的外国劳动力或更便宜的机器取而代之。然而，其他富裕国家，无论是在欧洲，还是在其他地方，同样面临全球化和技术变革，但没有出现工资增长的长期停滞，也没有发生绝望的死亡的大流行。因此，美国一定发生了某些对劳工阶层特别有害的事情，本书的主体部分就试图找出这些因素。

我们认为，医疗制度已成为美国特有的灾难，正在破坏美国人民的生活。我们还想指出，美国的市场和政治力量已经逐渐远离劳动人民转而为资本服务，其程度远甚于其他国家。全球化对这种转变起到推波助澜的作用，它既削弱了工会的力量，又赋予了雇主更大的权力，[17]同时美国的政治制度则将其推到比其他国家更为极端的地步。随着工会的衰落，以及政治环境对公司越来越有利，公司日益变得强大。在某种程度上，这也是由于苹果和谷歌等高科技公司的惊人发展。相对于其规模，这些公司的员工数量非常少，单个员工创造的利润则相当高。这对生产力和国民收入而言都是好事，但工人，尤其是受教育程度较低的工人，则几乎无法分享任何收益。更不乐观的是，美国一些行业的整合——医院和航空公司只是众多例子中的两个——已经使得某些产品市场中的市场势力①大大增强，这使得企业有可能将价格提高到自由竞争市场应有的水平之上。一方面，公司的经济实力和政治实力不断提升，而另一方面，工人的经济实力和政治实力不断下降，这使得公司能够以牺牲普通人、消费者，特别是工人为代价获取利益。最糟糕的是，得益于这种权力，一些受政府许可保护的医药公司已经从销售被虚假宣传为安全的成瘾性阿片类药物中赚取数十亿美元，以戕害生命为代价赚取利润。总而言之，美国的医疗制度是一个典型的例子，表明一种制度如何在政治的保护下，将收入向上分配给医院、医生、设备制造商和制药厂，却同时为国民提

① 市场势力（market power）也叫市场权力，是指卖方或买方不正当影响商品价格的能力，通常代表卖方或买方具有垄断倾向。——译者注

供富裕国家中最糟糕的健康保障。

在撰写本书的过程中，2019 年 8 月，阿片类药物制造商正在面临司法诉讼，一名法官下令强生公司向俄克拉何马州支付超过 5 亿美元的赔偿。强生的一家子公司在澳大利亚塔斯马尼亚种植罂粟，这些罂粟是美国生产的几乎全部类阿片药物的原料。早前还曾有报道称，奥施康定①的生产商普渡制药这家最臭名昭著的制药公司将达成一项协议，意味着拥有这家公司的萨克勒家族可能会失去公司控制权，并吐出其在过去获得的数十亿美元的利润。然而，针对医生和病人的积极药物营销仍在进行，同时美国食品药品监督管理局（FDA）也仍然批准使用此类实际上属于合法海洛因的药物。许多一直密切关注阿片类药物丑闻的人都认为，这些合法毒品贩子的行为与遭到普遍鄙视和谴责的非法海洛因或可卡因毒贩并没有什么区别。[18]

医疗行业的问题远不止阿片类药物丑闻这一项。美国花费了巨资，却造就了西方世界最糟糕的国民健康状况。我们想说，这个行业已经成为生长在经济制度心脏部位的癌症，并已全面扩散。它使工资降低，毁掉了好的工作，并且让州政府和联邦政府越来越难以满足其选民的基本需求。公共利益和普通人的福祉让位于那些本已富得流油的人的私利。如果没有那些本该代表公众利益的政客的默许乃至时不时热情参与，这一切根本不可能发生。

如果说罗宾汉抢劫富人是为了造福穷人，那么今天发生在美国的一切则恰恰与罗宾汉所做的相反，是劫贫济富，或许这可以被称为诺丁汉郡治安官式再分配②。政治保护正被用于个人致富，帮助富人掠夺穷人，这一过程被经济学家和政治学家称为寻租。从某种意义来说，这是自由市场资本

① 奥施康定（OxyContin）是普渡制药公司生产的一种处方类阿片类止痛药，曾是美国广受欢迎的止痛神药，后被曝存在致瘾风险。——译者注

② 侠盗罗宾汉的故事发生在英国诺丁汉郡，邪恶的诺丁汉郡治安官是与罗宾汉对抗的反面人物。——译者注

主义的黑暗面，并且同时受到左派和右派的反对，前者是因为其不公的分配结果，后者则是因为它破坏了自由和真正的自由市场。寻租和资本主义本身一样古老，亚当·斯密早在1776年就清楚地认识到这一点。斯密在其《国富论》这本通常被视为资本主义“圣经”的巨著中指出，尽管税法可能非常严苛，但与“我们的商人和制造商为支持其荒谬与压迫性的垄断而胁迫立法机关制定的”某些法律相比，税法可谓是“温和有加的”。他指出“这些法律可以说完全是以鲜血写就的”。[19]寻租是导致美国劳工阶层工资增长停滞的一个主要原因，与绝望的死亡存在很大关系。关于这一点，我们有很多不吐不快之言。

谈到受教育程度较低的美国人生活水平下降的原因，最常见的一种解释是，经济全球化使得工厂关闭并迁移到墨西哥或中国，同时生产自动化使机器取代了工人。这些因素的确真实存在，并构成了我们讨论的基础。但是，正如其他富裕国家的经验所表明的那样，所有国家都面临全球化和自动化的冲击，但并不是所有国家都像美国那样使工资下降，更不用说导致大量的死亡。事实上，美国的医疗制度对此应承担很大的责任，同样应受责备的还有政策，特别是在通过反垄断政策约束市场势力方面的失职，这一点在劳动力市场甚至比在商品市场更甚。此外，还要加上政策未能有效地控制制药公司、医疗公司、银行和许多中小企业主（例如医生、对冲基金经理、体育特许经营权所有者、房地产商人和汽车经销商等）的寻租行为。上述所有人都通过“压迫性的垄断”与特别交易，税收减免，以及“胁迫立法机关制定的”法规致富。在美国，收入最高的前1%的人口以及这些人中的前10%，大多不是职业经理人，而是自己经营企业的企业家，[20]他们中的许多人从寻租行为中获益良多。

不平等现象极其有害，它的影响已经得到广泛讨论。在本书中，我们认为不平等既是结果，也是原因。如果富人能够通过不公平的程序压低工资和提高产品价格，并从中渔利，那么肯定会加剧不平等。但是，并非每个人都以这种方式致富。有些人发明了新的工具、新的药物、新的设备，或者新的做事方式，从而造福了众生，而不仅仅是使他们自己获利。他们通过改善和延长他人的生命而获得收益。伟大的创新者致富是一件好事。创造与索取并不应该被混为一谈。导致不公平的并非不平等本身，而是造成这种不平等的过程。

落在后面的人关心的是他们自己生活水平的下降和社区的丧失，他们并不关心亚马逊的杰夫·贝佐斯或者苹果公司的蒂姆·库克到底有多少财富。但是，当他们认为不平等来自作弊或特殊待遇时，他们将无法忍受。金融危机暴露了很多问题。在此之前，许多人认为银行家做事可靠，他们获得高薪理所应当，因为他们为公共利益服务。但在金融危机发生后，许多人损失惨重，包括失去他们的工作和住房，而银行家们却继续拿着高薪，并没有被追究任何责任。于是，美国的资本主义开始看起来更像一个劫贫济富的骗局，而非推动整体繁荣的引擎。

我们并不认为征税是解决寻租问题的好办法。阻止小偷的正确方法是不让他们偷窃，而不是给他们加税。[21] 我们需要阻止阿片类药物被滥用，而不是对贩卖药物得来的利润征税。我们需要修正过程，而不是试图修正结果。我们需要让外国医生更容易获得在美国执业的资格。我们需要阻止银行家和房地产商出于自身利益制定法规和税法。受教育程度较低的美国人面临的问题是工资停止增长，甚至不断下降，而并非不平等本身。事实上，许多不平等恰恰是由于人为压低工资以增加少数人的财富造成的。减少寻租行为将大大减少不平等现象。当一家制药公司的老板通过代表其利益的游说集团说服政府批准高价格，延长其专利和许可期限，以及其他便利他们的法规而获得惊人的财富时，他们极大地加剧了不平等现象。一方面，他们压低了那些必须为药品买单的患者的真实收入；另一方面，他们还推高了处于财富分配顶端的最高收入人群的收入。同样的道理也适用于那些修改破产法，以通过牺牲借款人利益而使其自身得益的银行家。正如一位评论家所指出的，“在我们的历史上，从未有过如此组织有序、资金充足的运动来改变债权人和债务人之间的权力平衡”。[22]

正如人们经常注意到的那样，即使对富人征收所谓的“没收税”也并不能给穷人带来多少救济，因为穷人太多，富人太少。然而，在当今世界，我们需要思考反方向过程的影响，即从大量劳动人口的每一个人身上榨取哪怕一点点钱，也能为正在攫取财富的富人提供巨大的财富。这就是今天正在发生的事情，我们应该阻止它。

我们可以做些什么让生活变得更美好，不仅仅为了精英阶层，也能够惠及普通大众？我们很容易感到悲观。一旦政治权力和金融权力不断集中，这种态势将不会自我修正。在这种情况下，唐纳德·特朗普的当选十分正常，但这只是人们沮丧和愤怒的一种表达，只会让事情变得更糟，而不是更好。白人劳工阶层不相信民主能帮助他们。2016 年，超过 2/3 的美国白人劳工阶层认为选举已经被富人和大公司掌控，因此他们是否投票并不重要。政治学家对美国国会投票模式的分析佐证了他们的这种怀疑。无论是民主党还是共和党的立法者，总是投票支持他们更富裕选民的利益，而对其他人的利益置之不理。[23]

19 世纪末，路易斯·布兰代斯法官曾发起反对巨型托拉斯不当行为的运动，他后来被伍德罗·威尔逊提名为美国最高法院法官，并成为美国第一位犹太裔大法官。他认为极度不平等不符合民主原则。这既适用于“好”的不平等，也适用于“坏”的不平等。如果那些合法赚取财富的人利用它损害穷人的利益，那么人们获取财富的方式并不重要。对我们来说，解决问题最好的办法是制约极端不平等背后的寻租、游说和滥用市场势力的行为，以终止获取财富过程中的不公平现象。如果做不到这些，那么高边际所得税，或更有效（但更难实施）的财富税也可以减少财富对政治的影响。但我们有时候很难感到乐观。一位历史学家认为，不平等状态一旦确立，就只能通过暴力的决裂来打破，自石器时代以来的人类历史已经证实这种观点。[24]我们认为这种观点太过悲观，但是，除非能够对导致不平等的过程和制度进行改革，否则我们将很难改善当前的不平等状况。

当然，还是有一些值得乐观的理由，即使在我们目前这样有缺陷的民主制度下，依然有一些政策是可行的，并可能会使情况有所改善。制度可以改变。围绕这些问题有很多思想上的争论，还有许多很好的新想法，我们将在本书后面的章节加以讨论。但现在，我们希望以一个更乐观的史实结束引言。

19 世纪初，英国的不平等现象远远超过美国今天面临的情况。世袭的土地所有者不仅极其富有，而且通过严格控制选举权控制议会。1815 年后，由于臭名昭著的《谷物法》禁止进口小麦，英国国内粮食价格暴涨，几乎出现饿死人的局面。虽然小麦的高价极大损害了普通百姓的利益，但却非常符合地主贵族的利益，因为后者依靠对进口的限制而坐享租金收益（这是一种经典和符合字面意义的寻租）。这种寻租行为并没有因为饿殍遍地而停止，“以鲜血写就”的法律不断推出。当时，工业革命已经开始，创新和发明大量出现，国民收入不断增加，然而劳动人民并没有从中受益。随着人们从相对健康的农村移居到臭气熏天、卫生状况极差的城市，死亡率不断上升。每一代新兵的身高都比上一代更矮，说明平民在童年时营养不良的状况日趋严重，这既是由于他们吃不饱，也是由于卫生条件恶劣。人们的宗教信仰也不断丧失，其原因可能仅仅是教堂都在农村地区，新兴工业城市并无教堂。工资增长停滞不前，并持续半个世纪之久。利润在上升，但利润在国民收入中所占份额的上升是以牺牲劳动人民的利益为代价的。我们很难预测这一过程能够产生积极结果。

到 19 世纪末，《谷物法》已经不见踪影，贵族的租金和财富也随着全球小麦价格下跌而减少，特别是 1870 年美国大草原的小麦进入市场之后。一系列的改革法案不断扩大选举权，从 19 世纪初仅有 10% 的男性公民拥有选举权扩大到世纪末 50% 以上的男性拥有选举权，尽管妇女等到 1918

年才获得了选举权。[25] 到 1850 年，工资开始上涨，死亡率也已开始下降，并持续了长达一个多世纪。[26] 这一切并没有导致英国崩溃，也没有出现战争或流行性传染病，渐进式的改革体制逐步照顾到那些被抛弃的人的需求。虽然我们不知道这个成功的根本原因是什么，或者这一逻辑是否适用于我们目前的时代，但事实本身至少可以证明，我们有理由保持有限的乐观。

★★★

第一篇

以过去为序章

★★★

第一章
山雨欲来

自1990年以来，美国平均人口寿命每6年就会增加一岁。现在出生的孩子的可预期平均寿命为78岁左右，比1900年出生的婴儿增长了近30岁。从我出生直到今天，心脏病的致死人数已减少超过70%。随着艾滋病预防与治疗的进展，自该病毒在30多年前出现以来，我们现在首次有望看到摆脱艾滋病威胁的一代。过去15年，癌症死亡率以每年约1%的速度在下降。

——弗朗西斯·柯林斯，美国国立卫生研究院（NHIS）院长

参议院证词，2014年4月28日

进入20世纪，美国国民健康状况实现了前所未有的改善。到2000年，人类健康状况的持续改善已成为大家期待的常态。儿童的寿命长于他们的父母，而他们父母的寿命则比自己的父母更长。一代又一代人的死亡危险度不断降低。更好的健康状况得益于更好的生活水平，药物和治疗方法的进步，也得益于人们能够更好地认识自身行为（尤其是吸烟）对健康的影响，因此改变了不健康的行为方式。其他富裕国家因为同样的原因实现了类似的进步。贫困国家所取得的进步则更为惊人，特别是在20世纪下半叶。2000年，所有这些进步似乎都将继续下去，成为大势所趋的事实。

同期的经济进步也非常显著。2000年，与出生于1901年（这年，维多利亚女王去世，路易斯·阿姆斯特朗出生）的祖父母、曾祖父母或曾曾祖父母相比，世界上几乎每一个人都变得更加富裕，而这些先人的生活已经比生活在此前一个世纪（1800—1900 年）的先祖更为优越。在第二次世界大战后的 30 年间，即在法国被称为“黄金 30 年”的时期，西欧和北美富裕国家的收入增长率达到历史最高水平。在那些年里，美国不仅人均国民收入的增长比以往任何时期都要快，而且无论富人、穷人，还是中产阶级，都普遍分享了经济增长的果实。

教育领域的情况也与此类似。1900 年，只有 1/4 的人能够读到高中毕业。到 20 世纪中叶，已经有 3/4 的人口高中毕业，而拥有学士学位的人口也从 5% 上升到 20%。虽然受过良好教育的人的收入通常比那些受教育程度较低的人高，但战后中期的就业市场为那些只有高中文凭的人提供了很好的工作。无论是钢铁厂还是在汽车厂的工作，都可以为人们提供良好的生活，尤其是人们可以沿着社会阶梯不断爬升，不断追求更好的生活。男性跟随父亲的脚步，获得工会支持的工作岗位，这些工作对于工人和公司双方而言都有终身承诺。工人的工资足够高，可以支持一个男人结婚、成家、买房，在许多方面都享受比父母在同年龄段更好的生活。为人父母者会考虑送孩子上大学，让他们过上更好的生活。那是所谓的蓝领贵族时代。

当然，我们绝对无意辩称 20 世纪是人类的天堂乐园，而我们在 21 世纪失去了它。再没有比这种说法更不符合事实的了。

20 世纪发生了许多历史上最严重的灾难，并导致数千万乃至数亿人丧生。两次世界大战，以及希特勒等的残暴政权导致了令人发指的大量人口死亡。除此之外，还有致命的流行病，包括第一次世界大战结束时的流感和 20 世纪末的艾滋病。甚至在人们已经了解如何预防一些儿童常见疾病之后很久，全球仍有数百万儿童死于这些疾病。战争、大规模杀戮、流行病和不必要的儿童死亡导致预期寿命下降，有时是极大的下降。人类还经历了诸多经济灾难，福祉远未得到普遍分享。大萧条给数百万人带来了贫困和苦难。“吉姆·克劳法”多年盛行，以制度化的方式剥夺美国黑人的教育、经济和社会权利。

我们并不想宣称人类一直享有持续和稳定的发展，只是想强调，在较长的一段时期内，例如，1900—2000年，人类死亡的风险不断降低，繁荣的可能性则不断增强。人类在某些方面取得的进步更大，同时某些国家的发展好于其他国家。但是，由于20世纪很长时期内人类的健康和生活水平不断进步，到20世纪末，人们已经理所当然地期望这种情况能够持续下去，他们的孩子也能像他们自己一样，拥有更美好的生活。对世界大多数人来说，20世纪末见证了人类历史上前所未有的繁荣和长寿。不仅如此，由于第二次世界大战结束后世界保持如此稳定和持久的进步，我们的后代会生活得更好已经成为不言而喻的一件事。

为了更好地理解上述历史进步，以及我们将在本书中描述的不那么积极的变化，我们需要澄清进步是如何被衡量的。

生与死：如何计分

我们经常谈到死亡率和预期寿命。从某种意义来说，它们是对立的关系。死亡率衡量死亡的情况，而预期寿命衡量寿命的长短。死亡率是指死亡的风险有多大，预期寿命是指新生儿能活多少年。在死亡率高的时期或者地区，预期寿命会比较低，反之亦然。不同年龄段的死亡率并不相同——婴幼儿的死亡率高，年龄较大的儿童、青少年和青年的死亡率较低。人到中年时，死亡的威胁再度开始显现，人到了30岁后，死亡的风险逐年增加。2017年，美国30~31岁人口的死亡率为1.3‰，到40岁时死亡率增至2.0‰，到50岁时达到4.1‰，到60岁时则达到9.2‰。对中年人而言，每过10年，死亡的概率就会加倍。在其他富裕国家，死亡的风险会略低一点，但在没有流行病或战争的情况下，这种模式适用于所有地区和所有时期。

对于一个新生儿来说，生活可以被看作一场跨栏赛跑，每个生日都需要跨越一个栏架。死亡率是指在跨越每个栏架时跌倒的概率。这个概率在开始时很高，直到这个新生儿可以迈开大步向前冲，然后在一段时间内，死亡率将变低，因为随着经验的增加，跑步的人能够更容易地应付每一个栏架，再然后，随着跑步者开始疲劳，死亡率在中年和老年时期会越来越高。在本书中，我们将讨论预期寿命（一个普通的新生儿可以跨越多少个栏架）和死亡率（其在跨越每个栏架时跌倒的可能性）。我们之所以需要这两个概念，是因为我们将要描述的事件对不同栏架的影响也有所不同，因而它可能会导致中年人的死亡风险增高，老年人的死亡风险却降低。如果这些影响恰好相互抵消，则它们就根本不会在预期寿命变化上得到反映。

如果在一开始时栏架很高，那么没有多少人能跑得太远。在 20 世纪初，美国儿童面临很高的死亡风险。并不是所有的孩子都能获得充足或者足够好的食物，麻疹这样的儿童疾病往往会导致儿童送命，疫苗接种远未普及，美国许多地方尚未能保证饮用水的安全，例如，未能将污水处理与饮用水供应进行适当分隔。如果住在上游的人将河流当作厕所，而下游居民则以河水为饮用水，那么不仅令人恶心，而且极其危险。提供安全的水源和良好的卫生条件的成本相当高，即便基本的科学常识，例如细菌致病理论已经被广泛理解和接受，美国公共卫生官员也花了很长时间在全国推行这些措施。

除了刚出生那几年之外，死亡的概率会随着人的年龄增长而增加。婴儿和老年人的死亡风险最高。富裕国家中的婴儿相对是安全的，每 1000 个美国婴儿中，只有 6 个无法活到一岁生日。其他国家的情况甚至更好，例如，瑞典和新加坡的婴儿死亡率仅为 2‰。

一些贫困国家的风险则要高得多，但那些国家也迅速取得了进步。全球没有任何一个国家的婴儿死亡率高于 50 年前的水平。

在20世纪，美国新出生人口的总体预期寿命从49岁增加到77岁。到20世纪末，即1970—2000年，预期寿命从70.8岁增加到76.8岁，即每10年增加两岁。从1933年，即美国开始全面统计数据时起，这种积极的趋势几乎一直得以保持，即使预期寿命暂时出现下降，也不会超过一两岁。虽然1933年之前的数据并不完整，因为当时并非所有州都有记录，但在第一次世界大战结束和流感暴发期间，即1915—1918年，预期寿命似乎出现了下降。

如果这一增长趋势得以持续，到2100年，预期寿命将超过90岁，相当一部分人将活到100岁。西欧各国、日本、澳大利亚、新西兰和加拿大的情况也基本相同。

不断变脸的死神

1900年，人类的三大死亡原因均是传染性疾病，即肺炎、肺结核和胃肠道感染。到20世纪中叶，随着公共卫生项目和疫苗接种计划基本完善，加上抗生素的发明和广泛应用，传染病已逐渐不再是主要的致死原因。生命之初需要跨越的栏架降低，于是死亡主要发生在中老年时期。死亡本身也逐渐变老，从儿童的肠道进入中老年人的肺部和动脉。进入这个时期后，预期寿命将很难提高。减少生命之初需要跨越的栏架，将极大地影响人们能跑多远，但是，一旦几乎每个人都能步入中老年，那么挽救老年人的生命很难大幅提高预期寿命。

到20世纪末，最主要的死亡原因已经成为心脏病和癌症。随着越来越多的人戒烟，心脏病和肺癌的发病率也随之下降，吸烟人数大幅减少对死亡率下降做出了很大贡献，同样对此有极大贡献的还有心脏病的预防性治疗。

降压药的价格十分便宜，且服用方便，有助于控制血压，降低心脏病发作的可能性。他汀类药物可以降低胆固醇，从而有助于减少心脏病和中风的发作。心脏病死亡率的降低是20世纪最后25年的重大成就之一。此外，人类也已经成功研制出针对某些癌症（包括乳腺癌）的新药和筛查方法。

新药对于降低死亡率的贡献可能不如人类自身行为的改变，但它们显然能够拯救生命。当我们在本书后面探讨医药行业的过度行为时，你也应该一直记住，药物的确拯救了许多生命。如果没有抗生素，没有治疗糖尿病的胰岛素，没有阿司匹林或布洛芬，没有麻醉剂，没有降压药，没有抗逆转录病毒药物，或者没有避孕药，我们的世界无疑将是一个更糟糕的所在。公共政策的关键难题是找到一种途径，使人们既能够享受更长久和更好的生活，又不会造成社会无法接受的后果，其中包括但不限于无法承担的财务成本。

随着某些疾病被消灭、某些疾病被控制，它们也逐渐让位，不再是致死的主要原因。而新的主要致死原因大多并非突然凭空出现，而是已经存在很久，只不过与原来那些大规模致死因素相比，它们的杀伤力相形见绌。某些死亡原因，例如老年痴呆症或晚期癌症，原来之所以并不突出，仅仅是因为当时人们很少能活到这些病症出现的年龄。其他原因，例如意外事故、自杀或糖尿病，过去就已存在，但是在天花或霍乱暴发的时代，它们并非造成死亡的主要原因，甚至在更近的时期，它们与肺结核或儿童痢疾相比，也只能算是次要的杀手。随着人类渐渐远离流行性传染病，致病原因的性质也会发生变化。感染都是通过某种媒介，如细菌或病毒传播的，因此，发现人体或传播途径中的生物机制，如脏水、蚊子、跳蚤或老鼠，不仅有助于人们了解病因，还可以提供治愈甚至消除这种流行性疾病的潜在途径。

但是生物学从来不是万能的，人们在哪里生活以及如何生活始终是重要的因素之一。正如我们在本书中所叙述的，对与吸烟有关的疾病来说，或者自杀、中毒、意外事故，生物学通常不如人们的行为或其所在的经济和社会环境重要。

生物学与人类行为

正如伟大的病理学家鲁道夫·菲尔绍指出的那样，1848 年斑疹伤寒流行的根本原因是贫穷和政治参与的缺失。微生物学的奠基者罗伯特·科赫找到了导致霍乱、结核病和炭疽病的细菌。他曾骄傲地写道："人们直到现在都习惯于把结核病视为社会苦难的结果，并希望通过减轻生活的痛苦来减少疾病。但是在与这场可怕的人类瘟疫进行的最终战役中，人们将不再需要对抗一种不确定的东西，而是与一种实实在在的寄生物做斗争。"[1] 生物学与人类行为到底谁更重要，这是人们长期争论的一个老问题。在我们将要讨论的死亡事例中，行为通常是关键因素，因而我们将不会太关注那些实实在在的细菌。我们不需要太多生物学知识就能够理解枪支如何杀人，或者交通事故如何致残，然而生物学可以使我们知道，饮食控制和运动将如何影响肥胖的产生，压力如何导致疼痛，酒精如何破坏肝脏，或者吸烟如何导致心脏病。在分析问题时，我们需要时刻牢记兼顾社会科学和医学。

图 1-1 阐明了上述想法。这张图显示了 1900—2000 年美国中年白人的死亡率情况，曲线显示的是 45~54 岁白人男性和女性每年的死亡率。在后面的章节中，我们将探讨其他年龄段的死亡率，但我们将经常强调这个中年年龄段。由于中年阶段正是死亡率开始上升的时期，因此它往往是观察死亡率变化趋势的绝佳年龄段。中年早逝的人口数量并不算多，通常以每年每 10 万人口中的死亡人数来统计。从图中可以看出，在 1900 年，每年每 10 万中年人口中死亡人数为 1500（每年 1.5%），到 2000 年，这一数字已经下降到 400（每年 0.4%）左右，降幅超过 2/3，这是该图最显著的特点。在后面我们还将看到，其他年龄组以及不同族裔和种族群体的死亡率

也同样出现下降。

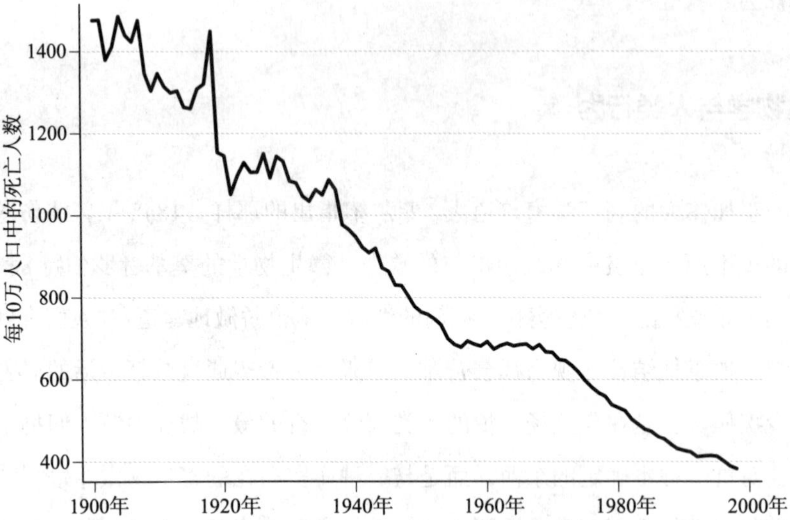

图 1-1　20 世纪 45~54 岁美国白人男性和女性死亡率

（每年每 10 万人口中的死亡人数）

资料来源：美国疾病控制与预防中心（CDC）

本图还反映了其他值得注意的事件。例如，1918 年死亡率激增，这是因为第一次世界大战结束时席卷美国和世界的流感疫情。20 世纪 30 年代和大萧条期间，死亡率下降的步伐有所放缓，但在 20 世纪 20 年代的繁荣时期，下降速度同样缓慢，从而表明死亡率与经济状况之间没有明显关系。事实上，当我们研究了 20 世纪 20 年代的记录后，发现了一些令人惊讶的结果，即当经济状况良好时，死亡人数往往更高。[2]1960 年前后，死亡率下降的趋势停滞好几年，这主要是因为许多在二三十岁时大量吸烟的人在那些年集中因肺癌和心脏病而去世。1970 年之后，得益于心脏病致死率的下降，中年人口死亡率恢复了稳步下降的趋势。随着吸烟有害健康的知识得到普及，以及医生大量开出控制高血压和高血脂的药物，1970 年之后，美国中年人死亡率呈现下降趋势，而其他富裕国家也出现了同样的趋势。

图 1–1 反映了导致死亡的所有主要因素。流行性疾病因素以流感为代表，同时其自身又受到第一次世界大战对经济、社会和人所造成的巨大破坏的影响。人类行为因素主要表现在吸烟的影响，医学知识因素表现在人们对吸烟危害的了解，而医疗制度因素则表现在对高血压的控制之上。

图 1–1 只研究了 45~54 岁的白人。事实上，其他群体也受益于 20 世纪死亡率下降的趋势。非洲裔美国人比美国白人的死亡率高，预期寿命也更短。这是长期存在的事实，今天仍然如此。但黑人男性和女性的死亡率同样也已逐步降低，并且下降幅度高于白人，从而使黑人和白人的死亡率之间的差距不断缩小。老年人的死亡率也有所下降。1900 年，一位 60 岁的美国女性预计可以再活 15 年，同样年龄的男性预计可以再活 14 年。到 20 世纪末，这个数字已经增加到女性预计可以再活 23 年，男性再活 20 年。

相对于死亡率的变化趋势，我们对发病率（导致生病而非死亡）的趋势并不十分了解。不过我们可以确定，人们不仅比过去活得更长，生活也更美好和更健康。对于过去 25 年的情况，我们可以从调查中获得直接的衡量标准。这些调查询问人们关于残疾、疼痛以及他们完成日常任务的能力。曾经有人担心，随着人们越活越久，他们在老年时将饱受痛苦和残疾的折磨，虽然人没有死亡，但是活得并不健康，所幸这种情况并未发生。医学的进步不仅降低了死亡率，还帮助人们活得更好。关节置换术可以帮助关节丧失了功能的病人减轻疼痛，并让人们正常生活，没有它人们根本不可能做到这一点。白内障手术能让那些本来将失明的人重见光明。药物在很多时候能够有效地减轻疼痛，缓解抑郁和其他精神困扰。

与此同时，美国人也变得更加高大，这体现了他们童年时期营养和公共健康条件的改善。1980 年出生的美国男性在成年后将比一个世纪前出生的男性高约 3.8 厘米，其他富裕国家的情况甚至更好。美国人曾经是世界上最高的人，但是现在他们的身高已经被德国人、挪威人，尤其荷兰人超越，这也许是一个迹象，表明并非万事大吉。[3]

第二章

分道扬镳

时至 20 世纪末，贯穿整个世纪的乐观主义情绪几乎消失殆尽。美国中心地带的城镇，那些曾经的钢铁、玻璃、家具或鞋子之都，以及七旬老者深情怀念的成长胜地，现在已经被摧毁。那里的工厂已经关闭，商店橱窗也已用厚厚的木板封住。在一片狼藉之中，酒精和毒品的诱惑导致许多人迈向死亡。这些故事大多从未被人讲述。每当死亡涉及自杀、药物过量使用或酒精中毒时，羞耻通常会使人们在讣告中抹去逝者的死因。成瘾被视为一种道德上的缺点，而不是一种疾病，人们相信成瘾导致的恶果最好被隐藏。

不过也有例外情况，比如某位著名的厨师自杀，或者某位音乐才子死于过量服用芬太尼，抑或震动整个社区的某个死亡事件，例如女议员安·麦克莱恩·库斯特报告的一例："在新罕布什尔州一个叫基恩的小镇，地球上再没有一个比这里更静谧的地方了，一位受人爱戴的高中教师和三个孩子的母亲，死于海洛因摄入过量。"[1] 每个故事都是真实而令人悲伤的，但我们需要站在更高处审视它们。如果审视死亡的总体数字，我们将看到一个更加巨大、更加可怕，也更加悲惨的故事。媒体报道的事件都是根据其新闻价值而选择出来的，名人会受到关注，而成瘾或自杀未遂的大新闻往往来自那些已经习惯生活在媒体聚光灯下的人。抓人眼球和不寻常的死亡，例如，名人自杀或因药致死的事件被详尽报道。普通人的死亡则很少登上头条，尽管他们同样也留下了心力交瘁的家人和朋友。新鲜出炉的事件是新闻，长期趋势则是昨日旧闻（通常意味着根本不是新闻）。死于肺癌、心脏病或糖尿病本身并不是新闻——肺癌不像埃博拉或艾滋病，尽管它夺走了更多的生命——我们只是会在阅读讣告时偶然碰到它们。如果不用数字做比较，我们根本不会知道我们是在关注一个事件还是在处理更大的问题。所谓事件，是指如飞机失事或恐怖袭击，尽管它们造成的死亡人数很少，但它们令人极为震惊并具有新闻价值，又或者某种疫情的流行，比如埃博拉或“非典”，它们让许多人胆战心惊，其实真正因此死亡的人很少。更大的问题则是指那些事实上威胁公众健康，并终结了长达一个世纪的人类健康进步的事物。

美国所有的死亡病例都会被呈报给当局，这些信息被汇总至亚特兰大的疾病控制与预防中心。当某个人死亡后，在其死亡证明上可搜集到大量信息，过去 30 年，这些信息中还包括死者达到的最高受教育水平。美国疾病控制与预防中心有一个数据库，使用了一个颇为吸引人的名字——CDC Wonder（CDC 想知道），那里能够查到很多信息，甚至可以下载和查阅删去保密信息（如姓名和社会保险号码）后的死亡证明。我们的研究正是基于这些数据。

这些数据和故事一样让人难过。

触目惊心的事实

我们在第一章已经看到，1900 年美国中年白人的死亡率为每 10 万人有 1500 例，到 2000 年，这一比例已降至每 10 万人有 400 例。现在，让我们跟随中年人口迈入 21 世纪。

我们还可以观察其他一些像美国一样人均收入较高，并且分享和应用了相同的科技与医学知识的国家。1945 年后，这些国家中年人的死亡率迅速下降，而且与美国一样，下降的趋势在 1970 年后不断加速。从 20 世纪 70 年代末到 2000 年，在几乎所有富裕国家，45~54 岁的死亡率平均以每年 2% 的速度稳步下降。

图 2-1 揭示了实际发生的情况，我们称之为“分道扬镳”的画面。法国、英国和瑞典的中年人群死亡率持续下降，其他未在图中显示的富裕国家也存在类似的进步。然而，美国的非西班牙裔白人则呈现了一个迥然不同的画面。这一白人人群的死亡率没有与其他国家步调一致地继续下降，而是完全停止下降，甚至掉头向上。

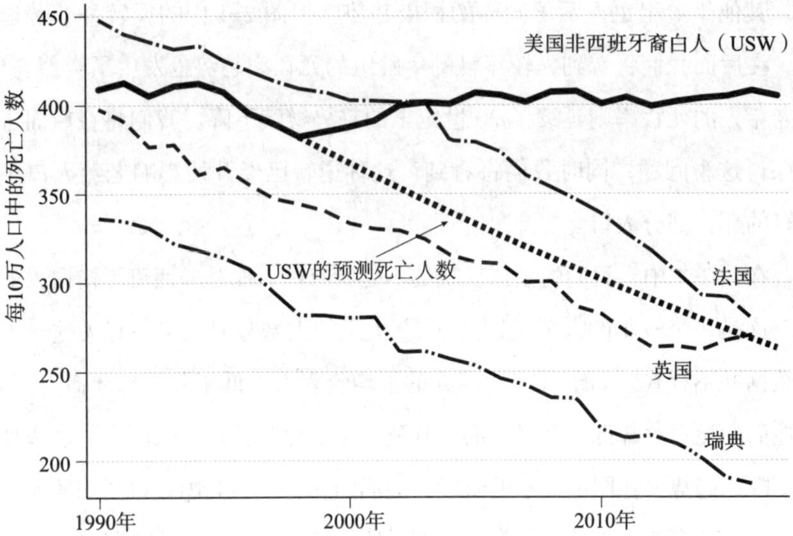

图 2-1　美国非西班牙裔白人、法国、英国和瑞典按年龄调整的死亡率（45~54 岁）和 USW 的预测死亡率

（假设 1998 年后，USW 的死亡率保持每年 2% 的下降速度）

资料来源：作者计算使用的数据来自美国疾病控制与预防中心和人类死亡率数据库

图中那条粗的虚线则显示了我们根据 20 世纪的情况所预测的美国中年白人的死亡率趋势。[2] 随着时间的推移，美国白人的死亡率明显偏离了其他富裕国家的发展方向，也偏离了我们曾经预测的方向。

显然，一些重要、可怕并且出乎意料的事情正在发生。只有中年白人男性和女性受到了影响，还是其他年龄组也受到了影响？男性受到的影响大于女性，还是女性受到的影响大于男性？其他人群的情况又如何？这种现象是集中在特定地区，还是美国各地都是如此？最重要的一点，为什么会出现这种现象？在后面我们将看到，酒精、自杀和阿片类药物滥用的流行是这个故事的重要组成部分，但在讨论它们之前，我们首先需要讨论其他一些问题。

在第一章中，我们在描述20世纪中年人死亡率下降的趋势时已经注意到，其他年龄组也显示了同样的积极趋势。但图2-1中的反转并非普遍存在。在后面我们将看到，较年轻的年龄组的死亡率趋势也发生了类似变化，但老年人的死亡率则延续了20世纪末的趋势继续下降。我们将在后面进一步探讨这个问题，同时我们将看到，这种逆转已经开始影响老年人口中最年轻的那一部分人口。

在图2-1中，我们的数据反映的不是所有白人而是非西班牙裔白人的情况，这是一个较小的人群类别，在20世纪的大部分时间里，有关这一人群的数据并不存在。西班牙裔美国人的平均收入大大低于非西班牙裔美国人，但他们的死亡率却低于后者，而且其死亡率变化与其他国家同步，也呈现逐年下降的趋势。在图中显示的阶段，他们的死亡率与英国人口同期的死亡率相似。非洲裔美国人的死亡率高于图中所示的任何一个群体或国家，但其死亡率下降的速度也比图中所示的任何一个群体或国家都快。1990—2015年，美国中年黑人和白人的死亡率的差距急剧缩小，但随后，中年黑人的死亡率也停止下降，正如我们将看到的那样，这可能也与阿片类药物有关。不同种族死亡率的差异是一个值得重视的现象，如果认真回顾历史，我们将发现，黑人与白人死亡率的差异可以说得通。这种差异与其说与种族有关，不如说与人们所在的时期有关。我们将在后面对此加以论证。

我们现在还远未完全明白到底是什么造成了种族和族裔死亡率的差异，但其确实已经存在许多年。人们普遍认为，非洲裔美国人在死亡率方面的糟糕表现与他们在其他许多重要方面的表现一样，与他们长期遭受歧视和获得优质医疗服务的机会较少有关。[3] 针对西班牙裔美国人的寿命长于非西班牙裔白人的现象，人们已经进行了大量研究，但尚未找到令人信服的解释。值得一提的是，部分其他群体，例如亚裔美国人在死亡率方面的表现甚至优于西班牙裔或白人美国人。有关近年来三大主要人群在死亡率方面迥异的走势，我们将在整本书中反复探讨，尽管我们希望在一开始即坦率承认，我们将发现许多难以解释之处。

图 2–1 中的数据包含男性和女性，因而确实有潜在的误导性。由于各年龄段女性的死亡率均比男性低，因此女性的寿命更长。在美国，女性寿命大约比男性长 5 年。男性和女性会患上不同的疾病，并且相同疾病和行为对男性与女性造成的影响也不相同，例如，男性自杀的概率是女性的三四倍。但是，死亡率变化的逆转，即从 20 世纪的持续下降，到 21 世纪的停滞乃至掉头向上，在中年男性和女性中都存在，尽管女性的逆转幅度比男性要大一些。即便考虑上述因素，由于美国白人的死亡率，无论是男性还是女性，均与其他国家以及原本预期的死亡率之间存在很大的差异，将男性和女性汇总在一起的数字并不会产生误导。[4]

衡量白人死亡率逆转现象的一个重要方法是将实际发生的情况与虚线所示的趋势进行比较。这两条线之间的差距显示了实际与预计死亡率在每一年的差异，从中我们可以计算出，如果 20 世纪末的进步得以持续，在每年死去的 45~54 岁的美国白人中，有多少本来应该活在世上。如果把 1999 年（逆转开始的年份）到 2017 年的数字相加，我们将得到一个非常庞大的数字：如果死亡率像预期一样持续降低，死去的中年美国白人中有 60 万人本该活在世上。这里可以看一个直接的参考数字，自 20 世纪 80 年代初艾滋病开始流行以来，共有约 67.5 万名美国人死于这种疾病。我们将在后面进一步完善我们的估计，将其扩展到其他年龄组，并将其归因于特定的原因，但目前这个数字可作为我们所研究主题的粗略估计。由此，我们可以断定，我们当前面对的无疑是一场巨大的灾难。

另一个重要的衡量标准是观察新出生人口预期寿命的变化。因为预期寿命对年轻人的死亡更为敏感，中年人口死亡率只有发生巨大变化，才能影响它。对白人来说，2013—2014 年新出生人口的预期寿命下降了 1.2 个月。在接下来的三年间，即 2014—2015 年、2015—2016 年，以及 2016—2017 年，美国人口的预期寿命整体下降。这些下降反映了所有年龄段的死亡率，不仅是中年人的死亡率，但事实上，其在很大程度上受到中年白人死亡率影响。预期寿命的任何下降都是极其罕见的。随着预期寿命连续三年下降，我们走到了一个全新的领域。自从 1933 年美国人口普查局的死亡登记覆盖各州以来，美国人的预期寿命还从未出现连续三年下降。[5] 对于在此之前已经进行死亡登记的州而言，唯一的先例是一个世纪前，即从 1915—1918 年的第一次世界大战和随之而来的大流感期间。毋庸置疑，这确实是一场灾难。

死亡的地域分布

要想着手了解这些死亡出现的原因，我们可以首先寻找线索，看看死亡到底发生在哪里。纵观 1999—2017 年美国各州 45~54 岁白人死亡率的变化，我们会发现，除了 6 个州以外，其他所有州的死亡率都有所上升，其中西弗吉尼亚州、肯塔基州、阿肯色州和密西西比州的死亡率增幅较大。这些州的教育水平均低于美国平均水平。美国只有加利福尼亚州、纽约州、新泽西州和伊利诺伊州的中年白人死亡率显著下降，而这些州的教育水平都很高。

图 2-2 显示了更为详细的地域分布，上图和下图分别为 2000 年和 2016 年美国大约 1000 个小区块内中年白人的死亡率。一个小区块一般代表一个县，如果某县人口很少，则一个小区块代表了相邻几个县数据的总和。颜色较深的区块表明死亡率较高，因此如该图所示，在 2000 年，西部各州（加利福尼亚州除外）、阿巴拉契亚地区和南部各州的死亡率较高。到

2016 年，情况更加恶化并蔓延到新的地区，例如缅因州、上密歇根州和得克萨斯州的部分地区。

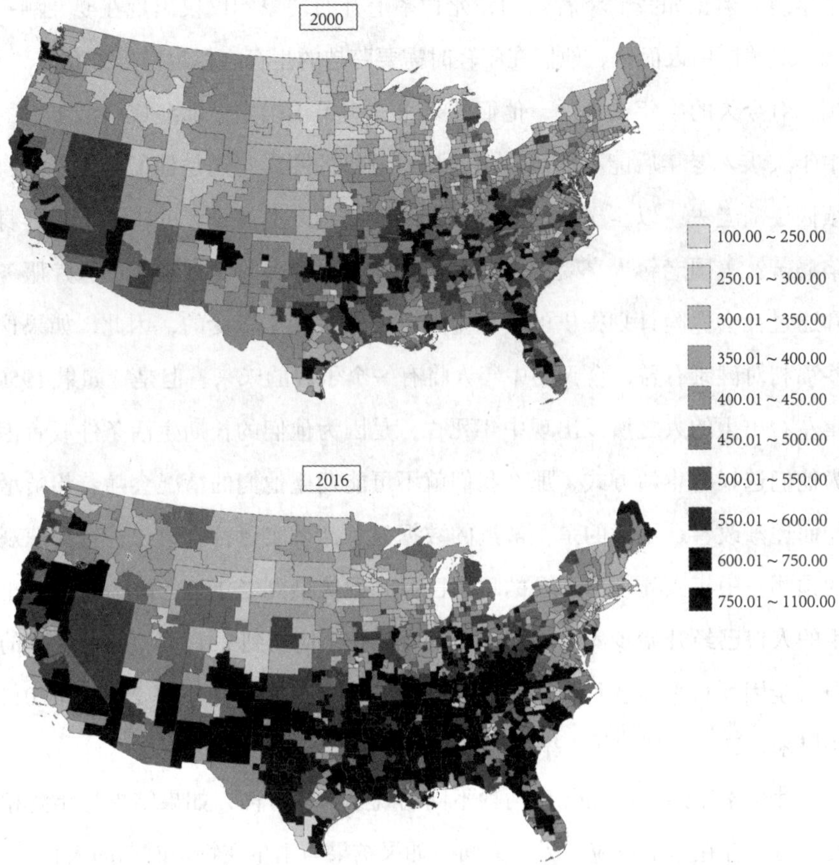

图 2-2　45~54 岁的非西班牙裔白人全因死亡率（按小区块划分）

资料来源：作者计算使用的数据来自美国疾病控制与预防中心

在本书后面的多个地方，我们将回顾这两张地图所显示的内容。

带着麻烦迈向老龄化：年龄效应抑或队列效应

图 2-1 只是比较了不同国家的特定年龄组（45~54 岁）的死亡率，但

我们关注的并非仅此而已。与其他富裕国家的情况相反，美国白人在整个成年年龄段的死亡率变化趋势全部出现逆转。虽然我们强调了45~54岁的中年组，但正如我们将看到的，死亡率上升的现象不仅仅出现在婴儿潮一代。对美国白人而言，他们在年轻时需要跨越的生存之栏也已经升高。

对今天的中年人来说，他们的未来充满了不确定。那些成功活下来的中年人步入老年后能不能“走出”死亡危机的阴影？还是他们会带着满身烦恼逐渐老去，以至于我们会看到，明天的老人会像今天的中年人一样身陷痛苦？美国老年人享受的福利，例如通过医疗保险计划提供的医疗服务和通过社会保险计划提供的养老金，是中年人无法享受的，因此，如果这些福利对健康有益，今天的中年人将有一个乐观的未来。但是，如果1950年左右出生的人之所以出现中年死亡，是因为他们的长期生活条件或者因为他们选择的生活方式，那么我们就不可能期望他们的情况会随着年龄增长而逐渐改善。不幸的是，最近的数据显示，事实更符合第二种较为悲观的预测。中年人死亡率上升的现象已经开始传染到老年组，因为二战后出生的人口已经开始步入老年。在20世纪90年代初到2012年，65~74岁的白人全因死亡率（各种原因导致的总死亡率）平均每年下降2%，但2012年以来，这一队列的死亡率已经停止下降。

社会学家经常试图分离两种不同的现象：一方面，如果结果与年龄相关，可能存在年龄效应；另一方面，如果结果与出生在特定时期的人相关，并随着他们的年龄增长一直伴随着他们，则可能存在队列效应。当然，队列效应与年龄效应并不是相互排斥的，它们也不会是唯一的影响因素。在此，我们倾向于支持（某种形式的）队列效应是导致问题的原因。很不幸，这种说法更为悲观。这群人身上存在一些特质，使他们容易受影响，并将伴随他们度过一生。在本书的其余部分，我们将努力探寻那些特质的本质到底是什么。

我们可以审视两大类因素，它们通常被视为相互竞争的因素，尽管事实并非如此。其中之一是外因或环境因素，它强调了人们的遭遇，他们所拥有的机会，以及他们所能获得的教育、职业或者他们所在的社会环境。另一种则是内因，强调了人们的内在驱动力。换言之，它强调的不是人们拥有的机会，而是他们在面对机会时的选择，即他们自己的偏好。因此，这成为一场有关不断恶化的机会与不断恶化的偏好、价值观甚至道德感的辩论。

在进一步讨论这个问题之前，我们需要先回到21世纪初的中年美国人身上，找出他们死亡的更多原因。毋庸置疑，自杀、阿片类药物滥用和酗酒在其中占据主要地位，但这些绝不是全部。

第三章

绝望的死亡

贝基·曼宁：我丈夫的心里充满内疚，他认为我们的儿子吸毒全是他的错。然后，他开始变得特别沮丧，最终结束了自己的生命。

保罗·索尔曼：他是怎么死的？

贝基·曼宁：他一枪爆头自杀，我正好回家，目睹了这一幕。

保罗·索尔曼：我最好的朋友玛西·康纳的丈夫也是自杀身亡的。

玛西·康纳：他从非常年轻的时候就开始酗酒。

保罗·索尔曼：他几个一辈子的好朋友也都嗜酒如命。

玛西·康纳：（那几个朋友中）一人虽然死于心脏病，但一生都身陷毒瘾和酒瘾。另一人死于癌症，但直到生命的最后一刻还在喝酒。我丈夫身上装了一个G管（胃造瘘管），他把酒倒进了管子，自杀了。[1]

美国的中年白人到底死于什么？上面的对话摘录自肯塔基州的一次采访，这次采访在美国公共电视网（PBS）上播出，上面短短的几句话捕捉到了被我们称为“绝望的死亡”的三大原因，即自杀、药物和酒精。它还显示了这些原因之间的密切关系。贝基·曼宁的丈夫因为儿子吸毒而抑郁自杀。曼宁的丈夫和朋友在成年后长期滥用酒精和毒品，而玛西·康纳的丈夫则直接将酒精灌入自己的胃中自杀。他们的一个朋友死于心脏病，但酒精可能是间接死因，因为对那些长期患有心脏病的人而言，酒精会导致他们心脏病发作。

我们在初次看到图 2-1 的早期版本时曾自问，这些人到底死于什么。这个问题促使我们重新审视美国疾病控制与预防中心的数据，以了解自 1999 年白人死亡率开始上升以来，哪一类死亡增长最快。我们发现了三大罪魁祸首。按重要性排列，它们分别是意外或故意（原因不确定）的中毒（几乎全是药物过量使用）、自杀、酒精性肝病和肝硬化。其中药物过量使用导致的死亡数量高于自杀或与酒精相关疾病的致死数量，但自杀和酒精加在一起杀死的白人则多于药物过量使用。这三个原因的死亡人数都很高。显然，死神继续着自己的旅程，它从儿童的胃肠道进入老年人的肺和动脉，现在又掉头回到中年人的大脑、肝脏和静脉。

上述原因导致的死亡人数在美国，尤其是美国白人中急剧上升，但这种情况并未发生在其他富裕国家里。在其他讲英语的国家，例如加拿大、爱尔兰、英国（特别是苏格兰）和澳大利亚，药物滥用致死人数比原来更多，在英国和爱尔兰，与酒精相关的死亡人数也有所增加（我们掌握的数据不支持将上述国家或其他富裕国家的死亡人数再进一步按照种族群体细分）。其他国家的此类死亡人数上升对公共卫生构成了严重威胁，并且情况在未来可能变得更严重。但是，除了苏格兰的药物相关死亡之外，其他各国的数字与美国的数字相比微不足道。同时在美国，至少在 2013 年以前（芬太尼这一致命的阿片类药物恰好在那一年上市），黑人和西班牙裔人口中均未出现绝望的死亡人数上升的情况。

尽管美国在某种传染病肆虐期间，也可能出现死亡人数激增，例如，1918 年的流感大暴发，但这一次，致命的流行病并不是借助病毒或细菌传播的，也不是由外部因素引起的，比如空气污染或核事故的放射性沉降物。相反，这些死亡都是人们自己的选择。他们因酗酒而死，或过量使用药物将自己毒死，或者以开枪或上吊的方式自杀。的确，正如我们将反复看到的那样，这三种死因之间存在深刻的关联，验尸官或法医往往很难对死亡进行分类，区分自杀和意外导致的药物过量使用往往并不容易。所有死亡都是生活中巨大苦困的结果，无论是一时之苦，还是长期之困。因此，把所有死亡全部归类为自杀看上去也不无道理，无论这些人是用枪快速地杀死自己，还是将头颈伸入绳结，然后将脚下的椅子踢开，或者慢慢地用药物或酒精结束自己的生命。话虽如此，但许多瘾君子其实并不想死，即使他们心知肚明，死亡是他们染上毒瘾的必然结果。

绝大多数药物引发的死亡被归类为“意外中毒”，但这些意外事故与从梯子上摔下来或误触带电的电线完全不同。不可否认，死者中确实有些人是误服了错误剂量的药物，或者不小心给自己注射了身体无法承受的海洛因剂量，又或者误判了药物和酒精效果叠加的风险。但是，那些听说了附近发生“意外死亡”的瘾君子，还会去找毒贩，以确保自己也能获得高强度的毒品，我们对此该做何解释？还有一些人四处寻找芬太尼这种毒性比海洛因强很多倍，因而更危险的药物，对他们的行为又该做何解释？《华盛顿邮报》曾报道了阿曼达·贝内特的故事。26岁的阿曼达是巴尔的摩的居民，剖宫产后陷入阿片类药瘾，后来发展成服用海洛因，然后又发展为服用芬太尼和海洛因的混合毒品。她表示：“如果海洛因里面不加芬太尼，我根本不想要。”[2]

当然，寻找此类药物的人并不是在寻求死亡，他们要找的只是那种强烈的快感或者暂时的解脱，而这样做带来的高死亡风险并没有什么威慑力。有些瘾君子在过量吸毒后，因及时使用纳洛酮而奇迹般地被救了回来，但他们在几小时后又会过量吸毒。酒瘾不像阿片类药物上瘾那样会带来直接危险，而且生活中确实有一些高功能的酗酒者（虽酒精成瘾，但维持着良好的生活能力），正如同样有一些高功能吸毒者一样。但是，还有很多人因成瘾而失去家庭、工作，乃至生命。成瘾就像一座监狱，它将受害者与有意义的生活彻底分隔。

美国国家药物滥用研究所第一任所长罗伯特·杜邦认为，成瘾有两大基本特征：一是尽管使用某种物质导致了严重后果，但仍继续使用；二是不诚实。[3] 如他所说，“自私的大脑”控制了一切，除了对成瘾之物的渴望之外，不给其他任何东西留有余地。[4] 那些置身于酒精或毒品致命副作用危险的人，早已失去许多令生活有价值的东西，这与许多决定自杀的人经历的损失非常类似。

我们之所以将这三类死亡通称为“绝望的死亡”，是为了赋予其一个方便的标签，以表明它们与痛苦的关联，与精神和行为健康的联系，以及缺乏任何传染源的特点。我们这样做，并不是为了确定绝望的具体原因。关于绝望的背景原因，或“原因的原因”，我们有很多话要说。现在，它只是一个合适的标签。在 45~54 岁的白人男性和女性中，因绝望而死的人数已经从 1990 年的 30‰ 上升到 2017 年的 92‰。在 1999—2000 年到 2016—2017 年，美国所有州 45~54 岁白人的自杀死亡率都有所上升，在除两个州之外的所有其他州，酒精性肝病的死亡率也都呈现上升趋势。[5] 同样，在所有的州，药物过量使用的死亡率也在上升。

我们并非第一次见证药物滥用现象的增多。目前的流行病始于 20 世纪 90 年代初，1996 年，在得到美国食品药品监督管理局的批准后，普渡制药公司生产的成瘾性处方止痛药奥施康定（实质上就是合法化的海洛因）开始上市销售，流行病的势头开始增强。与此同时，专门研究与酒精肝相关的死亡和自杀的学者也看到这些原因的死亡人数正在增加，尤其是在中年白人当中，尽管这一点并没有像药物滥用死亡那样受到公众关注。我们的贡献是将药物滥用、自杀和酒精相关死亡联系起来，并注意到它们均在同步上升，共同折磨着许多白人，而且在这一群体中，总死亡率的长期下降趋势已经停止或发生逆转。我们还选择了“绝望的死亡”这个统一的标签，这样做有助于让人们了解这种综合性的流行病，并强调它不仅仅是单纯的药物过量使用。

一定还有别的原因

卫生经济学家埃伦·米拉和乔纳森·斯金纳此前在评论我们的工作时指出，虽然绝望的死亡人数确实在迅速上升，但仅凭它们的总数，尚不足以解释总体死亡率下降趋势的停滞或逆转。[6] 美国白人的死亡率为何一改20世纪的下降趋势，并且在21世纪与美国其他群体和其他富裕国家分道扬镳，一定还存在别的原因。我们需要找到他们所说的这些“别的原因”。

1970年后，美国的死亡率显著下降，新生儿的预期寿命也相应延长，这在很大程度上得益于心脏病和癌症这两大杀手的死亡率的迅速下降。在75岁之前，死于癌症的风险高于死于心脏病的风险；在75岁之后，心脏病则会带走更多生命。因为老年人的死亡率最高，所以心脏病是美国的头号杀手。癌症则是美国中年人的头号杀手，而我们在治疗癌症方面也不断取得进展，这一进展也延续到21世纪。但研究表明，和绝望的死亡共同导致中年人死亡率停止下降的“其他原因”，是我们在降低心脏病死亡率方面的进展明显放缓，而心脏病死亡率的降低，长期以来都是推动健康状况改善和预期寿命提高的引擎。以前在这一领域的进展通常被归因于人们开始戒烟，特别是男性开始戒烟，因为他们通常比女性更早戒烟，并且比女性更容易死于心脏病。此外，更多的人开始服用预防性药物（降压药和他汀类药物）以降低血压和胆固醇。20世纪80年代，美国45~54岁的白人死于心脏病的风险以平均每年4%的速度迅速下降，但是到20世纪90年代，下降的速度已经降为每年2%。在21世纪前10年，下降速度更是放缓至每年1%。虽然2010年后，这一比例又恢复上升势头。[7]

图3–1显示了美国45~54岁的白人中，以及英国和其他讲英语国家（加拿大、澳大利亚和爱尔兰）死于心脏病的人数。1990年之后，如我们所期，随着吸烟现象减少和预防医学的普及——所有富裕国家都可以随时提供预防性治疗——死亡率稳步下降，并且各国的死亡率日趋相似。这其中唯一

的例外是美国，它再次与其他富裕国家背道而驰。毫无疑问，心脏病防治的进展放缓是导致图 2–1 中“分道扬镳”现象出现的一个重要原因。我们在第二章中估计，45~54 岁白人中有 60 万的“额外”死亡人数，这其中的 15% 源自心脏病，而不仅仅是绝望的死亡。

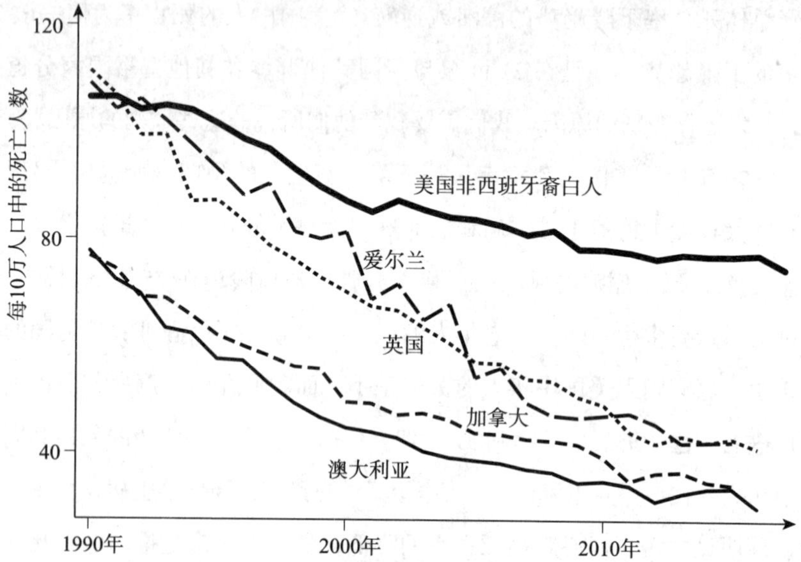

图 3–1 按年龄调整的心脏病死亡率（45~54 岁男性和女性）

资料来源：作者计算使用的数据来自美国疾病控制与预防中心和世界卫生组织

2010 年之前，其他讲英语国家的心脏病死亡率一直呈现强劲的下降走势，然而，这个趋势在 2011 年后突然结束。这一走势，即在 2010 年前稳步下降，但随后死亡率趋于平稳，同样出现在美国的黑人和西班牙裔人群之中。这使得讲英语的国家与其他富裕国家的情况发生背离，因为在其他非讲英语的富裕国家中，中年人死于心脏病的概率仍然在持续下降。这也许是由于讲英语世界的预防性措施已经没有进步空间，也许是由于戒烟的人数已经达到极值。但这些都不能解释美国的心脏病死亡率为何表现得如此不佳。按照国际标准，1990 年美国的心脏病死亡率相当高，因此其应该有更大的改善空间，而不是无所作为。

在研究药物过量使用或自杀现象时，死因的分类指向直接原因。但是，心脏病有多种形式以及很多潜在的原因，所以很难确定图 3–1 中死亡的具体原因。一种可能性是，与绝望的死亡相关的药物和酒精可能会使人们更容易死于心脏病。虽然有人认为，适度饮酒（女性每天饮一杯酒，男性每天饮两杯酒）会增加“好”胆固醇（HDL）和减少“坏”胆固醇（LDL）的影响，但长期大量饮酒会增加高血压的风险并削弱心肌功能，从而导致心脏病。狂饮（一两小时内喝三杯或更多的酒）会刺激心脏不规律地跳动。鉴于不同药物对中枢神经系统的影响不同，药物滥用与心脏病的关系更为复杂。甲基苯丙胺和可卡因（被称为“完美的心脏病发作药物”）是兴奋剂，会增加血压和心率，从而使心脏病发作和心源性猝死的风险加大。人们目前对阿片类药物滥用引起的心脏病风险知之甚少。最近的研究已经表明，长效阿片类药物与心血管疾病死亡之间存在联系，但仍有大量工作有待完成。[8] 如果有证据表明，长期酗酒或滥用药物会导致心力衰竭或致命的心脏病发作，那么这些死亡也可归类为绝望的死亡。

不过，吸烟、高血压和肥胖似乎是对中年期心脏健康更普遍的威胁。虽然在过去 20 年，美国的吸烟率总体出现下降，但在美国的一些地区（尤其是在密西西比州、肯塔基州、亚拉巴马州和田纳西州等中南部各州居民中），吸烟率仍然居高不下，同时某些人口群体中的吸烟率也持续上升（例如在没有学士学位的中年白人妇女中）。近年来，坚持服用降压药的人的比例也有所下降。

到目前为止，最被广泛接受的一种说法是，肥胖可能导致心脏病。美国人普遍超重，他们是世界上最重的人群之一，而且许多学者早就预测，肥胖人群的长期增加将破坏健康的进步，现在这种预测正在变成现实。许多研究都显示了肥胖的风险，包括其会导致心脏病、高血压和糖尿病。肥胖与糖尿病之间的联系特别紧密，而如果糖尿病患者同样患有心脏病，其死因通常会被记录为心脏病。[9] 吃得过多，就像喝得太多一样，对一些人来说是面临压力时的反应，是他们在面对生活困难和失望时的自我安慰，因此与肥胖相关的死亡或许也可以被列为绝望的死亡。

我们在此并不想沿着这条路继续探索，部分原因是很难统计哪些因心脏病造成的死亡与暴饮暴食有关，但有关肥胖的阐述还远未完成。那些散布有关肥胖的悲观论调的人喊着“狼来了”并持续了很长一段时间，他们所预测的预期寿命开始下降的时间，也远远早于实际出现任何此类迹象的时间。[10]此外，还存在一种可能，那就是与肥胖相关的风险在近年来有所降低，或者其在今天的风险已经低于进行风险研究时的水平。相关研究必须跟踪人们多年，而随着新的防治程序和药物不断出现，这些研究总是面临一个风险，即其在完成之前就已经过时。由于肥胖增加心脏病风险的途径之一是肥胖导致高血压，因此降压药物的出现和普遍使用就可能令肥胖者比以前更安全。

与此同时，不同国家之间的比较也引发有关肥胖影响的疑问，而这些疑问尚未得到解答。从 20 世纪 90 年代中期到 2010 年，英国和澳大利亚 45~54 岁成年人肥胖率的上升与美国白人肥胖率的上升水平几乎相同，[11]但是同期英国和澳大利亚的心脏病死亡率平均每年下降了 4%。此外，2011 年后美国黑人、西班牙裔人群和其他英语国家的中年人心脏病死亡率的下降也出现停滞，这也留下一个疑问，即是否还有其他因素在起作用。

无论其最终原因是什么，对美国白人而言，正是特立独行的心脏病死亡率模式与独有的绝望的死亡模式相结合，导致中年人死亡率在 1998 年之后止降回升。我们可以借助一场拔河比赛想象这对总体死亡率的影响。在绳子的一端，我们在对抗心脏病方面取得进展，因而降低死亡率；而在另一端，绝望的死亡则在努力拉拽（尽管最初的力道微弱），不断推高死亡率。1990 年，心脏病防治的进展“占据优势”，从而使总体死亡率下降。但是，随着时间的推移，心脏病防治的进展日渐乏力，而绝望的死亡却“越战越勇”，于是总死亡率停止下降，并在一些中年群体中开始回升。

上面的类比对我们在这里的阐述非常重要，因为心脏病死亡率水平以及与之相对应的进展速度都随着年龄的变化而变化，所以全因死亡率的拔河比赛在不同的年龄段呈现不同的结果。对于20多岁或30岁出头的白人而言，心脏病并不是一个主要杀手，在过去20年，这群人中绝望的死亡人数迅速增加，一直在推高其全因死亡率。对于30多岁和40多岁的白人来说，心脏病和癌症发病率下降的影响以及绝望的死亡人数增加的影响一直势均力敌，直到2013年，由于更致命的阿片类药物（芬太尼）出现，药物过量使用开始导致绝望的死亡人数加速上升。对于50多岁的白人来说，从新世纪开始，由于心脏病防治的进展彻底崩溃，完全无力对抗因药物过量使用、酒精和自杀而导致的死亡人数大量增加，因此全因死亡率持续上升。

不仅是中年人，美国的年轻人也受困于绝望的死亡

我们的叙事顺序遵循了我们发现这一切的方式，即从各种形式的中年死亡开始，然后关注导致这些死亡发生的直接原因，进而发现这是由于白人群体中存在绝望的死亡，再加上心脏病死亡率下降这一全因死亡率下降的主要引擎出现减速和逆转。不幸的是，绝望的死亡不仅折磨着中年白人。虽然老年人在很大程度上未受影响，但年轻白人因绝望而死的人数也在迅速增加，特别是药物过量使用和自杀导致的死亡人数。1990—2017年，在45~54岁的白人中，绝望的死亡人数增加了两倍。2017年，尽管这一中年群体因绝望而死的比例最高，但年青一代白人的表现也令人担忧，而且他们的死亡率上升速度更快，尤其是在过去几年，其绝望的死亡率呈现加速上升的趋势。

正如我们所写，这一流行病正在恶化。在第四章中，我们将提出一个有关这一流行病的观点，即随着时间的推移，每个年龄组都会比前些年同

一年龄组的情况更糟糕。我们发现，中年组的死亡模式在近年一直向老年组蔓延。到 2005 年，中年组之外人群中的绝望死亡人数也开始增加。

白发人送黑发人的悲剧本不该上演，这颠覆了正常的自然规律；孩子们应该安葬自己的父母，而不是反过来。子女的死亡，即便是一个成年子女死亡，也会撕裂一个家庭，而失去年富力强的人——那些本不该死去的人，也会颠覆社会和职场。在本章开头，我们看到了曼宁先生因无法面对儿子吸毒而自杀。今天，有数百万美国父母生活在恐惧之中，时刻担心某一天打给他们成年儿女的电话将无人接听，或者他们将接到警察或急诊室打来的电话。

★★★

第二篇

沙场面面观

★★★

第四章

受教育程度影响生死

在肯塔基州，就是贝基·曼宁和玛西·康纳讲述他们丈夫自杀故事的地方，2017 年中年居民死于自杀、药物过量使用或酒精性肝病的风险比美国平均水平高 1/3。但并非所有肯塔基亚人都面临同样的风险，只有在那些没有学士学位的人中，绝望的死亡的风险才明显上升。图 4–1 显示了肯塔基

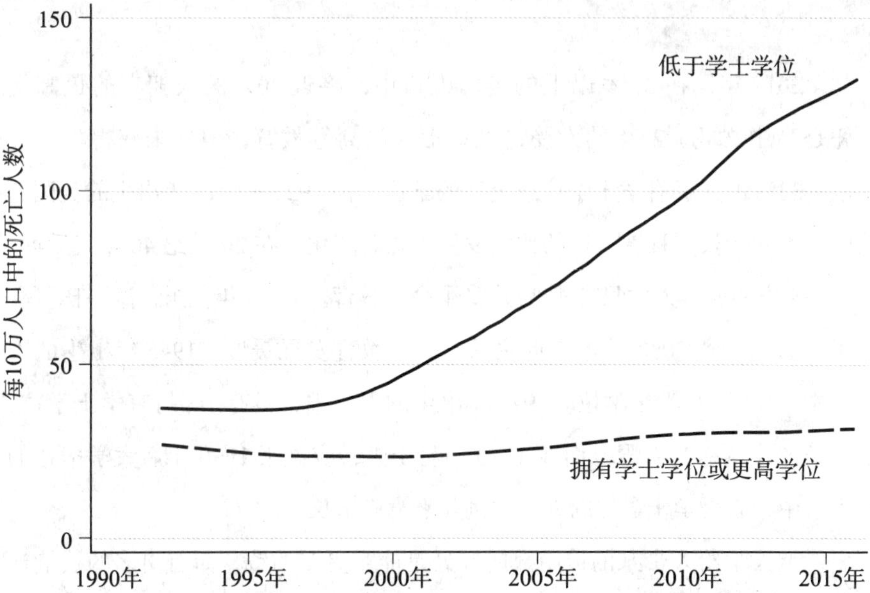

图 4–1　肯塔基州 45~54 岁非西班牙裔白人自杀、药物过量使用和酒精性肝病死亡率（按受教育程度划分）

资料来源：作者计算所用数据来自美国疾病控制与预防中心

州45~54岁白人的绝望的死亡比例。1995—2015年，在获得了低于学士学位的人中，每10万人中的死亡人数从37例上升到137例，而在拥有学士学位的人中，死亡率则变化不大。

肯塔基州是居民受教育程度相对较低的州之一，其45~54岁的白人居民中，仅有25%拥有学士学位。不过，美国所有州都存在类似的模式，即那些没有学士学位人口的死亡风险迅猛增加。受教育程度显然成为了解死者到底是哪个人群，以及他们因什么而死的关键因素之一。看上去，死神从动脉和肺到大脑、肝脏和静脉的巡游之旅主要发生在那些没有上过大学的人当中。如果想要了解那些没有学士学位的人所面临的额外风险，我们就需要了解教育在人们生活中的作用。

教育将如何影响生活

2017年，在25岁以上的美国人口中，将近40%的人拥有的最高文凭是高中文凭，27%的人受过某种形式的高等教育，但并未获得学士学位，33%的人拥有学士学位或更高的学位。在1925—1945年出生的美国人中，不同受教育程度人口的比例发生了显著变化。在20世纪40年代后期，20~24岁的成年人中只有10%接受了高等教育。到60年代末，这一比例翻了一番，达到20%。[1]但自此之后，高等教育发展缓慢。1945年出生的人口中，1/4持有学士学位。1970年出生的人口中，只有1/3持有学士学位，增长的比例极为有限。而在1970年后出生，应该于1990年后大学毕业的人口中，获得学士学位的人口比例几乎没有增长。

上大学给人带来的最明显的好处是能赚更多的钱，而有更多的钱能让人过上更好的生活。在20世纪70年代末，拥有学士学位或更高学位的人，与只拥有高中文凭的工人相比，平均薪资高了约40%。到2000年，这个被经济学家称为“收入溢价”的指标翻了一番，达到天文数字般的80%。[2]与此形成鲜明对比的是，同期那些接受某种程度的高等教育，但没有获得学士学位的美国人的收入溢价相对较为平稳，只比拥有高中学历者的收入高15%~20%。那些在20世纪70年代初高中毕业，并且决定不上大学的人根本无法预知，到了世纪末他们将会面临如此巨大的损失。

由于许多以前不需要学士学位就可胜任的工作现在变得需要学位，那些没上过大学的人的就业机会正在减少，上过大学的人的机会则正在增加。2017年美国的失业率仅为3.6%，创下历史新低，但在那一年，只拥有高中文凭的人口的失业率几乎是拥有学士学位的人口的两倍。2017年，在25~64岁并拥有学士学位或更高学位的美国人中，84%的人处于就业状态，而只拥有高中文凭、没有接受高等教育的人口中，仅有68%的人有工作。[3]美国就业者的收入通常在45~54岁达到高峰。令人担忧的是，在2017年，这个年龄段里只拿到高中文凭就离开学校的人中，有整整25%的人已经脱离就业大军，而这一比例在那些至少拥有学士学位的人中只有10%。

正如我们将要看到的那样，对于为什么会有这种差别存在很大的争议，到底是受教育程度较低的人根本不想工作，至少是不想接受能付给他们当前工资的工作，还是他们其实希望工作，但却不能为之，因为没有工作提供给他们，或因为他们是残疾人。不管答案是什么，下列事实不容辩驳，那就是劳动力市场正在为那些受教育程度较高的人提供机会，而对受教育程度较低的人来说则并非如此。

随着企业和政府不断应用越来越先进的技术，加上计算机的使用大量增加，对更高技能和能力的需求也在不断增加，这可以部分解释为什么在受教育程度较低与较高的人口之间，收入和就业差距会不断加大。对于少数幸运而有才华的顶尖人士而言，比如对冲基金交易员、硅谷企业家、首席执行官、顶级律师或医生，他们获得高薪的机会实际上是无限的，远远超过从前。2018年，美国最大的350家公司的首席执行官的平均年收入高达1720万美元，是人均收入的278倍。1965年，前者还仅为后者的20倍。[4]如果我们回到100年前，那时收入最高的人依靠的都是资本，他们是祖先财富的继承者。对于食利阶层来说，以工作为生是一种耻辱。没有比把自己的女儿嫁给一个制造业从业者更丢脸的事了。如今，最高的收入来源已经不再是继承的财富，而是高薪收入（如那些首席执行官），或者创业及专业工作获得的收入（如咨询顾问、医生和律师）。教育，而非家庭或出身，是获得此类工作的必经之路。[5]

人们在寻找另一半时倾向于选择有相似兴趣和背景的人。拥有大学学位的女性更有可能嫁给同样接受过大学教育的男性。曾经有一个时期，接受过大学教育的妇女会安于做家庭主妇，但在20世纪后期，她们已经走出家门，步入职场。因此，随着劳动力市场给予学士学位越来越丰厚的回报，以及更多高薪职业岗位向女性开放，我们开始看到更多对双方都拥有高薪收入的夫妻。换言之，学士学位或更高的学位已经不仅是一份高薪工作的入场券，还是夫妻双方均拥有高薪的婚姻的入场券。

现在，受教育程度较高的人口和受教育程度较低的人口已经生活在两个不同的世界，我们将在本书中一次又一次地看到这种割裂。[6]在工作方面，如今的公司更有可能存在"教育隔离"。我们在本书后面将会看到，现在，大公司正在将许多过去由内部雇员完成的低技能工作外包出去。过去，不同文化程度的人会一起工作，都是同一家公司的雇员。现在，受教育程度较高的人和受教育程度较低的人所居住的地点相互隔离，那些成功者居住在房价高企的地方，不那么成功的人根本无法进入。由于地理隔离加剧，不同受教育程度的人的孩子所上学校的质量的差距也越来越大。成功的夫妇除了参与孩子的学校活动之外，几乎没有时间参与其他社区活动，因此他们也没有什么机会与受教育程度较低的人相互认识，了解彼此关心的事情，或者共同参与社区活动。这两类人的品位不同，他们在不同的餐馆吃饭，访问不同的网站，看不同的电视频道，从不同的渠道获取新闻，在不同的教堂做礼拜，读不同的书。正如我们在后面还将看到的，他们对婚姻制度的依恋也大不相同，而且这种现象愈演愈烈。受教育程度较高的人结婚较晚，但更不容易离婚，他们生孩子的时间也较晚，拥有非婚生子女的可能性也较小。

盖洛普公司在美国人中做过一个大样本调研，要求受访者将他们的生活从 0 分（你能想象到的最糟糕的生活）到 10 分（你能想象到的最好的生活）进行打分。2008—2017 年，超过 250 万人回答了这个问题，他们对自己的生活打出的平均分是 6.9 分。那些拥有学士学位及更高学位的人打出的平均分为 7.3 分，只拥有高中及以下学历者打出的平均分为 6.6 分。在使受教育程度较高的人对生活满意度更高的原因中，只有大约一半与他们拥有更高的收入相关，从而表明这种较高的满意度在很大程度上要归因于教育本身带来的巨大优势，或者至少要归因于教育带来的非收入性益处。盖洛普调查还询问人们是否每天都能做一些有趣或喜欢的事情，在此方面，受教育程度较高的人同样具有巨大的优势。[7]

教育与精英制度

一个总体教育程度更高的社会在很多方面都会大有不同，而且这些不同将会远远超越个体的差异。至少在某种程度上，每个人都受益于受教育程度更高的人的创新能力和更高的生产力。更好的机会平等是一个值得追求的目标，每个人都赞成向那些曾经因家庭、收入或出身而被排斥在外的聪明孩子开放教育机会。在我们这个时代，精英制度是宛如试金石一样的美德，每个人都应该有机会成功并最大限度地发挥自己的能力，没有人会怀疑这样做会给我们带来好处。事实上，在某些领域，我们显然还需要更多地将这一点发扬光大。一个绝佳的例子是看看哪些人会成为发明家。发明是经济增长和未来繁荣的关键。与出身于收入分配后 50% 家庭的孩子相比，出身于在收入分配中位于前 1% 家庭的孩子更有可能成为发明家，他们成功的可能性是前者的10倍。精英制度的失败会导致我们错失未来的“爱因斯坦”，而他们本来可以让世界变得更加美好。[8]

当然，正如英国经济学家兼社会学家迈克尔·杨所指出的那样，精英制度也有缺点。他在1958年提出“精英制度”，并预言其兴起将引发一场社会灾难。[9]

事实上，我们已经看到一个问题，那就是一些曾经对非大学毕业生开放的工作现在只留给有学士学位的人。如果那些有学位的人能更好地完成这些工作，比如执法部门的工作，这本身无疑是一件好事。但鉴于有些资源的供给有限，比如良好的生活和工作场所，这意味着有些资源将不会再分配给那些受教育程度较低的人。最严重的一点，也是杨担心的一点是，受教育程度较低的群体将失去他们中最聪明的一批人，从而让他们失去本可以为自己服务的人才。杨写道：“就国民支出分配进行讨价还价实质上是一场智慧之争，如果一个群体中最聪明的一批人投身敌营，那么这个群体将毫无胜算可言。”他指出，精英相对于其他群体之所以能取得成功，其真正的原因是，“除了他们自己之外，已经无人再为卑微者代言”。如果有才能的人没有机会向上走，他们将无缘进入更广阔的世界，并在那里出类拔萃和造福他人。但如果人才向上流动，则会损害他们的出身之所，以及他们原来所在群体的利益。杨把受教育程度较低的群体称为“民粹主义者”，把精英称为“伪善主义者”。[10]

在上述论断提出60年后，政治哲学家迈克尔·桑德尔撰写了一篇关于我们这个时代的文章，并讨论了精英制度的腐蚀性影响：“成功者受到鼓励，认为自身的成功是自己努力的结果，将其视为一种美德，并瞧不起那些不如自己幸运的人。而那些在竞争中失败的人则可能抱怨整个系统受到操控，赢家是通过营私舞弊迈入成功之道的。或者，他们可能会心怀沮丧，认为失败全是自己的错，完全是因为自己缺乏才能和追求成功的动力。”[11]根据2019年的一项民意调查，只有一半的美国成年人认为大学对国家有积极的影响，59% 的共和党人（这个党派已经越来越成为受教育程度较低群体支持的政党）认为大学正在造成负面影响。[12]

因为精英的选拔依据是个人能力，而不是其家庭的财富或地位，所以这些人显然比其所取代的那群人更有能力。同样，这种机制在许多方面对个人和社会都是有益的。但当一个新的群体获得成功后，它就会走之前群体的老路，不断巩固自己的优势地位，以对抗下一代的精英。他们的能力越强，就越能成功地为自己和孩子制定排除异己、谋取私利的策略。虽然这些策略有助于个人获得利益，但对整个社会具有破坏性。富人们会支付更多的费用，以获得高水平大学的入学申请和相关文书的辅导，甚至会寻求子女存在精神障碍的诊断，以确保他们的孩子能继续花更多的时间参加先修课程的学习和考试。[13]

当精英制度像其在今天的美国那样，成为一种不平等的制度，同时，那些已经得到公认的成就（如考试通过、晋升、成为合伙人、投机成功或当选公职）能够得到巨大的回报，那么这些回报可能不仅仅源于个人的能力和美德，还可能源于作弊，以及无视那些长期存在却已被逐渐视为成功障碍的道德约束。"如果没作弊，你就是没努力"的说法不仅仅适用于体育运动，在一个不平等的精英制度下，公共行为的标准很可能非常低，一些精英成员会做出腐败行为，或者他们在圈外人的眼中十分腐败。一个极端的例子是 2019 年美国大学的入学丑闻，即有钱的父母为了确保孩子有机会进入精英大学而行贿。我们猜测，在当今美国极度不平等的环境中，精英制度的兴起已经促成企业界呈现"赢者通吃"和更为严酷的氛围。[14] 也许随着时间的推移，精英制度最终将自己走向灭亡。[15]

死亡与教育

在美国，受教育程度较低的人口的死亡率较高，这一点已是众所周知的事实。在防范可预防疾病方面，教育之所以能够对人们提供保护，是因为了解疾病的运作机理有助于人们防范这种疾病，而受教育程度较高的人更容易了解这些信息。人口统计学家塞缪尔·普雷斯顿和迈克尔·海恩斯已经证明，20 世纪初，在病原菌学说还没有被广泛接受之前，“医生子女的死亡率与普通孩子不相上下，这相当清楚地表明，医生的手上几乎没有什么武器可以用来提高生存率。到 1924 年，医生子女的死亡率已经比全国平均水平低了 35%。教师子女的进步也非常迅速，在此期间同样取得长足进步的还包括所有专业人员群体”。[16] 再往后看，在 1964 年美国公共卫生局局长发布关于吸烟对健康危害的报告之前，不同教育程度群体的吸烟率非常接近。但在此之后，不同群体的吸烟率开始出现差异，受教育程度较高的人的戒烟率更高，最初的吸烟率也更低。当然，这并不能解释下面的现象，即受教育程度较低的群体在认识到吸烟有害健康后，在长达半个多世纪的时间里仍然保持较高的吸烟率。知识显然不是万能的。不同社会地位的人拥有不同的与健康相关的行为模式，这一点经常被发现，也许社会地位本身是理解这些行为的关键之一。[17]

不同受教育程度的群体的健康行为也不一样是一直存在的一个现象。2017 年，审视不同群体中的吸烟者比例，我们发现拥有高中或以下学历的成年美国白人（25 岁及以上）群体与拥有学士学位或更高学位的群体相比，前者中吸烟者的比例高达后者的 4 倍（29% 与 7%），接受了某种形式的大学教育，但没有获得学士学位的群体中的吸烟者比例介于两者之间（19%）。2015 年，在只拥有学士学位以下文凭的白人中，1/3 的人肥胖，而在拥有学士学位的白人中，这一比例不足 1/4。此外，没有学士学位的白人在控制高血压方面也表现欠佳。那些拥有学士学位或更高学位的人与没有学士学位的人相比，平均身高也高了大约 1.3 厘米，这反映出前者在童年时期的健康和营养状况更好。[18]

这些因素导致我们今天面对的现象，即在拥有和没有学士学位的白人群体中，死亡率的差距迅速扩大。整体来看，45~54 岁年龄段的白人的死亡率自 20 世纪 90 年代初以来一直保持不变，但这掩盖了一个事实，即没有学士学位或更高学位的人口的死亡率上升了 25%，而有学士学位的人口的死亡率下降了 40%。[19] 2017 年，拥有学士学位或更高学位的人口的收入是没有学士学位的人口的两倍，这说明受过更多教育的人在生活中有一定优势。同时，他们在中年死亡的风险只有那些没有学士学位的人的 1/4，这说明了他们在健康方面的优势。

虽然心脏病和癌症死亡率差距的加大也加剧了不同受教育程度群体之间死亡率的差距，但在只有低于学士学位的人口中，绝望的死亡人数不断增长，这在很大程度上导致了全因死亡率差距的扩大。图 4–2 显示了美国的总体情况，并分别列出了男性和女性的数字。

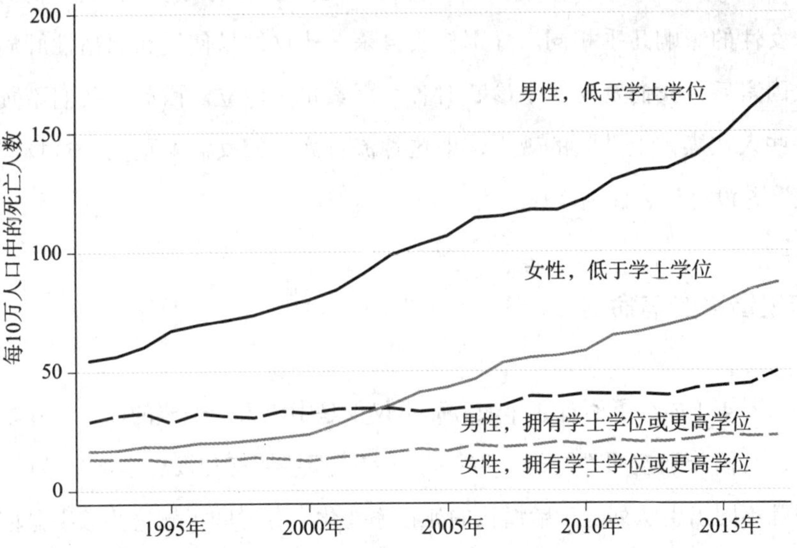

图 4–2 非西班牙裔白人（45~54 岁）的药物、酒精和自杀死亡率

资料来源：作者计算所用数据来自美国疾病控制与预防中心，数据根据年龄组内平均年龄的增长进行了调整

对于这个年龄段的男女而言，如果拥有学士学位，他们出现绝望的死

亡的可能性要比其没有学士学位的同龄人低很多。1992 年，男性中这两个群体之间的差距已经显而易见。受教育程度较低的男性死于酒精、药物或自杀的可能性更大。随着绝望的死亡“流行病”泛滥，这个差距也迅速扩大，到 2017 年，相对于拥有学士学位的同龄人，受教育程度较低人口因绝望死亡的可能性是前者的三倍。

20 世纪 90 年代初期，无论受教育程度如何，白人妇女死于酒精、自杀或药物过量使用的风险都很低。早期媒体在报道我们的研究时经常会冠以“愤怒的白人男性不断死去”的标题，我们认为这是因为人们无法想象女性会以这种方式结束自己的生命。长期以来，女性从来没有这样做过，但这种情况已经发生改变。女性自杀的可能性较小，根据我们掌握的数据，世界各地似乎都是如此。同时，女性死于酒精性肝病或药物过量使用的可能性也较小。然而，图 4–2 显示，当前的这一流行病对男性和女性的影响几乎相同。分别核实自杀、药物过量使用和酒精性肝病三大因素后，我们发现这个诊断对各个因素也都成立。因此，我们不赞成一些人在媒体上鼓吹的观点，即这种流行病对妇女影响更大，这场“瘟疫”并没有什么性别歧视。[20]

与生俱来的宿命

图 4–3 描绘了所有成年人，而不仅仅是中年人的绝望的死亡。在本图中，我们分别按照不同的出生年份研究了那些拥有和没有学士学位的人，跟踪不同出生队列随年龄增长的死亡率变化。花时间了解这些数字是值得的，因为这对于理解到底发生了什么非常重要，还因为我们将在后面的章节使用类似的数字。不同美国人的命运取决于他们何时出生，何时完成学业，以及何时开始工作，本书中的图能帮助我们看到所有这些信息。

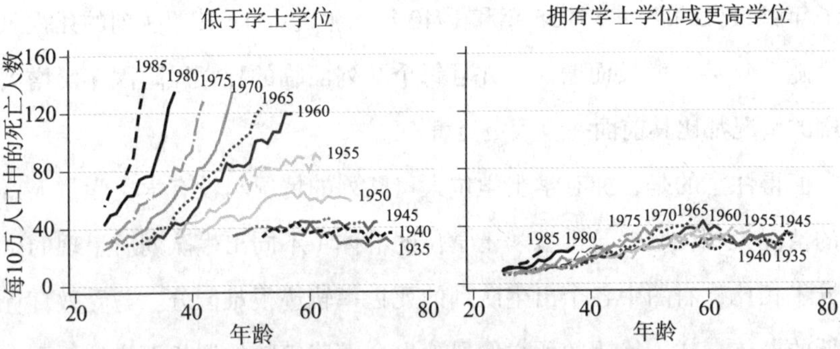

图 4-3　1992—2017 年酒精、药物和自杀死亡率 [①]

（非西班牙裔白人，按照出生队列统计）

资料来源：作者计算所用数据来自美国疾病控制与预防中心

左图显示了没有学士学位群体的情况，右图显示了拥有学士学位或更高学位群体的情况。左图中的线条更容易看清，尽管两图的构图方法完全相同。图中每条线均代表一个特定的出生“队列”，即某一年出生的人群（在其上方以数字标明）。最左边的线代表了 1985 年出生的队列，最右边的线是 1935 年出生的队列。横轴表示的是年龄，每条线代表了各个出生队列在 26 年中（1992—2017 年）的死亡率变化，这是我们掌握的数据能够支持的周期。为了使数字清晰可见，我们只摘取了每隔 5 年的一个出生队列。图中的每条线或“轨迹”都显示了绝望之死的死亡率是如何随着各队列年龄的增长而变化的。

通过研究越来越年轻的没有学士学位队列的死亡率轨迹，我们可以发现，年轻队列的绝望的死亡的风险比年长的队列要高。对于那些没有学士学位的人来说，同样在 45 岁时，1960 年出生的队列面临的风险比 1950 年出生的队列高 50%，而 1970 年出生的队列面临的风险则是 1950 年出生队列的两倍还多。出生越晚，在任何特定年龄遭遇绝望的死亡的风险就越高。

① 右图中，英文原书即无 1950 年队列，疑遗漏。——编者注

除了年龄最大的队列（1935 年和 1940 年出生的人），其他队列的死亡风险都会随着年龄的增长而增加，并且每个队列面临的死亡风险因年龄增大而加剧的情况都比其前面一组人更显著。

值得注意的是，拥有学士学位人口队列的情况与没有学士学位人口队列的情况大相径庭。与没有学士学位的群体（不同出生队列所呈现的巨大差异）相比，右图中各个出生队列的死亡率轨迹很难区分。与受教育程度较低的群体一样，绝望的死亡的风险也会随着年龄的增长而增加，至少在 60 岁之前是这样，但每一组人似乎都在沿着相同的轨迹变老。如果我们仔细观察，可以发现不同队列之间存在（相对而言极其微小）的差异，并且对于这一部分人而言，出生较晚的队列同样表现较差。但是，以人口统计学的语言来说，这里没有或只有微小的“队列效应”，每个队列都遵循相同的老龄规律。

对于非西班牙裔黑人而言，无论其受教育程度较高还是较低，不同出生队列的死亡率模式都非常类似于拥有学士学位的白人，即在同等教育程度的群体中，死亡率随着年龄的增长而上升，但出生队列之间的差异很小。对黑人来说，年轻队列的情况并没有逐渐恶化。

对于 1935 年出生的非西班牙裔白人而言，图 4–3 显示了他们在六七十岁时的情况，他们中拥有和没有学士学位的人面临绝望的死亡的风险并没有多大差异，只有十万分之三。但是，这种差异在后来出生的队列中急剧扩大，因此，在 1960 年出生的队列中（图 4–3 显示了他们在四五十岁的情况），在拥有和没有学士学位的队列之间，遭遇绝望的死亡的风险的差异已经达到 1935 年出生队列的 10 倍。显然，受教育程度较低的白人正面临一场灾难，并且出生越晚的白人面临的灾难越大，但这种灾难对受教育程度较高的白人则没有造成如此严重的影响。

回到 19 世纪，甚至在埃米尔·杜克海姆于 1897 做的关于自杀的基础研究之前，受教育程度较高的人更有可能自杀。[21] 在 1935—1945 年出生的队列中，自杀现象在拥有和没有学士学位的群体中同样普遍。然而，从 20 世纪 50 年代初出生的队列开始，那些没有学士学位的人面临更高的自杀风险。在后面出生的队列中，受教育程度较低者和受教育程度较高者的自杀风险的分化不断加大。对于 1980 年出生的人来说，没有学士学位的白人自杀的可能性是有学士学位白人的 4 倍。这些发生于 21 世纪的自杀与过去的自杀不同，它们发生在不同的群体中，同时我们可以合理地推测，导致其发生的原因也不尽相同。

第五章

黑人与白人死亡现状分析

《杜恩斯伯里》漫画的某期以 B. D. 和他的朋友雷为主角，雷声称黑人和拉丁裔群体之所以对绝望的死亡免疫，是因为他们已经习惯于痛苦和失去。B. D. 讽刺地称这种免疫力为“黑人的特权”。[1] 这真是颇具讽刺意味，因为正如中年黑人在生活的许多方面都没有特权一样，他们在面对死亡的风险时也没有任何特权。

在过去 25 年里，至少直到 2013 年，非洲裔美国人并没有像我们在白人人口的记录中看到的那样，出现绝望的死亡的人数暴增的情况。不过，在更早一些的 20 世纪，由于霹雳可卡因和艾滋病的泛滥，黑人早已遭遇一场死亡危机。这场危机发生在低技能黑人工人大规模失业之后。内城区的制造类和交通类工作纷纷消失，导致了社会动荡和大批人口失业，以及家庭和社区生活解体。正如我们将在后面的章节看到的那样，这个故事与过去 25 年中受教育程度较低的白人群体经历的一切有许多相似之处。当劳动力市场向不利于那些拥有最低技能的工人转变时，黑人首先出局，这部分是因为他们的技能水平低，部分是因为长期存在的歧视现象。几十年后，长期受到白人特权保护，但受教育程度较低的白人成为第二批受到打击的对象。在两个故事中，有关危机的起因的争论也非常相似，一方认为由于缺少机会，另一方则认为由于道德沦丧。因此，几十年前在黑人身上发生的一切与今天白人的遭遇相比，或许更多只是时间不同，而不是本质不同。

我们将更详细地对此加以阐述，但像往常一样，让我们先从数字开始。

资料来源：Doonesbury © 2017 G. B. Trudeau.Reprinted with permission of Andrews McMeel Syndication. All rights reserved.

有关黑人和白人死亡率的事实

图 5-1 显示了 1968 年以来，45~54 岁的黑人和白人群体的死亡率。[2] 黑人死亡率下降的速度快于白人，不过他们死亡率的绝对值一直高于白人。这种情况自 20 世纪 30 年代以来一直没有改变，当时黑人的中年死亡率与白人相比，达到令人震惊的 2.5 倍。

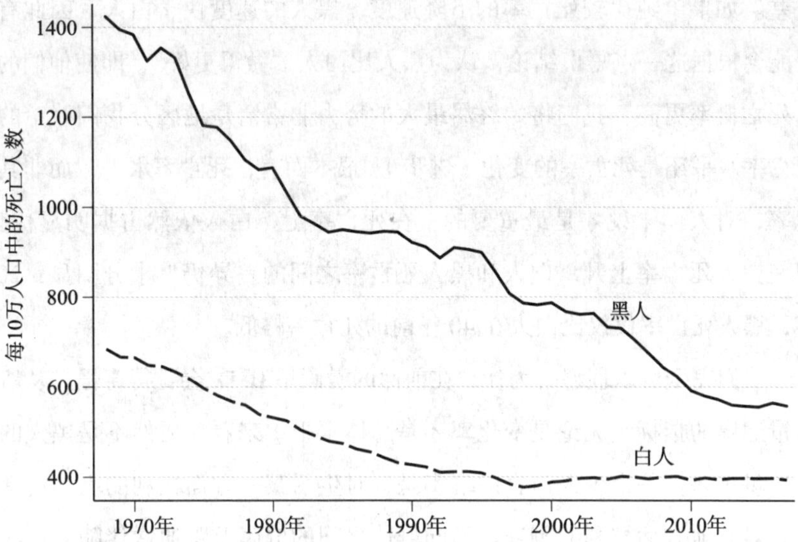

图 5-1　1968—2017 年 45~54 岁黑人和白人的死亡率

资料来源：作者计算所用数据来自美国疾病控制与预防中心

虽然黑人和白人死亡率的差距不断缩小，但在不同时期，这种缩小的速度不同。20 世纪 60 年代末，白人死亡率的下降趋势因吸烟而停滞，使这一差距迅速缩小。到 20 世纪 80 年代，则轮到黑人死亡率的下降趋势出现停滞。这一时期，黑人社区面临严重的艾滋病疫情。在后面的章节，我们还会讨论这部分内容。

从 1990 年起，黑人死亡率恢复下降势头，因此，当白人死亡率在 20 世纪 90 年代末停止下降后，二者的差距又迅速缩小。虽然黑人与白人死亡率差距缩小是一件值得庆幸的事，但如果这更多地源自黑人死亡率的下降增速，而不是因为白人死亡率的下降停滞，无疑将更令人欣喜。在图 5–1 的最右侧，黑人的中年死亡率也开始停止下降并掉头上升，我们随后也将对这一点再次进行讨论。

图 5–1 揭示了一个显而易见却非常重要的事实，那就是在图中反映的整个周期内，黑人的死亡率持续高于白人。总体而言，黑人的境况比白人更差。如果单纯比较死亡率的下降速度，黑人的速度快于白人，因此有人可能会根据这一点得出结论，认为黑人比白人“做得更好”，即使他们的绝对死亡概率更高。我们将始终尽最大的努力非常清楚地区分我们谈论的是死亡率水平还是死亡率的变化（进步）。根本而言，死亡率水平，而非其变化率，对人们来说才是最重要的。在死亡率上，白人依然占据明显优势。即使白人死亡率上升，白人和黑人死亡率之间的差异仍然十分明显：2017 年，黑人死亡率仅仅比白人在 40 年前的死亡率略低。

我们完全可以理解，为什么在前面的漫画里 B. D. 会觉得奇怪，从所有衡量健康的指标（无论是变化率还是总体水平）来看，居然不是黑人的生活质量更差。一个令人沮丧的事实是，对生活某一方面权利的剥夺通常伴随着对其他方面权利的剥夺。不同群体之间的健康差距通常伴随着这些群体之间在社会、经济和教育水平方面的差距。在美国，黑人更可能生活在贫困之中，更不可能拥有学士学位，并一直遭受歧视。因此，在黑人全因死亡率下降之时，白人的死亡率却在上升，这一点确实既不寻常，又令人惊讶。

当今“绝望的死亡”流行病对黑人和白人的影响

21 世纪初期，黑人死亡率下降的速度之所以快于白人，其主要原因是黑人没有遭受药物过量使用、自杀和酗酒流行病的侵害。

图 5–2 显示了 1992—2017 年，在 45~54 岁的白人（黑线）和黑人（灰线）中，出现的绝望的死亡数量。正如我们在第四章中看到的，是否拥有学士学位对死亡率有很大影响，因此我们将黑人和白人按照是否拥有学士学位进一步区分为两个队列。

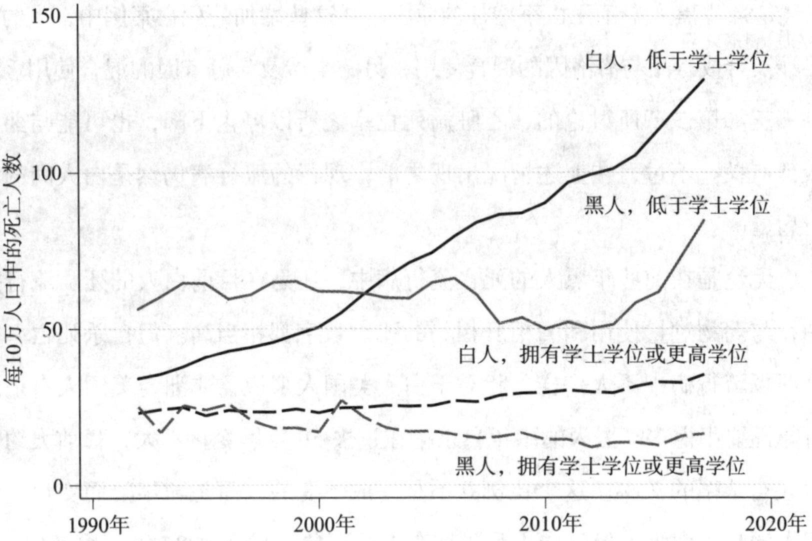

图 5–2　1992—2017 年，中年黑人和白人药物、酒精和自杀死亡率（按照拥有或没有学士学位划分）

资料来源：作者计算所用数据来自美国疾病控制与预防中心，45~54 岁年龄段（按年龄调整）

无论有没有学士学位，黑人中年的绝望死亡率在 25 年内均持平或下降，同期白人的死亡率则有所上升，特别是那些没有学士学位的白人。无论是黑人，还是白人，是否拥有学士学位对死亡率的影响均非常显著。

最近几年，黑人的死亡率也开始逐年上升，这是目前的阿片类药物泛滥与黑人社区早期的毒品泛滥共同作用的结果。正如我们将在第九章中探讨的，当前的药物过量使用流行病是由芬太尼引发的。芬太尼作为一种阿片类药物，比海洛因毒性更强，也更加危险。此前在黑人中流行的毒品使黑人社区拥有大量长期吸毒但社会功能稳定的瘾君子。然而，随着毒贩开始将芬太尼与海洛因和可卡因混合，这些长期吸毒的瘾君子开始死亡。这些瘾君子并不知道，原本安全的剂量用在混合毒品上会变得致命。从黑人全因死亡率的低点（2014 年）开始算起，涉及合成毒品（例如芬太尼）的死亡率上升是导致 45~54 岁黑人中年死亡率增加的原因。在这些增加的死亡案例中，大约一半涉及合成毒品与海洛因的混合使用，另一半涉及与可卡因的混合使用。此外，正如第二章所讨论的，心脏病死亡率之所以停止下降，也可能与药物致死有关。不过，在上述情况出现之前，现行的流行病仍然是白人间的流行病。

无论是在前些年黑人的死亡流行病中，还是在目前白人的死亡流行病中，与药物过量使用和酒精肝相关的死亡数字都相当高。但自杀死亡率在这两场流行病中不太一样，相对于白人美国人来说，非洲裔美国人自杀的可能性要小得多。黑人的中年自杀率在过去 50 年里变化不大，目前大约是白人自杀率的 25%。这个比例并不是一成不变的，而是随年龄而变化，但黑人的自杀率大大低于白人是长期存在的现象。早在 1897 年，埃米尔·杜克海姆就在他有关自杀的基础性研究著作中提到过这一点。[3] 对于造成这种差异的原因，目前尚没有得到普遍认可的解释。乔治·辛普森在为杜克海姆著作的英译本写序时，曾总结了杜克海姆的观点，即“系统的压迫和相对贫困，迫使个体适应了我们每个人必然面对的苦难和悲剧”[4]。他还指出另外一点，而这一点在今天仍然有意义，即黑人较低的自杀率表明，相对贫困本身并不是自杀的原因。

非洲裔美国人的绝望

我们认为，20 世纪中叶后，内城区非洲裔美国人的遭遇预示了 21 世纪发生在白人身上的一切。著名社会学家威廉·朱利叶斯·威尔逊在他于 1987

年出版的《真正的穷人》一书中，讲述了更早的那个故事。

20 世纪 60 年代末至 70 年代初，内城区的非洲裔美国人受雇于制造业和交通业等“旧经济”产业。随着战后国际竞争加剧，制造业向服务业转变，以及城市从制造业中心向行政管理和信息处理中心演变，非洲裔美国人在他们取得最大进步的领域遭受了巨大打击。他们的故事中充斥着失业和社会解体。据威尔逊所述，生活在城市里的黑人受雇的主要领域“在面对一些变化时极为脆弱，如结构性经济变化，例如，从制造业转向服务业，劳动力市场日益分化为低工资部门和高工资部门，以及技术创新和制造业迁出中心城市”[5]。面对这些变化，加之《公平住房法案》的通过，受教育程度更高和更成功的非洲裔美国人开始搬离内城区，留下越来越呈现一系列社会病态的社区，包括黑人家庭的逐渐解体，以及随之而来的犯罪和暴力。

妇女因缺乏可结婚（有工作的）伴侣而未婚先孕，然后非婚生子。正如迈克尔·杨更早预测的那样，社区逐渐失去最有才华和最成功的人，这些人纷纷搬离内城区。对于 20 世纪 60 年代的黑人来说，一系列民权法案的通过也推动出现这种现象。曾经的内城社区包括专业人员和体力劳动者，即同时拥有受教育程度较高和较低的人，但这些社区不但逐渐失去了成功和受教育程度较高的人，还逐渐失去有工作的人。这对社区，特别是对社区中的年轻人造成了负面影响。威尔逊将内城黑人社区面临的问题归因于“劳动力市场大范围的有害变化，以及由此产生的空间聚集和这些地区与较富裕黑人社区的隔离”[6]。在谈到今天出现的类似现象时，经济学家拉格拉迈·拉詹曾指出，富有才华、受过良好教育的年轻人正不断向飞速成长和成功的高科技城镇聚集。[7]

20 世纪 80 年代，非洲裔美国人的内城社区经历了一场霹雳可卡因危机。霹雳可卡因的泛滥与目前阿片类药物的泛滥既有不同，也有相似之处。霹雳可卡因非常便宜，并且能够迅速带来快感，人们非常容易上瘾。由于那些瘾君子急需钱，以获得下一次快感，所以犯罪率不断上升。随着毒贩们为争夺街角的一席之地而争斗，年轻黑人的死亡率激增。尽管目前仍有人买卖霹雳可卡因，它仍然在为害一方，但到20世纪90年代中期，霹雳可卡因的流行热潮已基本消退。人们对其为何会消退仍存在争议，但下列原因起到了一定作用，即曾经迷恋霹雳可卡因的人逐渐变老，以及年青一代因为目睹它破坏了家庭成员和朋友的生活而对其心生厌恶。近期的研究表明，霹雳可卡因依然阴魂未散，它永久性地增加了内城区的枪支数量。[8]而且正如我们看到的那样，它曾经的泛滥也导致滥用芬太尼死亡率的上升。

某种流行病之所以泛滥，往往有深层次的原因，而不仅仅因为直接诱因。无论是20世纪80年代在美国内城区随处可以买到的霹雳可卡因，还是20世纪90年代中期后白人社区中越来越多的阿片类处方药物，一概如此。导致这两种情况出现的根源，是面向劳工阶层的工作永久性消失了，正如20世纪70年代美国北部城市中的黑人，以及更近期美国各地受教育程度较低的白人所经历的那样。随着经济全球化、技术革新、员工医疗成本不断上升，以及制造业向服务业转变，企业大量削减受教育程度较低的员工数量，首先受到冲击的是黑人，随后是受教育程度较低的白人。

在这两种流行病中，能够缓解心理或生理痛苦的药物以（相对）负担得起的价格摆在了那些渴望逃离的人群面前，似乎为他们提供了急需的避难所。在霹雳可卡因流行期间，内城区几乎没有任何合法的上升通道。同样，在阿片类药物危机中，轮到受教育程度较低的白人，他们中的许多人看不到光明的经济前景或者生活方面的光明前景，于是他们正成为药物、酒精和自杀的牺牲品。当然，我们也不应该夸大这些相似之处，特别是在比较曾经的黑人和今天的白人时。绝望的死亡中包括自杀，而自杀率在不同种族中存在显著差异。

人们普遍认为，非洲裔美国人在20世纪70年代和80年代的不幸遭遇源于黑人文化的失败。哈佛大学社会学教授丹尼尔·帕特里克·莫伊尼汉从

1977 年至 2001 年一直是代表纽约州的民主党参议员，他还曾担任约翰逊和尼克松政府的顾问。1965 年，他发表了一篇著名的报告——《黑人家庭》[9]。在报告中，他认为非洲裔美国人社区的核心问题是缺失父亲的家庭，并将问题的根源追溯到奴隶制。政治学家查尔斯·默里也在《失去的基础》一书中提出，这种社会病的根源并非缺乏机会。他还提出一个观点，即那些旨在对抗贫困的福利政策正在产生破坏作用，并助长懒汉行为。默里在其新书《走向分裂》中，将当前受教育程度较低的白人群体的许多问题归因于自身的道德沦丧，尤其是勤奋精神的丧失，即人们不再对谋生或养家糊口感兴趣。[10]

在第十一章中，我们将对劳动力市场进行研究，并将证明默里的文章无法解释最近在受教育程度较低的白人群体身上发生的一切。如果人们退出劳动力市场，那么工资应该上涨，但是在 20 世纪后期到 21 世纪，工资水平和就业人口数量同时下降。这清楚地表明，问题的根源是工作需求下降，而不是供给下降。对于较早发生在黑人身上的故事，我们支持威尔逊的观点，即"有关贫困阶层生活和行为的保守论断不够有力，因为它缺乏直接证据，并且它们似乎互为因果。换言之，它们通过对贫困阶层行为的解释推导其文化价值，然后又以这些价值解释贫困阶层的行为"[11]。

第六章
生者的健康状况

列夫·托尔斯泰在《安娜·卡列尼娜》一书中曾写下一句名言：幸福的家庭都是相似的，不幸的家庭各有各的不幸。我们相当怀疑这句话是否真实，但它确实适用于死亡和疾病——人不是还活着，就是已经死去，但如果他们生病，则有千万种形式。各种各样的疾病会损害人们享受生活的能力。用经济学家兼哲学家阿玛蒂亚·森的话来说，它降低了人类的能力。[1]我们在本章中探讨了几种衡量健康状况的指标，我们将看到，所有这些指标都表明，人到中年后，健康状况会越来越差，正如死亡人数开始增加一样。中年人不仅死亡率更高，他们的生活质量也在不断下降。在绝望的死亡中，疾病无疑是绝望的一部分。

当然，疾病和死亡并非不可分割。尽管面临死亡风险的人（例如，酗酒者或癌症患者）在死前确实健康状况不佳，但人口的健康问题（有时被称为非致命健康问题）与死亡率之间没有必然联系。如果死去的都是最虚弱的人，那么更高的死亡率甚至可以提高活下来的人口的平均健康水平。一种新的治疗方法可以挽救许多人的生命，但活下来的许多人会身患慢性却非致命的疾病。抗逆转录病毒疗法对于艾滋病的治疗就是一个例子。

本章着眼于活着的人的健康状况。这些数字并不漂亮，尤其是对受教育程度较低的人来说更是如此。一方面，中年白人的死亡率不断上升。另一方面，那些活下来的人的健康指标也越来越差。认为自己的健康状况很好或非常好的人越来越少，越来越多的人正在经历疼痛、严重的精神抑郁，或者无法应对日常生活。人们报告说，他们的健康状况使他们很难正常工作。无法工作会减少收入，从而导致其他方面的损失和困难，更不用说工作本身就是许多人满足感和意义的源泉。不能花时间和朋友相聚，不能出去吃饭，不能去看球赛，甚至连出门逛逛都不能，这些都让生活变得枯燥乏味。正如死亡一样，健康状况恶化似乎也专门找上了那些处于工作阶段并且受教育程度较低的人。

衡量生者的健康状况

世界卫生组织对健康的定义是："健康不仅为疾病或羸弱之消除，而系体格、精神与社会之完全健康状态。"[2] 从这一广义角度来看，有许多指标值得关注，既有积极的方面，如身心强健的指标，也有消极的方面，如疾病的指标。与死亡率（衡量死亡的指标）相对，对于"活着但健康状况欠佳"的衡量指标有一个专门的术语，即"发病率"。健康状况欠佳有很多种状态，每种状态都有各自的指标。有些是在年度体检时进行测量的。血液和尿液样本可以测出胆固醇、糖尿病、心脏功能、肾脏功能和肝脏功能的指标。医生或其他专业人员也会测量四大"生命体征"——血压、脉搏、体温和呼吸频率。近年来，医生询问疼痛状况（有时被称为第五生命体征）已成为一种普遍现象，我们在后文将详细讨论这个话题。

还有一些健康指标，即便在没有专业人士帮助的情况下，人们也能轻易知道：是否超重；是否吸烟和饮酒，以及吸烟和饮酒的量；身体和情绪上的总体感觉；能控制哪些行为，不能控制哪些行为，包括能否工作；是偶尔还是持续感到疼痛，如果是，疼痛情况有多严重。一个优秀的医生还会询问你的心理健康状况以及你的社交和情感生活。失去工作、朋友或配偶会带来强烈的情感痛苦。优秀的医生知道，人们即便在没有受伤的情况下，也经常会感到疼痛。我们不能简单地认为这种疼痛源自臆想，而且情感和身体的疼痛之间并没有一条明确的界限。

试图提出全面衡量健康状况的单一指标，如指出某人的健康率是 73%，没有太大意义。与生死这一简单的非黑即白的区别不同，健康和发病率有太多的维度，因而无法确定毫无争议的单一指标。有些指标不可避免地比其他指标更“软”，例如，与血压或脉搏这样的生命体征相比，对总体健康状况或生活状况的感受显然是更软性的指标。对健康状况的评估往往只能依赖自述，而对生活状况或疼痛状况的评估往往基于人们的自我感受，而不是医学专业人士的评估。没有专家能诊断你的生活如何，或者你是否饱受疼痛折磨。忽视人们的感受是一个错误，可惜医学界（和经济学界）自诞生之日起就一直在犯这种错误。

如果有人死亡，这个死亡案例以及所有细节都必须记录在官方的死亡证明上。正是从这些死亡证明中，我们得到了在前几章讨论的有关的死亡率信息。在全球各个富裕国家，此类死亡统计记录是标准化的。但是，如果你去医院体检或者看病，其结果并不会被记录并汇总。例如，我们并没有关于肥胖、高血压或高血脂的全国记录。如果通过医疗保险体系接受治疗，病人的医疗记录会被集中存储，但这些记录缺少关于患者个人的信息，因此，尽管记录能够告诉我们很多关于病情、治疗和费用的信息，但对被治疗者个人信息的记录却非常有限。一些斯堪的纳维亚国家的政府会提供完善的医疗服务，所有的就诊信息都会被记录，而且这些数据至少在原则上可以与其他个人数据联系起来，例如，他们的教育、婚姻、收入和纳税状况等方面的信息。

在美国，我们依赖对家庭或个人进行的抽样调查。这些调查主要由美国疾病控制与预防中心负责，但有些私人机构也会开展调查，其中最大的一个是行为风险因素监测系统[3]（BRFSS），这是一项在美国疾病控制与预防中心的协调下，由各州进行的电话调查，要求人们报告与健康有关的信息。BRFSS 被戏谑地称为“burr-fuss”（噗–瞎操心），每年调研大约 40 万成年人的相关信息，要求他们对自己的健康状况进行评估，报告疼痛等情况，并报告影响健康的行为，即风险因素，如吸烟、饮酒、身高和体重以及运动情况。

我们还参考了 NHIS 的数据，[4] 该调查每年访问约 3.5 万个家庭，深入访谈家庭中的一名成年人，并收集所有其他家庭成员的信息。该调查还询问人们与医疗系统的接触情况，例如，是否有医疗专业人员告知他们患有癌症、高血压或心脏病。这些报告非常有用，但它们的数字不仅取决于疾病的流行程度，还取决于人们接受诊疗的程度以及诊所在进行诊断时的积极性。例如，近年来甲状腺癌的诊断率有了很大提升，但该病的死亡率却没有变化，这表明实际发病率的增长远远低于检出率的增长幅度。许多诊断测试对服务提供者而言利润丰厚，因而肯定存在过度测试（以及随之而来的过度治疗）的情况。如果不同地区的过度测试情况不尽相同，那么区域或国家模式将被扭曲。

因为 BRFSS 和 NHIS 开展的是全国性调查，并且每年进行，所以我们可以对它们多年的数据进行比较，并寻找健康和健康性行为逐渐改善或逐渐恶化的迹象。BRFSS 或 NHIS 开展的大规模的调查成本很高，而且依赖受访者对自己健康情况的自我报告，而不是体检和实验室测试结果，后者通常会被规模较小的调查采用，并在专门设计的移动中心进行。[5] 例如，这些小型调查会采集血样，并由专业医疗人员测量被调查者的身高、体重和血压，而不是依赖受访者的自我报告。许多人会误报自己的身高和体重，这并不奇怪，因为许多人在 50 岁以后会变矮，但他们会记住并报告自己年轻时的身高，完全沉浸于往昔美好的日子，男性尤其如此。与此相对应的是，女性往往会低估自己的体重。[6] 我们很难因为人们把自己想象得比实际更好一点而批评他们，尽管出于科学目的，了解真相是件好事。专业医学人士经常调低老年男性报告的身高数值，当他们的报告十分准确时，医生会十分惊讶。包含体检的调查不仅可以收集人们无法自行了解的健康信息，而且可以对来自规模更大、成本更低、侵入性更小的访谈性调查的信息加以交叉验证。

生者的状态：人们如何评价自身健康

有关健康状况最简单的问题是让人们对自己的健康状况按照 5 档打分，即优秀、很好、良好、一般或较差。这样的问题很容易被认为不严谨。也许不同的人在说“优秀”或“很好”时表达的是不同的意思，也许有些人天生坚强，在会压垮其他人的情况下仍然感觉良好。对这个问题的回答无疑还会受到个人和社会对健康期望的影响，例如，在贫困国家中，最穷的那部分人常常比富人更多地表示自己非常健康，因为他们不能说自己的健康状况太差，那会让他们丢了工作。[7] 我的健康状况“良好”吗？相对于什么而言呢？尽管如此，对这个问题的回答往往与其他指标一致，包括客观可验证的指标，而且，也许令人惊讶的是，它们收集的健康相关信息超过了医生从全面体检中收集的信息。[8] 这些报告包含真实的信息，虽然在可能的情况下最好对此加以核实，但在无法核实的情况下，它们仍能够给我们提供一些帮助。

图 6–1 显示了从 BRFSS 中摘录的非西班牙裔白人报告其健康状况为“一般”或“较差”（我们将这两类统称为“不良”健康状况）的比例。每条线都记录了特定年份中 25~75 岁的人口的自我报告数据。鉴于受教育程度对于绝望的死亡率的重要影响，我们仍然按照人们的不同受教育程度分别计算，左图和右图显示了两个群体，即只拥有低于学士学位的群体和拥有学士学位及更高学位的群体，在 1993 年、2007 年和 2017 年对其健康状况的自我报告。两图的纵轴均为表示健康状况“一般”或“较差”的受访者占受访者总人数的比例。

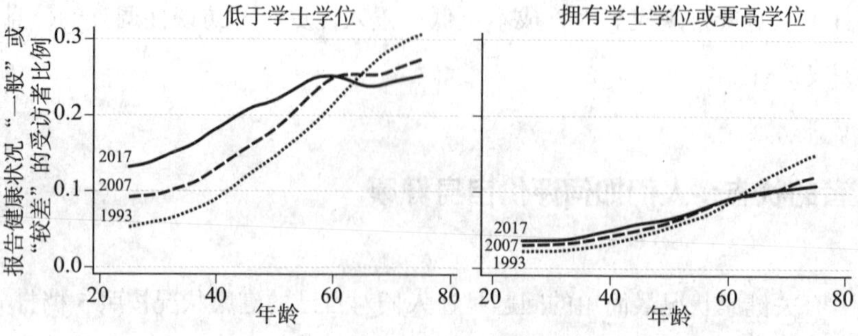

图 6-1　1993—2017 年非西班牙裔白人报告健康状况"一般"或"较差"的比例

资料来源：作者计算使用的数据来自 BRFSS

对于受教育程度不同的两个群体来说，不良健康状况的报告率均随年龄增长而提升。随着年龄的增长，人们更有可能面临疼痛和慢性疾病等妨碍健康的状况。事实上，如果不良健康状况的报告率没有随着年龄的增长而提升，我们会拒绝将自我报告作为一种有用的健康衡量指标。即便如此，这种增长的趋势也告诉我们，人们并不是简单地通过与其他同龄人进行比较，以判断自己的健康状况。如果是那样，这些线条将是平缓的，因为平均而言，人们与同龄人的健康状况十分类似。

不同教育程度的人口报告不良健康状况的比例明显不同。例如，1993 年，在 40 岁的受访者中，没有学士学位者与拥有学士学位者（分别占总数的 8% 和 3%）相比，前者报告健康状况不佳的可能性比后者高了近 3 倍。不过，图 6-1 揭示的最惊人的一点是没有学士学位人口的曲线随时间推移而变化的情况（我们也有其他年份的研究结果，但为了方便阅读，我们并没有将这些结果纳入图 6-1）。随着时间的推移，没有学士学位人口中较年轻的那批人——左图中从 25 岁到 50 岁或 55 岁左右的人——健康状况不断恶化。这一群体在 40 岁时报告健康状况不佳的百分比在 1993—2017 年翻了一番（从 8% 增至 16%）。在那些拥有学士学位的人口中，报告健康状况不佳的人数也略有增加，但是增加的幅度与受教育程度较低的人口相比不值一提，这一点与绝望的死亡率的变化趋势是一致的。

在同一时期，60 岁或以上的老年白人则报告了更好的健康状况，其中报告健康状况是“一般”或“较差”的人越来越少。到 2017 年，在没有学士学位的人口中，60 岁以上的成年人报告健康状况较好的比例甚至高于 50 多岁的人口。之所以出现这个令人费解的结果，是因为图 6–1 中的数字包含不同的出生队列。在那些没有学士学位的人中，晚出生的队列在各个年龄段都报告了比之前出生队列更糟糕的健康状况，因而导致这一异常结果。

鉴于在不同年份的调查中，报告健康状况不佳的人的比例增加只发生在没有学士学位的人口中，因而驳斥了一个说法，即造成变化的原因单纯是不同出生队列的人评估健康状况的方式发生了变化，例如，较晚出生的队列对病痛或慢性疾病更为敏感，因而导致他们报告的健康状况更差。如果这是真的，我们应该可以在那些拥有学士学位的人口中也看到同样的变化。而且同样并非偶然的是，那些没有学士学位的人口中，不同年龄的健康状况变化与我们在第二章中讨论的死亡率变化模式相吻合，即老年群体的情况有所改善，而中年群体的情况日趋恶化。同样，正如绝望的死亡率一样，健康状况不佳的报告率至少早在 20 世纪 90 年代初就已开始上涨，并且在 2008 年金融危机之前继续缓慢增长。显然，死亡率的变化模式同样适用于发病率的变化。换言之，一方面，越来越多的中年白人正在走向死亡；另一方面，那些幸存的人报告说，他们的健康状况更差了。[9]

生者的状态：其他指标

如图 6–1 所示，受教育程度较低的中年白人报告健康状况不佳的数量逐渐增加，这一点也可以得到其他健康指标的佐证。虽然不同统计图的形式各不相同，但中年白人，尤其是那些没有学士学位的中年白人，正身陷困境。这个不容争辩的事实体现在许多方面。一个特别重要的例子是心理健康，我们在此用凯斯勒心理困扰量表进行衡量。自 1997 年以来，NHIS 的受访者均会被问到 6 个问题，描述他们在过去一个月的感受，统计人员会根据他们经历每种感受的频率综合打分。当得分超过一个临界值时，受访者将被归类为经历严重的精神痛苦。这些问题涵盖受访者感到悲伤、紧张、不安、无望、一文不值，以及“难以做任何事”的频率，所有这些感受都可能导致绝望。图 6-2 显示了 1997—2017 年，25~75 岁的受访者感到精神痛苦的比例。同样，左图和右图显示了没有学士学位和拥有学士学位的受访者的情况。纵轴为根据凯斯勒心理困扰量表被归为经受严重精神痛苦的受访者比例。

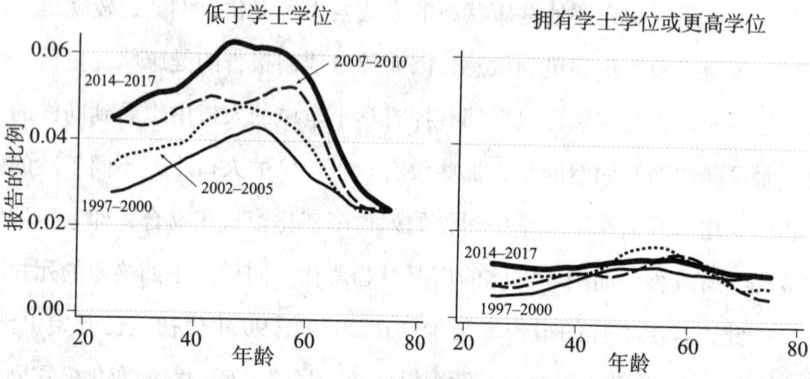

图 6-2　非西班牙裔白人经受严重精神痛苦的情况（按照教育程度划分）

资料来源：作者计算使用的数据来自 NHIS

对那些没有学士学位的人来说，中年阶段经受严重精神痛苦的风险最高，且在 40~60 岁达到顶峰。在这个年龄段，工作、抚养孩子和照顾年迈父母的压力无疑十分巨大。20 世纪 90 年代末，严重的精神痛苦在年轻人和老年人中并不常见，尽管在过去 20 年中，经受精神痛苦的年轻人口的比例和中年人口一样也出现增长。同样，这种不断上升的趋势缓慢而稳定，并且上升的速度在经济大衰退期间并未加快。在 50 岁左右且没有学士学位的白人中，经受严重精神痛苦的比例从 1997—2000 年的 4% 上升到 2014—2017 年的 6%。

同样，正如绝望的死亡率一样，在图 6-2 的右图，我们将看到拥有学士学位人口的情况非常不同。在这一群体中，中年人经受严重精神痛苦的风险也是所有成年人群体中最高的，但该风险仅为那些没有学士学位的人口的 25%。在拥有学士学位的年轻人中，经受严重精神痛苦的比例也有所增加，但与没有学士学位的同龄人相比，增加的幅度微不足道。

还有其他指标表明，受教育程度较低人口的健康状况正在恶化。在第七章中，我们将证明，正在经受疼痛的情况也呈现同样的状态，而疼痛在本书中扮演着一个尤为重要的角色。除此之外，中年白人也会在完成日常活动方面遭遇困难。对这一点，健康调查是通过“在日常生活中的重要活动上面临困难”这一问题进行衡量的。自 1997 年以来，NHIS 的调查一直包括相关问题，询问受访的成年人完成下列活动的困难程度，包括步行 0.25 英里（约三个街区）、爬 10 级台阶、站或坐两个小时、出门购物或看电影、在家放松，以及和朋友交往。在没有学士学位的工作年龄白人中，越来越多的人在所有上述活动中都遇到不止一个困难，而这种情况在有学士学位的白人和老年人（65~74 岁）中均没有出现。近 20 年来，25~54 岁、没有学士学位的白人人口，对外出购物或看电影，还有在家放松方面感到困难的比例增加了 50%，而对与朋友交往方面感到困难的比例几乎翻了一番。无法与朋友交往不仅会剥夺个人享受生活中的乐趣，还会使人面临更大的自杀危险。

肥胖率的上升可能是造成这种局面的一个原因。过高的体重会使人们更难参与日常生活中的活动，特别是当人们不再年轻时。肥胖通常通过体重指数（BMI）衡量。BMI 是用体重（千克）除以身高（米）的平方得出的数字。如果你的 BMI 在 30 以上，你就属于肥胖群体。如果你的 BMI 低于 18.5，你就是体重过轻。然而，美国肥胖人口的增加并不能印证这些健康指标的恶化。原因很简单，我们在所有 BMI 水平的人口中都看到了类似的健康恶化，无论是体重过轻、体重正常，还是体重超标或肥胖人口。中年美国人并不仅仅是因为越来越胖而更不健康。

一个没有恶化的指标是吸烟人口的比例。在 25~64 岁的非西班牙裔白人中，吸烟率持续下降，尽管没有学士学位人口的吸烟率仍然相对更高。1993—2017 年，吸烟率不断上升的唯一群体是 45~54 岁且没有学士学位的女性，并且这个队列中吸烟率的增长幅度也很小，只有两三个百分点。我们还有一个令人惊讶的发现，即总体而言，没有学士学位人口的吸烟率正在下降，但药物、酒精和自杀的死亡率却在上升。我们两人中的一个以前也吸烟，感觉香烟对人的抚慰作用和酒精差不多，但没有烟酒结合的作用明显。同样值得注意的是，美国人的吸烟率比其他许多富裕国家低得多。

工作能力

疾病会让生活变得一团糟，而且它还会干扰其他活动，无论是有直接价值的活动，如与朋友交往，还是不仅有价值，而且十分重要的活动，如工作。请注意，报告不能够工作与报告失业不是一回事，失业率会随经济状况变化而起伏不定。相比之下，至少从 20 世纪 90 年代初开始，工作年龄段的白人报告无能力工作的比例就已经开始不断上升。正如图 6–1 和图 6–2 所展示的对于身心健康状况的自我报告，这个数字在不同受教育程度的群体中也存在巨大差异。在 45~54 岁的人口中（传统上收入最高的年龄段），没有学士学位的白人报告不能工作的比例从 1993 年的 4% 上升到 2017 年的 13%，而拥有学士学位的白人的报告比例则自始至终都很低，只有 1%~2%。

一些不能工作的人有资格享受州社会保障残疾保险（SSDI）福利。这一资格取决于该人缴纳社会保险的年限、残疾的性质，以及该人是否有能力从事不受其残疾影响的工作。我们之所以在此讨论这一点，是因为有人担心，残疾保障制度可能会诱使人们报告他们无能力工作，从而逃避工作，并寄生于其他人的劳动。[10] 本章中某些指标的真实性无疑可能被这种扭曲的事实破坏。如果一个人实际上没有残疾，但设法申领了残疾保险金，那么当调查员询问他时，他肯定会明智地回答，他领取残疾保险金是因为没能力工作。

我们很难确定这些报告到底有没有因残疾保障体系的存在而扭曲，但是我们怀疑扭曲的程度并不大[11]。正如我们在本章看到的，健康状况指标的恶化在诸多指标上太过一致，同时我们在第七章中还会再次看到，与疼痛相关的指标也是如此。此外，在那些没有资格享受社会保障残疾保险福利的人口中，即那些没有足够工作年限申请保险的人口中，报告无能力工作的人数也越来越多。最重要的一点是，各种疾病的发病率激增与死亡大流行之间存在高度的一致性。也许人们假装生病是为了申领福利金，但他们正在走向死亡的事实无疑证明了真实的悲剧正在发生。

小结

我们已经讲述一个疾病与死亡交织在一起的故事。一定有什么因素，使生活变得更糟，特别是对于受教育程度较低的白人来说，更是如此。人们让生活有价值的一些关键能力正在被破坏，包括工作能力和与他人一起享受生活的能力。人们面临的精神痛苦不断加剧。当然，经历这种生活质量恶化的人远远多于死亡的人——这种恶化无疑是死亡的大背景。在第七章中，我们将讨论另一种疾病造成的疼痛，有证据显示它与社会分裂与绝望的死亡密不可分。

第七章
疼痛之苦与疼痛之谜

适逢此世，天国降临。

欢如夏花，惊鸿一现。

幸福苦短，去日无多。

唯余苦痛，肆虐纠缠。

——玛雅·安杰卢

在我们的叙事中，疼痛（或痛苦）占据着特殊的一席之地。社会和社区困境、劳动力市场、政治和企业利益等方面都围绕它发生碰撞，同时它也是一个渠道，所有因素都通过它影响绝望的死亡。

在我们寻找死亡背后的故事时，疼痛在迥异的背景下不断出现。疼痛是导致自杀的一个重要因素，自杀的人相信，他们无法承受之痛永远不会出现转机。对疼痛的治疗是阿片类药物流行的根源。大脑中天然的阿片肽系统控制着快感和疼痛的缓解。人们用“疼痛”和“伤害”等词描述遭受的“社会痛苦”，包括拒绝、排斥或丧失带来的痛苦。有证据表明，社会痛苦会启动一些神经过程，这些过程同样可以让身体发出疼痛的信号，就像脚趾踢到硬物或者手指被划破或者关节疼痛给人的感觉一样。止痛药泰诺既可以缓解身体疼痛，也可以缓解社会痛苦。今天，有更多美国人报告他们正在遭受疼痛之苦，特别是那些受教育程度较低的美国人。[1]

上述关联与我们认同的说法一致，即受教育程度较低的美国人之所以更多地感受到疼痛，其根源可以追溯到他们的社会生活和经济生活缓慢解体。与此同时，这种疼痛（或痛苦）又成为生活解体与自杀以及药物和酒精成瘾现象之间的联系。无疑，绝望的死亡之旅常常伴随着疼痛。

美国之痛

每年都有越来越多的美国人说他们正处于疼痛之中，这在那些没有学士学位的中年人中表现得最明显。阿尔贝特·施韦泽曾经写道，疼痛（或痛苦）"是人类最可怕的主宰，甚至比死亡本身还可怕"。千千万万美国人的生活因疼痛而受限：有些人不能工作，有些人不能以他们希望的方式与朋友或所爱的人共度时光，有些人不能睡觉，有些人不能进行一些日常生活所必需的活动。疼痛会破坏食欲，诱发疲劳，并抑制愈合。在极端情况下，它还会侵蚀人活着的欲望。

衰老，即使正常的衰老，也会伴随着更多的疼痛。关节炎是造成疼痛最常见的原因，但并不是唯一的原因。在今天的美国，中年疼痛现象的增长如此之快，以至于我们正面临一个不同寻常的局面，即中年人中报告他们正在经历疼痛的比例事实上已经超过老年人群体。人们正在遭受多种原因导致的疼痛，或者遭受原因不明的疼痛。根据美国国家科学院、工程院和医学院的统计，超过一亿美国人患有慢性疼痛，即按照定义至少持续了三个月的疼痛。[2] 这种慢性疼痛中的一大部分似乎不是由于某种损伤或者可以通过治疗消除的病症。许多专业医疗人员现在已经把慢性疼痛本身当作一种疾病来治疗，虽然它仍然是一种人们所知甚少，并且缺乏有效治疗手段的疾病。在很长一段时间内，人们曾认为疼痛是大脑应对机体损伤的一个信号，但这种认识现在已经被摒弃，取而代之的是一个共识，即大脑参与了所有疼痛的发生过程，同时社会性痛苦或共情性压力也能像生理损伤一样导致疼痛。[3] 有关疼痛的一个非常有用的定义是，疼痛就是"经历者说它是什么它就是什么，说它存在它就存在”[4]。病人，而非医生或科学家，是唯一的权威。

疼痛的普遍程度因职业而异，从事体力劳动的人比坐在办公桌或电脑屏幕前工作的人更容易受伤或经历疼痛。他们随着年纪增大也更容易出现疼痛的症状，身体损耗得更快。[5]由于这一点和其他原因，在受教育程度较低的人口中，疼痛更为常见，并且随着年龄增长而增加的比例更高。事实上，“劳动”这个词经常是“痛苦”的同义词，例如在《圣经·创世记》中，因为偷吃禁果，夏娃和所有女性必须经受分娩之痛，亚当及后世人类也被惩罚以辛苦劳作为生。“疼痛”（或痛苦）（pain）和“惩罚”（penalty）源自同一个拉丁词根。

疼痛（或痛苦）和工作互为因果关系。正遭受疼痛折磨的人可能因为无法工作而提出残疾保险申请，有些人会怀疑这些申请是否合理，因为人们对疼痛的真实性各执一词，所以此类申请长期以来在法律、政治和学术上都存在很大争议。人们有测量体温或血压的仪器，但没有任何仪器能够测量疼痛的等级，并且自带刻度，表明疼痛已经让人丧失能力。我们可以设想发明一种“疼痛测量仪”，带有可植入人体的传感器，并且在人的前额挂一个刻度盘，就可以对疼痛情况做出准确评估，这样肯定会大有帮助。事实上，疼痛的定义，即“经历者说它是什么，它就是什么”，给残疾福利政策带来了明显的麻烦。

疼痛症状治疗行业的公司，例如，生产止痛药的制药公司，有自己的既定目标，并且这些目标并不总是符合那些正在经受疼痛折磨的人的最大利益。制药公司通过销售止痛药物已经赚了数十亿美元，然而随着止痛药处方数量的上升，疼痛症的报告反而有所增加。它们只想推销自己的产品，并游说政府，以尽可能地让它们的推销更加容易。企业的行为，以及应如何监管这些行为，以使其符合公众利益，这些也是有关疼痛的故事中不可分割的一部分。

有关疼痛的事实

盖洛普公司定期收集美国人的大量数据。它会问受访者在前一天是否经历了长时间的身体疼痛。我们将美国划分为一个个小区块来研究疼痛状况的分布，一个区块代表人口数量足够多的一个县，或者代表相邻几个人口较少的县的集合。美国有超过3000个县，其中一些主要是山地和森林，因此通过合并，我们得出大约1000个小区块，每个区块至少有10万人口。图7–1显示了2008—2017年美国25~64岁非西班牙裔白人的平均疼痛状况分布，区块的颜色越深，表明报告疼痛症状的人口比例越高。[6]

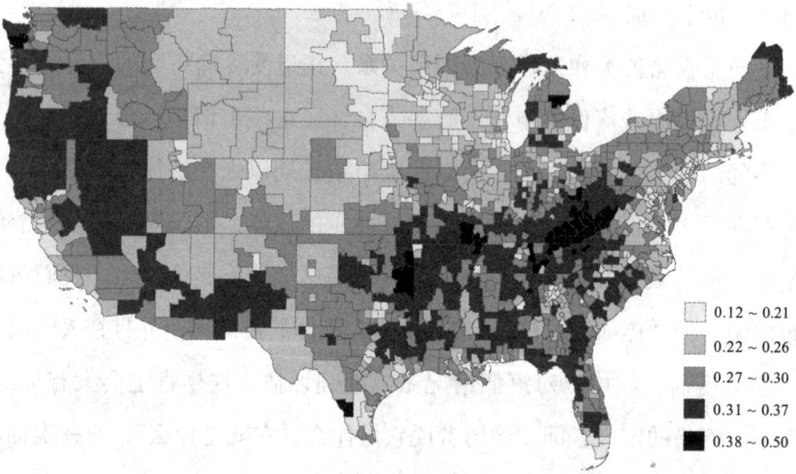

图7–1　2008—2017年美国25~64岁非西班牙裔白人疼痛地图

资料来源：作者计算使用的数据来自盖洛普追踪民调

在1000个小区块中，报告前一天经历疼痛的人口比例（来自盖洛普的数据）与自杀率以及更广泛的绝望的死亡率存在极大的相关性。图7–1中揭示的一个关键信息是疼痛症状在美国范围内的分布。可以看出，西部、阿巴拉契亚地区、南部、缅因州和密歇根州北部的情况很糟糕，而在中北部平原地区以及东北部的95号州际公路/美国国铁走廊和加州的湾区，报告疼痛症状的比例要低得多。又一次，受教育程度较高的地区报告疼痛症状的人口比例更低。在失业率更高、贫困程度更高的地区，报告疼痛症状的人口比例更高。[7]在 2016 年总统大选中，唐纳德·特朗普在不同地区中获得的选票数量也与报告疼痛的人口比例密切相关。

图 7–2 使用同样的数据绘制了 2008—2017 年，接受调查的 180 万名 25~80 岁白人人口报告疼痛症状的比例。实线表示所有白人报告疼痛症状的比例，它从人们在 25 岁时的 17% 上升到 60 岁时的 30%，然后在 80 岁时下降到 27%。请注意，图 7–2 并不是跟踪同一人群并描绘他们随年龄增长而发生的变化，图右侧的人口（六七十岁）和左侧的人口（二三十岁）是不同的人群。

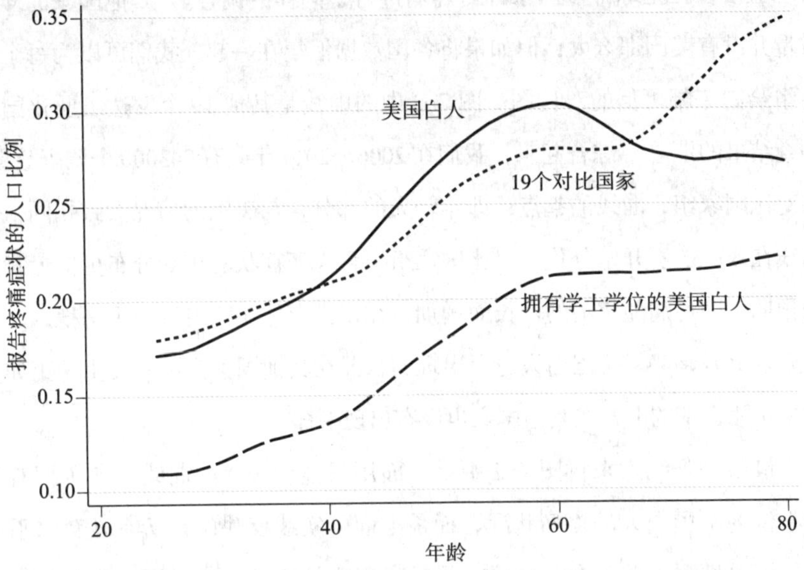

图 7–2　前一天经受疼痛症状的人口比例（美国白人和对比国家）

资料来源：作者计算使用的数据来自盖洛普追踪民调和盖洛普世界民意调查

这条曲线揭示了一个非常奇怪的现象。年龄增长通常会使疼痛现象增加，尽管有些人会设法永远保持年轻的体魄，但人口的平均疼痛程度不可避免地会随着年龄增长而上升。对于从事体力劳动的人群来说，疼痛随年龄的增长而出现的速度往往更快。想想那些包裹运送工人，他们的背部最终一定会因长年的搬运工作而疼痛，还有那些经常面临受伤风险的采矿工人或农民。当这样的人退休后，疼痛可能会暂时缓解和减轻，但随后，身体衰老必然会令疼痛再次出现。因此，我们预计，疼痛曲线会随着年龄的增长而上升，在 60 岁左右趋于平缓，然后再次上升。但图 7-2 中的实线并不符合这种预期，相反，60 多岁的人口实际上比 80 岁的人报告了更多的疼痛症状。虽然存在这种可能性，即疼痛症状最严重的人会更早死亡，因此幸存者的疼痛现象会减少，但死亡率从未高到足以抵消活着的人随着年龄增长而正常出现的疼痛加剧现象。

盖洛普在全球许多国家针对疼痛进行了同样的调查。[8] 其他国家的样本数量并没有美国那么大，但如果将各国数据汇集在一起，我们可以为每个年龄组绘制一幅可信的对比图。图 7-2 中的虚线是其他 19 个发达工业化国家调查结果的汇总。[9] 综合起来，我们在 2006—2017 年共有 243000 个调查数据。在对比国家组，曲线的起点，即年轻人的部分，与美国的情况大致相同，但曲线在 40~65 岁开始分化。对比国家组报告疼痛症状的年龄分布更接近我们的预期，即疼痛随年龄的增长而增加，在正常退休年龄附近趋于平稳，之后又恢复上升趋势。美国白人身上出现的状况在其他国家都没有发生，正如美国中年死亡率的上升在其他国家也没有出现一样。

最后一条线索来自图 7-2 中最下面用长虚线表示的曲线反映了拥有学士学位的美国白人的疼痛状况，而最上面的实线反映的是所有教育水平白人的汇总情况。在各个年龄段，受教育程度较高的人口经历的疼痛状况明显更少，他们中报告疼痛症状的人口比例比总人口中报告疼痛症状的比例少了约 1/3。同时他们也符合我们预期的模式，即疼痛现象随着年龄增长而增加，然后在退休前后放缓，随后再度上升，尽管后来的增速较慢。显然，即便拥有学士学位，也不能预防关节炎。

我们发现，美国和其他国家按年龄段呈现的疼痛模式差异可以由下面的因素加以解释，那就是近年来，没有本科学士学位的美国中年白人报告的疼痛症状出现急剧增长。图 7–2 中的老年人口没有出现中年人口的疼痛症状暴增现象，如果我们跟踪他们的一生，他们也不可能会在中年时进入疼痛高峰。同样，虽然我们在获得未来的数据之前无法确定，但我们怀疑，如果我们跟踪今天中年龄段的成年人到他们的老年，他们到时候所报告的疼痛症状也将远远多于今天的老年人，这无疑是一个令人深感沮丧的预测。如今的中年人正遭受非同寻常的疼痛，但与他们年老时将会经受的疼痛相比，今天的问题根本不算什么。

如果我们长期跟踪同一个人的疼痛程度变化趋势，或者至少跟踪同一年出生的人的疼痛程度变化趋势，就像我们在第四章中所做的那样，再次使用出生队列对人口进行划分，我们就能清楚地看到这一点。盖洛普的数据覆盖的年限不够长，无法支持我们做到这一点，因此我们转向美国国立卫生研究院的一项调查，该调查会询问受访者在过去三个月里是否经历持续一天以上的颈部或背部疼痛，或者慢性关节疼痛。如果只是使用这些数据简单地绘制疼痛与年龄的关系图，我们将会得到一个类似于图 7–2 中使用盖洛普数据所得到的模式。现在，我们还可以跟踪连续出生队列的长期状况，并按照教育程度进行分类，就像我们在第四章中针对绝望的死亡进行分析时所做的那样。

图 7–3 显示了 1930—1939 年出生到 1980—1989 年出生，以 10 年为间隔的出生队列的情况。左图和右图都显示，如果我们跟踪同一组人随着年龄增长的疼痛症状变化，会发现疼痛症状会随着年龄的增长而增加，正如我们预期的那样。

在图 7–3 中，没有一个出生队列在 60 岁时出现疼痛症状逆转的迹象，尽管如果我们以某一年为节点观察图中各个出生队列的情况，将会看到图 7–2 所示的逆转。对于那些没有学士学位的人来说，疼痛会随着年龄的增长

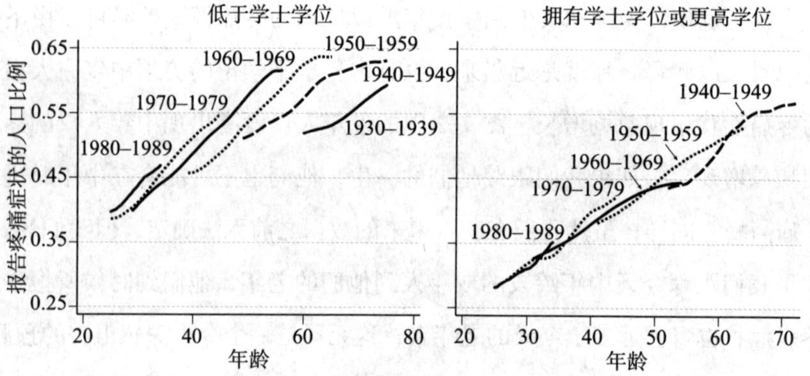

图 7-3 1997—2017 年遭受颈部、背部或关节疼痛的非西班牙裔白人比例（按出生队列和受教育程度划分）

资料来源：作者计算使用的数据来自美国国立卫生研究院调查

而增加，而那些晚出生的人在一生中将有更多的时间处于疼痛之中。对于1930—1939 年出生的人，即左图最右侧曲线所代表的群体来说，随着年龄的增长，他们会经历更多的疼痛，这是在他们 60 岁以上的时候观察到的。在它旁边的曲线代表了 1940—1949 年出生的人，他们的疼痛报告率的增长模式大致相同，但在各个年龄报告疼痛的人口比例都比前一队列高。对于没有学士学位的人口来说，每一个后续出生队列都会比前一辈人经历更多的疼痛。

而在右图中，即那些拥有学士学位或更高学位的人，虽然后一个出生队列与前一个出生队列相比，报告疼痛的人口比例偶尔会上升，但在任何给定年龄，各个出生队列报告疼痛的人口比例有很多重叠。换言之，拥有学士学位或更高学位人口的曲线显示了疼痛随着年龄的增长而自然加剧的现象。无论是什么导致了没有学士学位的人口中，不同出生队列在疼痛方面出现差异，它们都并未影响拥有学位的人口。这意味着，所有那些中年疼痛的高峰，以及图 7-2 中在老龄时出现的下降，都来自那些没有学士学位的人口。[10]

对于疼痛加剧的一个可能解释是所谓的“雪花”[①]效应，即人们不再像前辈那样坚强。过去，人们往往会嘲笑那些在做牙科治疗时要使用麻醉药普鲁卡因的人，父母也不会对孩子的疼痛太在意，疼痛是生活的一部分。我们当然不能排除雪花效应的可能性，但在我们看来，只有那些受教育程度较低的人会成为“雪花一代”，这一点难以令人信服。

图 7–3 中的队列曲线与图 4–3 中有关绝望的死亡的队列曲线非常相似。绝望的死亡和疼痛都会随着年龄的增长而增加，但是对于那些没有学士学位的人来说，每个晚出生队列报告的疼痛都会随着年龄的增长而增加，并且比之前的队列面临更高的死亡风险。

在过去 25 年里，黑人报告背部、颈部和关节疼痛的比例比中年白人的报告比例低了 20%，并且两个不同教育程度的群体都是如此。然而，在每一个连续的出生队列中，没有学士学位的黑人和白人中，都有很大一部分会出现颈部、背部和关节疼痛。黑人和白人在近年来的死亡率走势并不相同，但他们在不同出生队列之间疼痛报告率的变化模式非常相似，这意味着我们必须寻找其他原因来解释药物、酒精和自杀造成的死亡率差异，我们在后面还会再度讨论这个话题。如果疼痛是导致绝望的死亡的原因之一，那么在非洲裔美国人中，有其他一些因素正在抵消其影响。

疼痛症状加剧的因和果

由于疼痛有其独特性，即相对于某些行为，如工作，它既可能是因，也可能是果，所以我们很难找出导致疼痛症状增加的根源，但我们可以对相关性和模式进行观察，并借助它们思考可能的解释。

---

① “雪花”指“雪花一代”（snowflake generation），这一概念出自 2016 年版的《柯林斯大词典》，指 21 世纪 10 年代的青壮年。他们与前几代人相比，适应性差，且更容易愤怒，看似自信满满，实则禁不起打击，就像雪花一样易融化。

一个可能的解释是人们越来越胖，而肥胖会带来疼痛。这自然很有可能，但它的相对影响较小。在21世纪10年代，处于壮年（25~64岁）的白人比20世纪90年代末的白人更胖，拥有学士学位人口的平均BMI已经从“正常”范围上升到“超重”范围。[11] 同时那些没有学士学位的人则从“超重”范围进一步上升，体重处于“肥胖”范围（BMI大于30）的比例从20%增加到30%。肥胖会导致更高的疼痛水平，显然，更高的体重会对背部和关节造成损害。对比1997—2000年和2014—2017年的情况，我们发现，在这两个时期，大约25%的背部、关节和颈部疼痛报告增加量可以通过BMI的变化加以解释。这一影响当然不容忽略，但除此之外，还有75%的疼痛报告增加没有得到解释。

另一个多数人可能想到的原因是，这部分人失去了一份好工作而换得一份差工作，并且会因为这些工作而经历更多的痛苦。这从社会性痛苦的角度来看是完全合理的，但对于身体上的疼痛则不然。许多工作都有受伤的风险，或者虽不至于受伤，但是会带来疼痛。当然，人们的疼痛（使用NHIS中定义的颈部、背部和关节疼痛）确实取决于他们从事的是何种工作。与那些从事体力劳动或蓝领工作的人（例如在农场工作或者从事建筑、机器操作、运输和装卸工作）相比，高管和专业人士，以及那些在销售和行政职位上工作的人更少报告疼痛。这一规则的例外是警察和消防员，对于警察和消防员而言，要想保住工作，则一定不能疼痛缠身。我们怀疑职业运动员和军人的情况也是如此。[12] 但就业格局的变化并不能解释近期疼痛报告的增加，因为这种转变恰恰是从带来更高疼痛风险的职业转移到了那些不会导致疼痛的职业。如果一个工人失去了他在通用汽车或某家钢铁厂的装配线上的工作，转而从事零售业的底薪工作，工人的收入会下降，他可能对这种变化非常不开心，但装配线的工作并不是一个可以令他免受身体疼痛的工作，相反，它比在麦当劳或沃尔玛工作更容易导致疼痛。[13]

如果我们认为劳动力市场的变化带来了疼痛的增加或绝望的死亡，那么认为对体力要求较低的工作正在被体力要求较高的工作取代显然是错误的。当然，还有其他机制在发挥作用。低收入往往和更多的疼痛相关联，而且这种疼痛完全有可能不是因为工作造成的，而是由于失去了作为一名工人的地位和职业价值，或者因为失去了原有的社会结构，这些社会结构是由受工会保护的高薪工作支撑的。有实验表明，社会排斥带来的痛苦在大脑中的作用与受伤带来的痛苦相似。如果是这样，劳工阶层的缓慢消亡——我们将在随后的章节中对此做出更详细的讨论——很可能是慢性疼痛加剧的原因之一。

疼痛症状增加还伴随着申请残疾保险福利的人数大量增加，特别是来自社会保障残疾保险系统的人数。申请残疾保险人数的增加可以被看作一件好事，这说明人口中疼痛症状和发病率增加的现象已经引起重视。它也可以被看作一件坏事，表明越来越多的人宁愿不工作和依赖别人的劳动为生，这些人声称自己遭受疼痛和抑郁症的折磨，而这两种病都无法被客观衡量。就看你选择从什么角度看这个问题。人们给后一类人起了很多不讨人喜欢的外号，比如蒙骗者、装病者和索取者（与贡献者相反）。我们相信，的确有人为了自己的利益在钻福利系统的空子，但是考虑到受教育程度较低人口遭受的疼痛，并且考虑其疼痛模式与绝望的死亡模式如此高的匹配度，我们怀疑取巧装病的人数并不会太多。

自 20 世纪 90 年代中期以来，阿片类止痛药的使用量大幅增加，且不论这些药物潜在的副作用，包括上瘾和死亡，单看同一时期疼痛症状的报告量大幅增加，就让这些药物的有效性面临重大挑战。不可否认，也有另一种可能性，即如果没有阿片类药物，疼痛症状的报告数量可能更多。换言之，一些至今尚未确定的原因迅速推高了疼痛水平，超过了阿片类药物能够抑制的速度。

女性报告疼痛的比例高于男性，不仅在美国是这样，在世界上绝大多数国家也是如此。因此，这一点不太可能帮助我们揭示美国特有的疼痛状况的根源。图 7–3 所示的情况，即按出生队列划分，没有学士学位的人口出现疼痛加剧的模式同时适用于男性和女性。同样，在有学士学位的人口中，按照出生队列获得的年龄–疼痛模式也没有因为性别不同而发生改变。

我们还可以研究其他一些独特的现象，这些现象似乎伴随着更多的疼痛而出现。其中之一是失业，或者按照更宽泛的定义，退出劳动力市场。考虑到残疾往往是无法工作的原因之一，这一点并不奇怪。那些报告出现疼痛症状的人还报告，他们不能够购物、在家放松、与朋友交往，或者毫无困难地走过三个街区。没有学士学位的人受到限制的程度更高。在报告疼痛症状的人中，受教育程度较低的人口往往还会受到更多的活动限制。此外，疼痛还和严重精神抑郁的风险高度相关，同样，在没有学士学位的人口中，这种相关性是拥有学士学位人口的两倍。

随着夏天逝去，幸福和快乐被带走，“唯余苦痛，肆虐纠缠”。

第八章

自杀、药物和酒精

2017年，多达15.8万名美国人死于绝望的死亡，即自杀、药物过量使用、酒精性肝病和肝硬化。这相当于每天都有三架737 MAX客机发生空难，并且没有幸存者。在本章和第九章，我们将研究这些死亡发生的背景，了解这些死亡如何发生以及为什么会发生，并探讨这些信息是否有助于我们理解，在过去的20年中，为什么绝望的死亡数字在受教育程度较低的美国人中迅速上升。

这三种类型的绝望的死亡都与死者的某些行为相关，最一目了然的是自杀这种结束自己生命的行为，但使用药物和长期酗酒同样也是造成死亡的原因。很久以前，埃米尔·杜克海姆曾说过，要理解自杀现象（同样也适用于其他类型的绝望的死亡），我们应超越个体本身审视社会，尤其是社会的崩溃和动荡如何导致其不能再为成员提供良好生活的环境。[1] 杜克海姆认为，受过更多教育的人更有可能自杀。然而在当前的美国流行病中，与疼痛和疾病发生的规律相一致，自杀率的上升主要集中在受教育程度较低的人口中，也许这在历史上是独一无二的现象。自相矛盾的是，这又符合杜克海姆的观点，因为正是受教育程度较低的白人世界现在处于动荡之中。正如他所预测的那样，社会和经济动荡彻底打乱了这些人的生活，并且正在造成越来越多的人结束自己的生命。如果人们感到不再有值得活下去的理由，或者感到死亡似乎比活着还好，人们就会选择自杀。绝望的感觉可能已经笼罩他们很长一段时间，比如那些身患绝症或者长期患有抑郁症的人；这种感觉也可能是突然出现的，比如突然感到极度沮丧，或者借用英国法医的术语——“心灵的平衡被打乱”。大多数自杀都与抑郁症或其他精神疾病有关。2017 年，美国有 4.7 万人死于自杀。

自杀是一种绝望的死亡。其实，当人们面对可能导致自杀的困境时，可能会转向不那么极端的方式，借助药物或酒精逃避痛苦、孤独和焦虑。药物和酒精可以带来某种快感，至少能够暂时缓解身体和精神上的痛苦。随着时间的推移，身体会更加耐受药物和酒精这种有毒物质，因此需要更大的剂量才能带来同样的快感，一些人因而上瘾。“上瘾”并不是一个医学术语，它描述了一种行为，在这种行为中，由于人们对某种物质的需求变得如此绝对，以致其他一切都被置于一边。于是人就会成为这种瘾的奴隶，宁愿以撒谎或偷窃保护和喂养它。人们常说，瘾就像一座监狱，虽然锁装在了里面，但这并没有让越狱变得容易。所谓“自私的大脑”只关心确保嗜好得到满足，[2] 它使人们无法再关心自己的行为、自己造成的危害，或者自己毁掉的生活。

用一个正在戒毒的海洛因瘾君子的话来说，上瘾“（显然）往往始于喜欢药物所带来的某些感觉（温暖、欣快、归属），或者药物消除的其他一些感觉（创伤、孤独、焦虑），通常这两者会同时发生”[3]。温暖、欣快和归属的感觉与一个想自杀的人的感受恰好完全相反。一位权威人士曾写道：“包括人类在内，所有动物的大脑中都有快乐中枢和疼痛中枢。这些中枢由神经递质控制，后者对行为有很大影响……通过各种各样的复杂机制，所有滥用的药物都会刺激大脑的快乐中枢，并抑制大脑的疼痛中枢。”[4]

滥用药物和酗酒的人比其他人更有可能自杀。当快感无法形成或消退之时，或者当一个人在努力保持清醒的斗争中故态复萌，并因此而羞愧不已、自暴自弃和陷入抑郁时，与再次陷入瘾中无法自拔相比，死亡似乎成为更好的选择。许多自杀行为都既与上瘾，又与抑郁相关。心理学家兼作家凯·雷德菲尔德·贾米森曾写道：“药物和情绪障碍往往会相互影响并导致恶性循环。这两者中任何一个已经十分可怕，而二者交织在一起则能够杀人。”[5]酒精成瘾和药物成瘾同样具有破坏性，无论是对成瘾者本身还是对他们所爱的人来说均是如此。深陷药瘾或酒瘾会令自杀看上去更有吸引力，一个高度上瘾的人往往已经失去生活中最值得珍视的部分。毋庸置疑，许多人并不想死，即使身陷瘾中无法自拔，甚至即使他们明白，如果不能戒掉毒瘾，他们只有死路一条。

人们长期以来一直认为，将某个死亡案例归类为自杀非常困难，因而在统计数据中，自杀的人数几乎肯定被低估了。自杀往往伴着耻辱感，因此死者的家庭会抵制这个标签。在历史上的很多时期，自杀都被视作一种犯罪，会被处以没收财产和禁止体面埋葬的惩罚。人们可能会选择将自己置于极度危险的境地以求一死，比如鲁莽地驾驶或在危险的环境中独自游泳。在关键人物，即死者，已经不能开口的情况下，其行为的意图往往难以确定。因此，我们难以确定自杀的衡量标准，这是我们对自杀、酒精和药物相关死亡进行联合调查的一个原因，综合统计往往比单独对某一类型的死亡进行统计更准确。同时，这样做也是出于分析的需要，即将自杀、酗酒和滥用药物导致的死亡归为一组可以捕捉到它们发生的根本性原因——绝望。如果分别对某种类型的死亡进行分析，则难以做到这一点。

自杀性的死亡往往发生得很快，特别是在使用枪支自杀，或者从高处坠落、自缢身亡的时候。在这种情况下，进行医疗救治的机会很小。使用药物和酒精自杀的结果不那么确定，这一类死亡往往耗时更久，所以尝试失败或救援人员及时赶到的可能性更大。

酒精和药物滥用从出于享乐目的的使用到耐受，再到上瘾，往往会经历一个漫长的过程。尽管酒精可能导致绝望的死亡，但也有许多人在成年后的一生中都能愉快而安全地享受美酒。大量饮酒与许多类型的死亡有关，包括自杀、药物过量使用（这种情况下酒精的存在很常见），以及因心血管疾病死亡，尤其是酒精性肝病和肝硬化，后者仅在2017年就杀死了4.1万名美国人。与自杀和药物过量使用不同，酒精性肝病的死亡往往发生在中年或更晚，因为摧毁肝脏这样一个强健的器官需要时间。不过，由于年轻人中酗酒者的数量急剧增长，因此与酒精相关的死亡数量在较为年轻的人群中也开始上升。

药物过量使用导致的死亡会被归类为“意外”死亡，除非是故意过量使用药物致死。然而，“虽然他们并不一定是有意求死，但他们在使用那些有毒物质时是明知故犯的。因此，这样做带来的致命药物过量使用或药物相互作用严格上讲并不能算真正的意外”[6]。如果一个手臂上扎着针头的人死去，除非有其他证据表明死者有自杀的意图，否则他的死亡将被记录为意外死亡。甚至在死者曾有过多次过量使用药物并被急救人员救活的记录时，也会如此归类。对于嗑药的人来说，戒断后的复吸可能立即导致死亡。由于身体失去耐受性，再服用戒毒前可以带来快感的“安全”有效剂量可能致命。2017 年，美国有 70237 人因药物过量使用而“意外死亡”。

我们的研究聚焦于自杀、药物过量使用和酒精性肝病死亡的共同特征，特别是社会动荡这一共同背景。这三类死亡的人数都在迅速上升，2017 年，这三种类型的死亡总人数达到 15.8 万。相较而言，2017 年交通事故死亡人数为 4.01 万，低于自杀单类死亡人数，而同一年死于谋杀的人数是 19510。

在本章中，我们将重点放在自杀和酒精上，尽管很多关于酒精的讨论也适用于药物。在第九章中，我们将讨论当前药物滥用的一个重要方面，即阿片类药物的滥用。将阿片类药物单列一章，部分是因为有很多内容需要讨论，同时也因为，这一药物流行病的病因为我们提供了线索，有助于我们了解绝望的死亡发生的大背景，特别是企业界和联邦政府行为的影响，后者是本书最后一部分的主题。

自 20 世纪 90 年代末以来，在美国非西班牙裔白人人口中，自杀和其他绝望的死亡的人数不断增加，15~74 岁全年龄段都是如此。这导致了美国的自杀率在所有富裕国家中居于首位，而在过去，美国的自杀率与其他富裕国家相当。女性的自杀人数大大低于男性，这部分是因为她们选择的自杀手段不如男性有效（相对于男性选择的枪支，女性往往选择药物），部分是因为是她们比男性更不容易受社会孤立影响。即便如此，白人女性的自杀率与白人男性的自杀率持续同步上升。在世界其他地方，至少在有可靠数据的国家，2000 年以来的自杀率一直呈下降趋势。一些群体自杀率出现下降已经挽救数百万人的生命，包括亚洲（得益于更大的自主权和城市化进程），苏联国家的中年男性（得益于生活更加安定），以及几乎全世界各国的老龄人口（得益于拥有更多的资源）。美国白人的自杀率以其顽固的上升趋势成为全世界的异类。

关于自杀并没有什么简明的理论，也没有确定的方法确定谁会自杀或者为什么自杀。对于个体来说，预测自杀风险的最佳因素是其此前是否曾尝试过自杀，这个信息对护理人员很有用，但无助于解释自杀人数为什么一直在增加。不过，我们也可以找出一些潜在的影响因素，比如疼痛、孤独、抑郁、离婚或失业，因此，如果社会变化导致这些因素随着时间的推移而越来越普遍，或许可以成为美国总体自杀率上升的一个解释。此外，在个人行为或直接行为的背后也有社会根源。我们此前曾引用过杜克海姆的观点（其著作已经成为社会学的一座里程碑），这种观点坚持认为，要想了解自杀行为，我们必须考虑社会根源，而不能仅仅局限于个体。正如人们经常说的（并且不完全是在开玩笑），经济学家试图解释人们为什么会选择自杀，而社会学家则解释为什么他们没有做这样的选择。在自杀问题上，社会学家一直做得比经济学家更好。

就自杀问题，经济学家提出了一种“理性”的自杀理论，认为人们之所以自杀，是出于“效用最大化”的目的。[7]

我们可以把这种理论视为“今天是个求死的好日子”理论。也就是说，虽然今天就死去本身并不是什么好事，但比起未来要面对的苦难，今天去死就不那么糟糕了。这种理论，虽然往往遭到嘲笑（而且这种嘲笑通常是其应得的），但也不乏道理。不过，正如我们将要看到的，它无法解释人们已知的关于自杀的很多信息。与此相反，杜克海姆的理论则指向社会动荡，而这正是今天美国劳工阶层在经济、家庭和社区生活等方面都正在面对的。

当求死很容易时，自杀的可能性更大。毫无疑问，决心结束自己生命的人总会找到办法：到处都是可以跳下的高楼，上吊用的绳子也随处可以找到。但自杀是否便利之所以重要，是因为想自杀的感觉往往转瞬即逝，如果能够有效地控制那些便于人们杀死自己的手段，自杀事件将有可能减少。

在英国，北海天然气得到广泛使用之前，烹饪和取暖主要使用煤气，而煤气中含有的一氧化碳可用来自杀。于是，在 19 世纪末煤气进入生活后，使用煤气自杀的行为大量出现。一个引人注目的自杀事件是诗人兼小说家西尔维娅 · 普拉斯于 1963 年 2 月将头伸入煤气炉中自杀身亡（普拉斯在此前还曾两次试图用其他手段自杀，因此她的例子或许更能说明应如何预测自杀行为，而不是控制自杀手段）。1959—1971 年，煤气逐渐被天然气取代。由于天然气中只含有很少或根本不含一氧化碳，自杀率在随后显著下降，尽管当时采用除煤气之外其他手段自杀的比例有所上升。[8] 借助汽车尾气自杀的比例也曾一度上升，但随着汽车全面安装催化转化器，自杀率再次下降。因此，可以预测的是，由于一些自杀行为是由暂时性的抑郁引发的，如果自杀行为实施起来不是那么方便，这种抑郁就不会产生致命的后果。[9]

美国的枪支数量比人口还多，虽然我们不知道枪支的供应量是否有所增加，但自 2000 年以来，每年被枪杀的人数和涉及枪支（包括自杀）的死亡率都有所上升。[10] 在美国，自杀与枪支供应之间的联系既存在争议，也遭到政治化。大多数研究结果显示，两者之间存在联系，尽管也有一些可信的相反证据。[11]

我们当然不应该忽视自杀率上升的部分原因是枪支供应的增加。美国步枪协会一直在向国会施压，要求国会不要为该类课题研究或数据收集提供资金。

社会孤立是导致自杀的危险因素。在第六章和第七章，我们发现中年人面临越来越严重的社会孤立、健康不佳、精神痛苦和疼痛问题，尤其是那些没有学士学位的中年白人。所有这些都有助于解释自杀率为什么会上升。美国人比过去更不信任他人，而信任度下降是社会资本下降和死亡风险上升的标志。[12] 在第十一章和第十二章，我们将讨论下列三类白人人口的同步增长，即脱离劳动力市场、没有宗教信仰以及没有结婚的白人。这些人因为脱离了具有保护作用的社会机制，因而面临更大的自杀风险。拥有一份有意义的工作，与配偶和孩子建立良好的家庭关系，以及有一座有助于解决精神需求的教堂可去，这些都有助于维持生命的价值。这些重要的因素在没有学士学位的美国白人中日渐缺席，这无疑是一场灾难。

我们还可以通过观察美国各个地区的情况来探讨社会孤立、疼痛和自杀之间的联系。美国沿着落基山脉，从南部的亚利桑那州到北部的阿拉斯加，存在一条“自杀带”。全美 6 个自杀率最高的州是蒙大拿州、阿拉斯加州、怀俄明州、新墨西哥州、爱达荷州和犹他州，它们全部位于美国每平方英里①人口密度最低的前十个州之列。美国自杀率最低的 6 个州是纽约州、新泽西州、马萨诸塞州、马里兰州、加利福尼亚州和康涅狄格州，其中 5 个州是每平方英里人口密度最高的十大州之一，加利福尼亚州则排名第十一。枪支在人口较少的地区很常见。犹他州是美国最健康的州之一，人口在出生时的预期寿命比邻近的内华达州要长两年，内华达州是美国最不健康的州之一。然而，两者都不能免于高自杀率。新泽西州默瑟县，即普林斯顿大学所在地和我们一年中大部分时间居住的地方，其人口密度为每平方英里 1632 人。默瑟县的自杀率仅有蒙大拿州麦迪逊县的 25%，后者

---

① 1 平方英里 ≈2.59 平方千米。——编者注

美丽多山，与世隔绝，是我们每年 8 月都会长住一个月的夏休之所。[13] 麦迪逊县每平方英里的人口密度仅有 2.1 人。人口不足也意味着医疗救助人员可能离得很远并无法及时赶到，而更重要的一点可能是，如果身边还有别人，人们不太可能自杀。

美国自杀率较高的州同时也是人们报告疼痛比例较高的州。[14] 同样的模式出现在美国数千个县，那些报告在昨天长时间经历身体疼痛的人口比例较高的地区，也正是自杀率较高的地区。[15] 不过，此类依赖于地域证据的结果，受制于所谓的“区群谬误”。如果疼痛是导致自杀的重要风险因素（我们对其真实性深信不疑），我们可能会预测，疼痛报告较多的地区也会是自杀人数较多的地区。然而，这样的发现并不能证明疼痛是自杀率升高的原因。落基山脉地区的居民需要修筑篱笆、驾驭牲畜或搬运灌溉管道，因而腰酸背痛或者膝盖损伤的情况多发，落基山脉的居民也可能因为人口密度低而面临更高的自杀风险。在这个例子中，我们发现不同地区的疼痛水平和自杀率之间存在正相关，但在这种情况下，疼痛高发源自农业是这些地区主要就业岗位的事实，而与这些地区因为人烟稀少和社会孤立而面临更高的自杀风险无关。基于整合地理数据做出的分析永远不能排除这种情况。即便如此，地理证据可以对我们从其他来源了解到的情况进行核实。杜克海姆十分依赖地理证据，这是很难避免的，因为显而易见，我们无法询问死者，所以关于死者的信息非常有限。

受教育程度和自杀的关系又是如何呢？杜克海姆认为，受过更多教育的人更有可能自杀，因为教育往往会弱化能够阻止自杀行为的传统信仰和价值观。这在过去的美国是否属实不得而知。但自从 1992 年，几乎所有州的死亡证明上都要记录死者的受教育程度以来，受教育程度与自杀的关系发生了显著变化。图 8–1 显示了按出生队列（1945 年出生的人口与 25 年后，即 1970 年出生的人口）和受教育程度（拥有或没有学士学位）划分的白人群体自杀率。第一个队列在 1970 年之前进入劳动力市场，第二个队列在 20 世纪 90 年代中期进入劳动力市场。

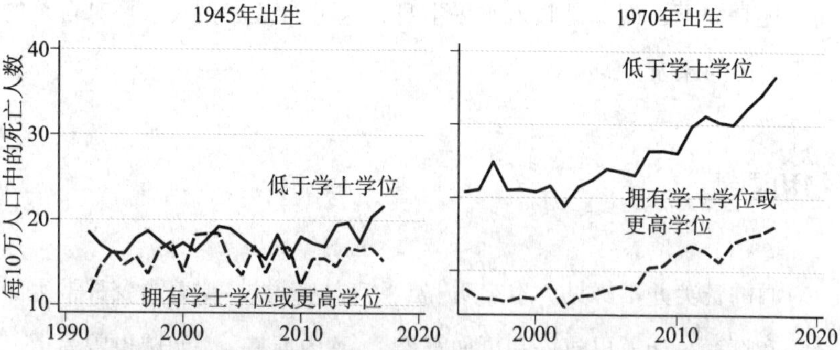

图 8–1　非西班牙裔白人自杀率（按出生年份和受教育程度划分）

资料来源：作者计算使用的数据来自美国疾病控制与预防中心

左图显示了 1945 年出生的人口，受教育程度较低人口的自杀率和受教育程度较高人口的自杀率的差异不大。右图显示了 1970 年出生的人口，两个不同受教育程度群体的自杀率的差距很大。这种差距首先出现在 20 世纪 40 年代末出生的人口中，并且在后来出生的人口中，这种差距越来越大。在拥有学士学位的人口中，下一个出生队列人口的自杀率会与前一个出生队列重叠。也就是说，1950 年出生的队列与 1945 年出生的队列遵循相同的年龄分布，1955 年出生的队列则会遵循与 1950 年出生的队列相同的年龄分布。与此形成鲜明对比的是，在没有学士学位的人口中，年龄分布则随着每一个连续的出生队列而上升和变陡。[16] 尽管图 8–1 描绘的是自杀而非绝望的死亡的整体情况，但它与图 4–3 密切相关。如果在美国，受过更多教育确实曾经令自杀的风险加大，那么现在这对白人来说已不再是事实。或者换一种更接近我们论点的说法，自杀在没有学士学位的白人中正变得越来越普遍。

失业，包括对可能失业的恐惧，已经被证明会导致自杀。脱离劳动力市场也是一个风险因素。这两者都符合杜克海姆关于社会动荡和自杀的理论。的确，杜克海姆认为，“经济危机”会导致自杀，尽管他对经济危机的定义不仅包括经济衰退，还包括经济大繁荣。重要的是平衡的打破，不管是向上还是向下，而不是收入水平本身，这可能正是收入水平对自杀的影响并不明确的原因。

药物和酒精

对酒的赞美并不鲜见。本杰明·富兰克林曾说过："美酒令日常生活更加轻松和惬意，让人更放松和更加宽容。"欧内斯特·海明威也曾写道，葡萄酒"不只是单一的感官享受，更是一种愉悦与鉴赏"，尽管美酒未能阻止海明威结束自己的生命。马克·吐温则曾经说道："什么东西过量了都是不好的，但是威士忌好酒从来没有过量的时候。"网络上充斥着各种报告（质量参差不齐），证明适量饮酒对健康有益。很多社会活动都离不开酒精，或者至少需要借助酒精来润滑。好的葡萄酒一瓶就要几千美元，一些稀有的苏格兰威士忌也价格不菲。政府也喜欢酒类，因为它们是收入来源之一。

然而，酒精的危害也深植于历史和政策。伊斯兰教、许多福音派新教、耶稣基督后期圣徒教会和基督复临安息日会都禁止饮酒。浸信会教徒、卫理公会教徒和许多印度教徒也不鼓励饮酒。大多数富裕国家对于何时何地允许销售和消费酒精都有法律规定。在美国，过去和现在都有禁酒的城镇。20 世纪初，禁酒运动在许多女性的支持下（她们将酒精视为女性和家庭问题的根源），通过 1920 年的宪法修正案成功地在美国全面实现禁止酒精饮料，该法案最终于 1933 年被废除。

禁酒措施虽然经常被特殊利益集团出于私利而加以利用，但它反映了一个事实，即许多人难以约束自己的饮酒量，因此如果有外力的帮助效果会更好。尤利西斯把自己绑在桅杆上，以防自己在听到塞壬的歌声时跳进海里。饮酒过量的人可能会对他人和自己带来危险，例如酒后驾驶或操作机器，或者因酒精的影响忽视对他人的责任。在禁酒时期①之前，正如在今天，许多女性认为酒精导致男性无法养家糊口，也无法控制对妻子的暴力行为。

酒精中毒是一种酒精成瘾现象，成为酒鬼的机会因人而异，而且很可能是某种基因引起的。即使在允许饮酒的老鼠中，也只有少数老鼠不能停止饮酒。[17]18 世纪的医生本杰明·拉什最早提出了酗酒是一种大脑疾病，而非意志薄弱。这一观点在今天被广泛接受，但我们还远不能预测到底哪些人更容易成为酒鬼，更不用说如何治疗了。亚伯拉罕·林肯认为，这种疾病倾向于打击“聪明而热血之人”，而“放纵的恶魔似乎总是乐于吸取天才和慷慨之士的鲜血”[18]。林肯本人滴酒不沾，但他以典型的慷慨和洞察力充分理解了“恶魔”是如何工作的。

许多饱受酒精困扰的人依靠他人的帮助来保持清醒。成立于 20 世纪 30 年代的嗜酒者互诫协会拥有约 6 万个团体，定期在美国各地的社区聚会。在它成立之前，还曾有过一个名为“华盛顿人”的组织，林肯的上述讲话就是针对这个组织发表的。此外，还有成千上万的家庭团体支持酗酒者的家人和朋友，这再次证明了身陷酒瘾的巨大代价，这不仅对酗酒者本人，也对那些关心和在意他们的人带来巨大伤害。有关这些团体有效性的证据难以确定，其中一个原因是匿名性使得嗜酒者互诫协会无法保存记录，不过，考虑到有超过 100 万人定期参加聚会活动，这表明他们的确从中得到了一些东西，而且科学证据也相对积极。[19]

甚至政府对酒精的态度也存在矛盾，有些政府对其颇为依赖，甚至可以说也已上瘾。酒精税和烟草税之所以被采纳，原因之一是它们属于“罪恶”税，这种税的征收对象是许多人并不想用，但却无法不用的东西，因此他们对税率并不敏感。反过来，国家一方面可以站在道德的高度，强调

---

① 禁酒时期指 1920—1933 年。在此期间，美国推行全国性禁酒，禁止酿造、运输和销售含酒精饮料。——译者注

这一税赋有助于人们克制自己的行为，另一方面则赚得盆满钵满。在其早期历史上，美国政府和当今大多数贫穷国家的政府一样，严重依赖对商品征税，包括对酒精征税。1913 年的一项宪法修正案引入所得税，增加了一个税收来源，从而减少了政府对酒精的依赖，并有助于禁酒令的颁布。不可辩驳的是，允许征收所得税和颁布禁酒令的宪法修正案，连同赋予女性选举权和实行参议员直选，都是 20 世纪初进步运动的巨大成就。

虽然适度饮酒是否对人有好处仍存在争议，但没有人会反对长期大量饮酒会对身体造成不良影响。长期酗酒最终会摧毁肝脏，主要表现是肝硬化，这是一种最终不可逆转的肝损害，使肝脏难以发挥其重要功能，并增加肝癌的风险。美国国立卫生研究院下属机构之一，国家酒精滥用和酒精中毒研究所宣称，研究表明，酒精与肝癌以外的某些癌症，包括乳腺癌、食道癌、头颈癌和结直肠癌之间也存在关联。它还列出了其他面临风险的器官，包括心脏、大脑、胰腺等。[20] 如果将所有研究结合起来，并且认为其结论都是可信的（对其中许多研究而言，其结论的可信性确实非常存疑），那么即使是极少量的酒精，也会增加死亡的风险。[21] 当然，适度饮酒的风险非常小，不比日常生活中常见的风险更大，况且酒精饮品还能让大多数饮用者感到快乐和放松。

在美国，受教育程度较高的人口的饮酒率更高，不过酗酒在受教育程度较低的人口中更为普遍，而后者的危害尤其严重。2015 年，盖洛普的一项调查发现，在大学毕业生中，80% 的人偶尔饮酒，20% 的人完全不饮酒。在那些只有高中或以下学历的人口中，这一比例更为均衡，有 48% 的人滴酒不沾。按照收入划分的模式与此相似，在高收入的美国人中，完全不饮酒的人口比例较低。2018 年，63% 的美国人饮用啤酒、葡萄酒或烈性酒，这一比例在 75 年的时间里变化不大。盖洛普的问卷还包括一个问题："在你的家庭里，喝酒是否曾成为引发麻烦的原因？"

1948 年，针对这个问题回答"是"的比例约为 15%，到 70 年代初，这一比例为12%。此后明显上升，至2018年达到33%以上，创下历史最高纪录。[22]这对我们的研究而言是一个重要发现，1970年是开始出现问题的关键年份，饮酒问题的上升趋势只是诸多经济和社会发展的病态症状之一。

图8-2显示了全体白人报告的每次饮酒时的平均饮酒量，包括拥有和没有学士学位的白人。每个出生队列的人口都报告称，随着年龄的增长，他们喝的酒越来越少。但从图8-2中人们发现一个令人不安的事实，即在那些没有学士学位的人口中，年轻人口在任何特定年龄段都报告了更高的单次饮酒量。尽管饮酒的频率较低，但在短时间内大量饮酒（狂饮），比每天适度饮酒对肝脏的危害更大，因此受教育程度较低的人患酒精性肝病的风险更高。与此相呼应的是，我们已开始看到20多岁和30岁出头的白人死于酒精性肝病的人数正在上升。

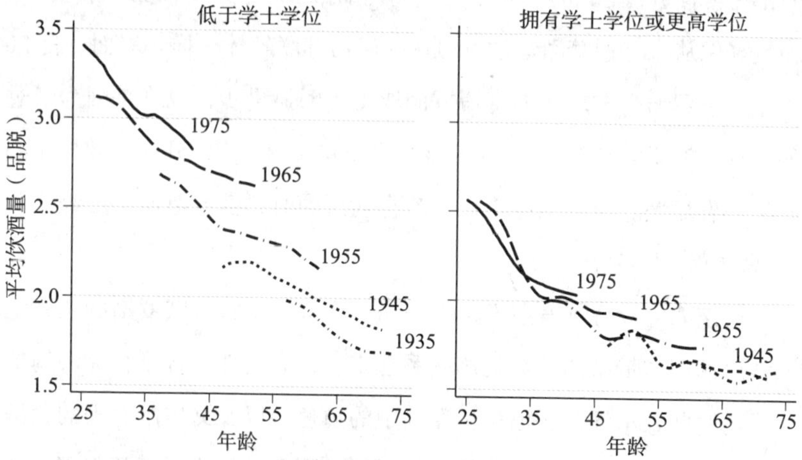

图8-2　平均每次饮用的酒量（按出生队列划分的美国白人）

资料来源：作者计算使用的数据来自BRFSS

酒精还曾与近年来另一个死亡率飙升的现象密切相关，不过它不是发生在美国，而是发生在苏联解体前后的俄罗斯。在俄罗斯，酒精的消费量一直非常高。20世纪80年代初，俄罗斯的人均纯酒精年消费量超过14升，几乎是美国的两倍。在20多年间，俄罗斯女性的预期寿命一直停滞不前，而男性的预期寿命则不断下降，而同期美国和欧洲国家的预期寿命一直在提高，特别是在1970年之后。从1984年开始，戈尔巴乔夫颁布了一项严厉的禁酒政策，大幅减少酒精饮品的产量，提高售价，并限制消费次数。在接下来的三年里，由于与酒精相关（自杀、事故和心脏病）的死亡率迅速下降，男性的预期寿命增加了3.2岁，女性的预期寿命增加了1.3岁。但是这一政策极不受欢迎，并导致政府收入减少，因此在1988年被正式废止，尽管逐渐放松管制花了一段时间。当然，这项政策后来因为更大的历史事件而被彻底淡忘，尤其是1991年底苏联解体。俄罗斯预期寿命的提升势头迅速逆转，1987—1994年，男性预期寿命下降了7.3岁，女性预期寿命下降了3.3岁。[23] 不过此后，这个数字又有所回升，男性和女性的预期寿命都再度接近以20世纪六七十年代（糟糕的）趋势为基准的合理预期水平，就好像从未有过禁酒运动，也从未经历苏联解体一样。然而，自2005年以来，俄罗斯在平均预期寿命方面取得了明显进步，也许是因为经过多年的拖延，俄罗斯终于也像40年前的北美和欧洲一样，开始有效控制心血管疾病的发病率。当美国遭受死亡流行病折磨时，俄罗斯似乎已经战胜自己的痼疾。[24]

我们该如何看待俄罗斯发生的一切？许多评论家将俄罗斯的死亡危机与旧秩序的解体带来的社会动荡联系起来，这完美地契合了杜克海姆的理论。我们对此表示怀疑，但酒精在其中的角色，以及戈尔巴乔夫的禁酒运动和其随后的失败是得到广泛接受的说法，因而是需要考虑的因素。死亡率激增的部分原因是因禁酒运动而暂时推迟的死亡人数反弹，同时也因为不存在任何因素能够阻止这一反弹完全抵消最初的效果。在国家崩溃的同时，也发生了许多其他不幸事件。许多老年人失去了养老金和医疗保障。[25]尽管许多俄罗斯年轻人得以享受到国外旅行和受教育的新机会，但他们的祖父母除了绝望外几乎别无所得，因为他们没有机会开始新生活。在苏联的所有国家中，年轻人和老年人在如何评价自己的生活方面均存在巨大的差距。[26]

人们很容易得出结论，认为发生在俄罗斯的戏剧性事件与美国过去20年的事件之间毫无关联。这是两个截然不同的国家，而且俄罗斯人长期遭受难以言喻的苦难。俄罗斯的自杀率很高，匈牙利、拉脱维亚、爱沙尼亚、波兰和斯洛文尼亚等许多东欧国家也存在同样的现象。尽管俄罗斯和其他国家的自杀率有所下降，但它仍然是世界上自杀率最高的国家。令人震惊和深切关注的是，在一些国家自杀率下降的同时，美国的自杀率却开始上升，从而使美国白人在这一痛苦指数中与上述国家为伍。在这些国家，自杀率与酒精导致的死亡率相关，这一点也与美国各州的情况一样。这一组国家可以被称为“耻辱之组”。这些国家根本无法保障其相当一部分人民的基本生活。将这些东欧人民长期以来遭受的痛苦与导致受教育程度较低的美国白人自杀、酗酒和过量使用药物的绝望浪潮加以比较，并未夸大其词。

第九章
阿片类药物之痛

在《帝国黄昏》[1]一书，历史学家史蒂芬·普拉特（又译裴士锋）讲述了中英鸦片战争的来龙去脉。就像南北战争后的美国南部，以及今日的美国劳工阶层一样，当年的清朝也陷入了困境。英国东印度公司正在勉力实现赢利，而其在19世纪30年代最赚钱的业务就是鸦片贸易，这些鸦片在印度生产并销往中国。出生在爱丁堡的医生威廉·渣甸是鸦片业务中最重要的商人之一。他的合伙人是苏格兰人马地臣，他们在1832年共同创办了怡和洋行。这家公司今天已更名为怡和控股，拥有40多万名员工，是全球300强公司之一。正如普拉特所说，渣甸、马地臣和其他鸦片贩子，“在家乡非但没有因其从事的行业受到玷污……反而成为他们各自社会中最受尊敬的成员”[2]。

清政府则并不这样认为。它试图把英国人赶出除今天的广州以外的中国沿海地区，并取缔鸦片贸易。这种政策的执行十分涣散，时断时续。大清皇帝面临许多麻烦，正竭尽全力试图让一个行将崩溃的帝国免于瓦解。他需要镇压各地的起义，而鸦片贸易并不是他心中的头等大事。1839年，林则徐被道光皇帝派往广东，集中销毁鸦片。林则徐不仅相信人可以成功戒烟，还信奉今天所谓的药物辅助治疗成瘾。现在的曼哈顿唐人街矗立着一尊他的雕像，上面刻着“世界禁毒先驱”。在中国，他被视为民族英雄。

1839年6月，在皇帝的直接指示下，林则徐销毁了1000多吨英国鸦片（一年的鸦片供应），商人游说英国政府要求赔偿，这在政治上显然不可行，但派遣炮舰迫使中国人赔偿则是另一回事。同时，英国还可以借机迫使中国开放沿海的其他城市，不仅针对鸦片，还针对其他英国贸易品。当时，鸦片贸易并不合法。这种做法就好比因为美国缉毒局扣押了一批毒品，墨西哥的毒贩要求获得政府赔偿，但墨西哥政府拒绝用自己的资金支付，而是入侵得克萨斯州并要求美国人付款。尽管遭到严重批评，英国议会还是勉强批准了这场战争。此前不久，奴隶制刚刚在英国得到废除，许多人认为鸦片贸易是英国的另一大罪行。国会议员似乎并非完全不了解他们的所作所为极不道德，但对利润的追求超过了对原则的坚守，首相墨尔本派海军远征东方。

这个故事还有不是特别为人所知的另一部分。东印度公司当时没有控制印度西部地区，那里的罂粟也很繁盛，东印度公司面临着孟买毒贩的激烈竞争，其中最有名的是一个叫詹姆塞特吉·吉吉博伊的巴斯[①]商人。来自他的鸦片供应帮助压低了中国的鸦片价格，使这一毒品从富人的奢侈品走向更广泛的人群。吉吉博伊将他从毒品贸易中获得的利润投入正途，这在今天仍然是常见的做法。他因慈善事业而被英国女王封为爵士，成为有史以来第一位获得如此殊荣的印度人。1858年，他成为勋爵，成为孟买的吉吉博伊男爵。这是一个可以世袭的头衔，最终传给了他的儿子。

那么渣甸和马地臣的命运如何呢？渣甸成为一名国会议员，于1843年去世，之后马地臣接替了这一职位。马地臣成为英国皇家学会会员和英格兰银行行长，他还是英国最富有的人和最大的地主之一。1844年，他在外赫布里底群岛买下了刘易斯岛。1851年，他受封为马地臣爵士，并成为刘易斯岛的首任男爵。在他购买刘易斯岛后不久，苏格兰发生了高地马铃薯饥荒，马地臣是一位慷慨的地主，他花费巨资救济灾民和改善岛屿设施。他还资助2337名（约占总人口13%）的岛民（或多或少自愿的）移居魁北

① 巴斯人是一个亚洲少数族群，主要指生活在印度、信仰祆教的信徒。鸦片战争前后巴斯商人在广州口岸的贸易十分频繁。——译者注

克和安大略，并支付费用，使他们的牧师也能和他们同行。他正是因为这些慈善行为而获得男爵头衔。[3]

用经济历史学家汤姆·迪瓦恩的话说，作家们经常把高地清洗①看作“人类需求对人类利益厚颜无耻的屈从”[4]。与同时代的其他一些地主不同，马地臣似乎不应该受到这种谴责，但他以前的行为却难说无懈可击，这同样适用于当今时代受到政府支持的毒贩，即药品制造商，我们将在本章见识他们的行为。

阿片类药物

在中年人中流行的三类绝望的死亡中，意外药物过量致死是人数最多，也是增长最快的一个。尽管在2017年，自杀和酒精相关死亡的人数相加后的人数更多。在第八章，我们探讨了自杀和酒精相关的死亡，以及它们与美国白人劳工阶层面临的社会和经济动荡之间的关系。现在，我们就来谈谈阿片类药物及其造成的死亡。

阿片类药物可以指罂粟的天然衍生物，例如鸦片和吗啡，这些药物已被使用了数千年，在技术上被称为阿片（或鸦片）制剂。此外，阿片类药物也可指代具备全部或部分罂粟衍生物性质的合成或半合成化合物，这些化合物在技术上被称为阿片类药物。阿片类药物目前通常用来指代上述两种物质。阿片类药物与70%的药物致死有关，包括单独使用以及与其他药物联合使用。海洛因是一种阿片类药物，它于1874年被首次合成，在美国不能合法使用，尽管它在其他几个国家可用于医疗。

阿片类药物的强度通过与吗啡进行比较来测量。一毫克海洛因等于三毫克吗啡（或鸦片），因此它的吗啡毫克当量（MME）为3。当前流行的最

① 高地清洗，在盖尔语中被称为“盖尔人驱逐”，指1750—1860年，在苏格兰发生的大量佃农从高地和群岛被驱逐的事件。——译者注

重要的阿片类药物是羟考酮（MME 1.5），以缓释片的形式在市面上销售，即普渡制药生产的止痛药奥施康定。奥施康定在市面上有很多绰号，包括“乡村海洛因”，它在 1995 年获得美国食品药品监督管理局批准。另一个上市销售的是氢可酮（MME 1），药品名为维柯丁。此外，还有一个目前非常流行的阿片类药物——芬太尼（MME 100），于 1968 年获得美国食品药品监督管理局批准。与海洛因（完全非法）或奥施康定（合法制造，但经常非法销售）不同，芬太尼既可合法获得，也可非法获得，其非法版本是从其他国家出口到美国的。

阿片类药物能够缓解疼痛。其实，它们不仅有止痛的功效，还能产生一种欣快感，促使人们希望重复获得。我们说“能”，因为并不是每个人都能感受到快感或疼痛得到缓解。身体会逐步产生对阿片类药物的耐受性，因此可能需要更高的剂量控制疼痛或者达到同样的快感。使用者会发现很难停止使用它们，因为他们的身体已经对药物产生依赖，当他们试图停止使用时，将面临严重的戒断症状，包括呕吐、腹泻、出汗、失眠、抽筋，以及体验到在医学上所称的“寄生虫妄想”或“蚁走感”（没错，就是字面的意思），即感觉有蚂蚁或其他昆虫在皮肤下爬行。

阿片类药物也会导致成瘾，以及伴随成瘾而来的自我毁灭和家庭毁灭。即使仅仅到了药物依赖的程度，也会危及生命。人们的注意力将集中于维持自己的毒品消费，从而使工作、社交或家庭生活陷入困境。

从按处方吃药到出现耐药性，再到药物依赖乃至上瘾，远非一个必然过程。海洛因在电影中经常被妖魔化，以致很多人认为注射一次就足以毁掉自己的生活。一般来说，情况并非如此，但阿片类药物的确非常危险，通过阿片类药物长期缓解疼痛的风险非常大，而且效果也值得怀疑。如果一定要说有什么效果，奥秘就在于获得解脱和摆脱恐惧，以及消除疼痛，不必忍受蚁走感的折磨。

20 世纪 90 年代末，人们对疼痛管理的认识发生了变化。正如我们看到的，众多美国人曾经饱受疼痛折磨，现在依然如此。那些支持止痛的人宣称，美国对疼痛的治疗不够，于是大量效力强大的阿片类药物被派发到美国民众手中。2012 年，医生开出的阿片类药物处方量已经足够所有美国成年人使用一个月。人们开始死于处方药物过量使用，虽然人数在开始时不多，但随着时间的推移，到 2016 年，死于处方类阿片类药物的人数上升至 17087 人，然后在 2017 年下降至 17029 人，也许这表明一个下降趋势的开始。[5] 有些情况下，死者是接受处方的对象，但这些药物事实上经常会被转给他人，有时是通过黑市销售，有时则是通过盗窃行为。

2017 年，在所有阿片类药物相关的死亡中，来自医生处方的阿片类药物致死占了 1/3，后者还占了当年 70237 例药物过量使用死亡总人数的 1/4。这一总体数字高于每年死于艾滋病、枪杀或交通事故的最高人数，比美国在越战中的死亡总人数还要多。2000—2017 年，阿片类药物过量使用的累计死亡人数超过了美国死于两次世界大战的人数。同时，处方类阿片类药物的过度使用还引发了次生的非法药物流行，因为普渡制药在后来推出了一种抗滥用型奥施康定，同时医生们也因为越来越意识到阿片类药物的危险而有所节制，或至少降低了合法药物供应处方的增长。

大多数使用阿片类药物的人并不会死亡，也有一些死者可能是有意自杀的，因为意外过量用药和自杀之间的界限并不总是很清晰，甚至对受害者本人而言也是如此。[6] 对应每一例死亡，都有 30 多例因为误用或滥用药物而需要去看急诊的病例，其中 10 例会因此入院。每一例死亡对应的滥用药物病例则达 100 余例。这些数字一直在随着死亡人数的增加而同步上升。2016 年，近 2900 万名达到或超过 12 周岁的美国人自我报告称，在前一个月曾使用过非法药物（包括滥用处方药），同时 94.8 万人自我报告称，在前 12 个月内曾使用过海洛因。[7] 鉴于这些都来自参与全国吸毒与健康调查的人的自我报告，这一数字很可能被低估。2015 年，超过 1/3 的成年人（9800 万人）服用过阿片类药物。许多雇主在雇用新员工之前会进行药检，因此，除了那些因药物依赖而无法工作的人之外，成瘾性药物的使用本身似乎也正在使人们远离劳动力市场。[8]

和其他绝望的死亡一样，在阿片类药物死亡面前也不是人人平等。与合法和非法阿片类药物过量使用相关的死亡再一次主要发生在没有学士学位的美国人中。对白人来说，自 20 世纪 90 年代初以来，拥有学士学位的白人在意外药物过量死亡中的比例一直为 9%，而死亡人口中的 2/3 最高只接受过高中教育。在 2013 年非法芬太尼进入美国之前，黑人和西班牙裔人口基本上未被阿片类药物滥用荼毒，但在此之后，他们中药物过量使用导致的死亡人数也大幅增加。除了少数几个例外，主要是说英语的加拿大、英国（特别是苏格兰）、澳大利亚、爱尔兰，还有瑞典，世界其他地方并没有出现类似的阿片类药物滥用，并且除了苏格兰之外，其他几个国家的死亡人数与美国相比微不足道。然而，阿片类药物在其他富裕国家也被广泛使用，通常是在医院中用于治疗癌症或术后疼痛，而社区医生或牙医很少开具阿片类药物处方，而且它们在长期治疗慢性疼痛中的使用频率也低得多。

制药公司从合法的阿片类药物中赚取了丰厚的利润。根据多个媒体报道（包括《洛杉矶时报》所做的调查性报道），萨克勒家族私人拥有的普渡制药公司已售出价值约 300 亿 ~500 亿美元的奥施康定。最近公布的法庭文件显示，该家族自身即获得 120 亿 ~130 亿美元的利润。[9] 非法毒贩（许多来自墨西哥）同样从中获利颇丰，[10] 但与这些人相比，合法药物生产商的优势是在日常经营中不会面临逮捕或暴力的风险。

医生们在这场流行病中也难脱干系，他们至少犯下了不谨慎地开出过量处方的错误，尤其是在这场流行病的早期。阿片类药物导致的死亡很大一部分是由美国的医疗制度造成的。对此类死亡的标准术语是医源性死亡，意思是“由治疗者导致”的死亡。这令人感到讽刺，作为迄今为止世界上最昂贵的医疗制度，美国的医疗制度不但未能阻止预期寿命的下降，反而实际上对预期寿命的下降起到了推波助澜的作用。正如我们将在第十三章看到的那样，其失职之处不只是对阿片类药物的不当处理。

这一切是如何发生的

纵观历史，人们一直用罂粟制品止痛和获得快感。提供这些制品的人的出发点往往是帮助他人，同时让自己获利，这两个目标并不一定互相矛盾。自由市场的精妙之处在于人们可以通过帮助他人致富。但是，自由市场在医疗领域的运行总体而言并不太好，尤其是对于成瘾性药物，因为这些药物的使用者经常会做出明显违背自身利益的事情。供应商若是能够让消费者对其产品上瘾，则将有利可图，因而双方的互惠互利很可能演变成利益冲突。在本章的开头，我们已经看到这种情况最终导致更有利于英国鸦片贩子的结果。

历史学家戴维·考特赖特撰写了许多有关药物史的文章，他说，在美国内战中，联军士兵获得了超过 1000 万个鸦片丸和近 300 万盎司的酊剂和粉末鸦片。[11] 战后，当时刚刚发明出来的皮下注射针（最初人们认为借助它可以让药物绕过消化系统而减少上瘾的机会）被广泛用于给退伍军人注射鸦片以止痛。考特赖特指出，“在整个医学史上，第一次可以对多种疾病进行接近即时性的症状缓解治疗。一支吗啡注射器已经千真万确地成为一根魔杖”[12]。到 19 世纪末，吗啡和鸦片在美国随处可得，并被广泛使用，包括使用于儿童身上。吸毒现象在南方白人中尤其普遍，因为他们的世界在内战后变得一团糟。到 20 世纪末，拜耳公司成功合成海洛因并将其作为吗啡的非成瘾性替代品进行销售。于是更多的美国人染上毒瘾。而且，许多出现入睡困难的儿童被注射海洛因以帮助他们入睡。[13]

最终，医学界重归正途，开始努力限制公众和医生使用阿片类药物。1914 年，《哈里森麻醉品法》出台，标志着美国第一次大规模阿片类药物流行的结束。该法案严格限制类阿片的使用和销售，10 年后，海洛因被完全禁止。持有和销售阿片类药物成为犯罪活动，其使用也在绝大多数人中消失。可敬之人不再使用鸦片或海洛因治疗轻微的疼痛，也不再给有绞痛的婴儿喂食这种毒品。

那么，在不到一个世纪之后，怎么又会暴发了新一轮阿片类药物流行呢？人们忘记过去，甚至即使那些还记得过去的人，也可能认为已经事过境迁，这次会有所不同，过去的风险已经被安全地锁在过去。由于药物能带来如此巨大的利润，总会有人跳出来表示药物的风险被过分夸大了。人们当然也还没有消灭疼痛，正如我们已经看到的，慢性疼痛症状正在加剧，治疗（或不治疗）它对医生提出了巨大的挑战。25 年前，罗纳德·梅尔扎克提出痛觉的闸门控制理论，彻底改变了人们对疼痛的理解。他在 1990 年所写的一篇题为《不必要疼痛的悲剧》的论文，雄辩地记录了疼痛的恐怖，并提出“事实上，当病人服用吗啡对抗疼痛时，很少出现上瘾现象”[14]。对于晚期癌症患者来说，上瘾的风险无关紧要。然而，很多癌症患者长期存活，更多患者面临的，是手术后的巨大疼痛，除此之外，还有很多慢性疼痛患者。到 2017 年，有 5440 万美国成年人被诊断患有关节炎，而关节炎只是随着人口老龄化而变得更加普遍的许多疼痛状况之一。[15]

从 1990 年左右开始，疼痛专家越来越多地呼吁人们更好地认识疼痛，并要求医生询问患者的疼痛程度。詹姆斯·坎贝尔医生在 1995 年美国疼痛协会的主席演讲中指出，“我们应该把疼痛视为第五大生命体征”，这意味着医生应该像评估呼吸、血压、脉搏和体温一样，定期评估疼痛。坎贝尔还对区分癌症疼痛和非癌症疼痛，以及急性和慢性疼痛是否有用提出质疑。[16] 美国疼痛协会于 2019 年 6 月关闭，成为 21 世纪阿片类药物之战的一个牺牲品。该协会面临指控，指其充当了制药公司的走卒（它对此予以否认），并因无力支付辩护律师费而宣告破产。[17]

人们到今天仍然在激烈争论，服用阿片类药物来缓解疼痛到底是否像梅尔扎克所说的那样，无须担心上瘾的后果。梅奥医学中心的网站通常是一个可靠的信息来源，它对此提供了矛盾的建议。在针对氢可酮的讨论中，它指出“长期使用氢可酮可能使其成为习惯，导致精神或身体上的依赖。然而，那些遭受持续疼痛的人不应该让药物依赖的恐惧阻止他们使用麻醉剂来缓解疼痛。当麻醉药被用于缓解疼痛的目的时，精神依赖（成瘾）不太可能发生”[18]。不过，在梅奥医学中心网站的另一个区域刊登着一个更为谨慎的建议——“任何服用阿片类药物的人都面临逐渐成瘾的风险……开始阿片类药物的短期疗程仅仅 5 天之后，在一年后仍会继续服用阿片类药物的概率就会增加”[19]。医生们希望帮助病人，并不愿意放弃他们的魔杖。

随着外部环境的变化，全科医生和牙医大量开出阿片类药物处方，用来治疗各种疼痛，特别是在 1996 年奥施康定推出之后。奥施康定据称带有 12 小时缓释机制，可以让疼痛患者彻夜安眠。不幸的是，在很大一部分阿片类药物的使用者中，疼痛复发和药物失效的时间远远短于 12 小时，许多医生对此的反应是，将服药的间隔缩短至 8 小时，或增大剂量。这种疼痛缓解和药物失效周期增加了滥用与上瘾的风险。

奥施康定的推出引发了疼痛患者看似无限的需求。大多数执业医生都需要面对巨大的时间和费用限制，这使得开口服药片处方远比进行昂贵和耗时的治疗更具吸引力。早期的疼痛治疗标准是跨学科治疗，即使用药物的组合，例如危险性较小的非甾体抗炎药，如（非处方药）阿司匹林、对乙酰氨基酚、布洛芬或萘普生，或者（处方药）塞来昔布，然后辅以咨询、锻炼、瑜伽、针灸和冥想，所有这些都很难在标准的医生预约流程中做到。病人满意度调查也变得很普遍，而阿片类药物在这些调查中的表现良好。毫无疑问，如果在一个世纪前对患有绞痛的婴儿和给他们使用海洛因的父母进行调查，他们的满意度也会很高。关节炎患者很容易会从初级保健医生那里拿到阿片类药物处方，牙医也会给病人开出可以服用多日的阿片类药物，来急诊室治疗各种损伤的患者也全会带着阿片类药物离开。

或许医生可以评估哪些病人存在成瘾风险，但这不可能在几分钟内完成，也不可能在一个许多患者没有私人医生，也没有统一诊疗记录的系统中完成。甚至可能在病人死于处方药物时，医生都一无所知。当他们收到通知信函后，许多医生减少了阿片类药物的处方量。[20]

在上一次流行病一个世纪后，一场阿片类药物滥用、成瘾和死亡带来的医源性流行病再次出现。戴维·考特赖特告诉记者兼作家贝丝·梅西，“我有生之年见到了不少让我吃惊的事情，比如互联网，又或者体面的女孩儿也会文身，但我不得不加上一件让我真的无比震惊之事。我已经64岁，不得不承认，我从没想到自己有生之年会见证另一次医源性阿片类药物成瘾泛滥的大潮”[21]。

随着宗教信仰的式微，阿片类药物已成为大众的麻醉剂。

20世纪90年代初，死于药物过量使用的人数开始上升，并且这一上升势头在2000年后开始加速。2000年，意外药物过量使用致死人数超过14000人。区分特定死亡案例具体是由哪种药物的过量使用所致非常复杂。有为数不少的药物过量使用死亡病例涉及不止一种药物。单独服用苯二氮卓类药物①不太可能致死，但它们与阿片类药物或酒精混合后则会变得致命。此外，死亡证明上往往不会记录致死药物的详细资料，相关的栏目往往记录为“未明确”。2000年，在所有意外过量药物使用的死亡案例中，1/3到1/2涉及阿片类药物（主要是处方药），具体数量取决于我们如何归因“未明确”麻醉类药品造成的死亡。根据记录，海洛因这一长期存在的罪魁祸首在当年造成1999例死亡。2011年之前，死亡人数的增加由处方类阿片类药物推动，特别是那些基本成分为氢可酮和羟考酮的阿片类药物。2011年，普渡制药公司更改了奥施康定的配方，以避免药物滥用。药品说

① 苯二氮卓类药物包括地西泮（安定）、氟西泮（氟安定）、氯氮卓、奥沙西泮和三唑仑等中枢神经系统抑制药物，主要用于抗焦虑、镇静催眠、抗惊厥、肌肉松弛和安定。——译者注

明中带有警告，要求使用者必须遵医嘱服用，但这些明确公示不该做什么的警告很容易起到反作用，反而详尽地指导了使用者如何将缓释药片变成可立即带来快感的药品，或者如何将其变成可注射的毒品。[22] 2011 年，处方类阿片类药物导致的死亡人数不断增长的势头得到遏制，配方的更改肯定是一个重要原因。医生们不断提升的意识也发挥了一定的积极作用，由于意识到在这场流行病中扮演的角色，医生随意开具阿片类药物处方的行为也有所收敛。事实上，配方的更改很有可能导致一些死亡，因为它会迫使使用者转向相对更不安全的非法毒品。同时，由于更改配方，普渡公司即将到期的专利得以续期，该公司更关心的可能是这一点，而非拯救生命。

无论如何，时至 2011 年，再想把魔鬼关进瓶子里已经太迟了。非法海洛因，一种几乎完美的羟考酮替代品很快开始填补空缺。处方药导致的死亡被海洛因导致的死亡取代，推动药物过量使用致死的总人数继续攀升。毒贩在止痛诊所门外守候着遭医生拒绝续开新药的病人。一些人在黑市购买（转售的）奥施康定，直到发现更便宜和更强效的海洛因。这种行为也更危险，因为非法出售的毒品质量根本无法保证。与此同时，来自墨西哥的新供应商大量提供高质量的黑焦油海洛因，所以对许多人来说，转换起来相当容易。奥施康定处方被挪用出售，以换取和吗啡等效剂量的海洛因，从而令使用者既能保证摄取足够的毒品剂量，又能在交易中获利。[23]

尽管海洛因致死人数不断增加，但其很快被芬太尼致死的人数超越。2017 年，芬太尼致死人数增至 28400 人。芬太尼的崛起反映了它强大的效力以及进口的便利性，因为它的有效剂量远远小于海洛因，而且可以与多种毒品混合使用，包括海洛因、可卡因、快球①以及冰毒（甲基苯丙胺）和 Goofball（傻瓜）②，从而提供更强效的吸毒快感。[24] 海洛因和非法

---

① 快球指海洛因和可卡因的混合制剂，用于静脉注射。——译者注

② Goofball 是一种冰毒和海洛因的混合毒品，因为吸毒者表示吸食后会感到“傻，但是幸福”而得名。——译者注

芬太尼的泛滥在一定程度上是因为处方类阿片类药物成瘾的人发现他们的需求越来越难以被满足。但这些新型毒品的存在似乎已经导致它们自身的大流行，也就是说，服用者已经不是从处方类阿片类药物开始，进而转向这些毒品，而是从一开始服用的就是这些非法替代品。减少可卡因和海洛因，转而使用芬太尼是导致非洲裔美国人药物过量使用死亡率上升的原因之一。2012 年后新增的中年非洲裔美国人死亡中，死亡证明将芬太尼列为死因的人数达到增加人数的 3/4。[25]

熊熊大火已经突破防火线。

有人可能会认为，如果某个毒贩的客户因药物过量死亡，其他客户就会避开他，但非正式的证据表明，情况恰恰相反。那些对阿片类药物上瘾的人实在是太渴望虚空麻木的感觉了，以致他们会将出现此类死亡视为供应源值得信赖的证据，因为这表明该毒贩提供的东西货真价实。事实上，这并不是表明此类死亡应归属于自杀的唯一证据。一种名为纳洛酮的药物具有神奇的功效，可以把那些因过量服用药物而濒临死亡的人从死亡线上拉回来。然而，来自警方和消防部门的报告显示，他们曾多次向同一人施用纳洛酮，有时甚至是在一天之内就多次施用。这表明这些人要么一心求死，要么除了满足毒瘾之外已经不在乎任何东西，即使这意味着让他们送命也无所谓。他们已经完全受制于自己的毒瘾。

阿片类药物流行病与绝望的死亡

提到“流行”一词，人们很容易会将其与天花大流行，或者 1918—1919 年在美国和世界各地造成数百万人死亡的大流感相比较。在阿片类药物的流行中，媒介不是病毒或细菌，而是下列方方面面共同作用的结果：生产药物并积极推动其销售的制药公司；阻止美国缉毒局对有意过度开具处方的医生提出起诉的国会议员；作为监管机构的美国缉毒局屈服于游说者的要求，没有弥补法律漏洞，而是允许从塔斯马尼亚罂粟种植场进口原材料，为这一流行病提供了弹药；美国食品药品监督管理局批准阿片类药物上市，而没有考虑这样做带来的广泛社会后果，它还同意了制药公司的要求，批准了标签更改，从而大幅度扩大了阿片类药物的用途，并为药厂带来丰厚利润；那些漫不经心地开出超量处方的医疗界人士；来自墨西哥等国的药贩子在医学界开始控制阿片类药物处方时接棒，继续源源不断地输入药品。在这场流行病中，供给的重要性不言而喻，药物的供给方通过使人上瘾并送命而赚取巨额利润，政治权力则对犯罪者施以保护。一旦人们开始使用阿片类药物，就仿佛是已经感染病毒。虽然他们有可能幸存，但他们也有可能死亡。没有人应该怀疑供给在这场流行病中的重要作用——我们也正是因此而做出了我们的论述——但是，只谈论供给并不能了解事实的全貌。

为什么这种流行病在美国如此严重，但在其他大多数富裕国家却几乎未见踪影呢？即使在美国，某些阿片类药物，例如维柯丁，甚至芬太尼，也都是早已上市的药物。其他国家也普遍使用阿片类药物来治疗术后疼痛和癌症相关疼痛，同时包括英国在内的一些国家长期使用海洛因止痛，虽然海洛因在美国被禁止使用。是什么阻止了这些药物从预期用途扩散到普罗大众呢？

此外，为什么拥有学士学位的美国人很少死于药物过量使用（在死于过量用药的人口中，没有学士学位的人占 90%）？不可回避的一点是，受教育程度较低的人口更有可能在工作中受伤，或者从事可能导致急性或慢性疼痛的高风险工作，因此他们需要服用阿片类药物止痛，但这绝非故事的全部。关节炎是开具阿片类药物处方的主要症状之一，而这种疾病在很大程度上与年龄相关，如果老年人更容易获得阿片类药物，他们并不会因此丧命。在第七章，我们已经看到，拥有学士学位的 60 岁白人人口中，有一半人报告他们经受着背痛、颈痛或关节痛的折磨，而在没有学士学位的

60岁白人人口中，这一比例为60%。如果说那些经受疼痛的人需要服用阿片类药物，而药物处方会让一部分人上瘾，并且在上瘾的人中有一部分人死亡，那么上面的比例差异完全无法解释，为何没有学士学位人口的药物过量使用的死亡率是拥有学士学位人口的7倍。也许受教育程度较低人口的疼痛更适合服用阿片类药物，但我们并没有看到任何证据支持这一点，所以一定还有别的原因。

下面是我们针对所发生的一切做出的讨论和解读。

尽管在阿片类药物流行这出戏里，所有角色都因为不道德和贪婪的行为而难辞其咎，但我们仍然认为，批评医生和毒贩是一丘之貉是不对的。无疑，在这个过程中有些医生开始做“卖药生意”，在不做检查甚至不看患者的情况下，为了金钱（或性）而出售处方。[26]这些医生中的许多人现在（或在过去）已经进了监狱。不过，腐败的医生毕竟是少数，鉴于20世纪90年代中期医学界的共识，医生们有充分的理由给患有疼痛症状的病人开具阿片类药物，而没有什么理由不这么做。我们猜测，使用适当剂量的阿片类药物来缓解急性疼痛，这样做本身不大可能导致成瘾，这同样也适用于那些身患绝症的病人。但是，使用阿片类药物来长期治疗慢性疼痛是否合适则是另一回事。显然，例外情况也存在，即药量适当的短期处方也会导致成瘾。其中一个例子是特拉维斯·里德尔，他居住在巴尔的摩，是约翰·霍普金斯大学的哲学家和生物伦理学家，由于左脚在一次摩托车事故中被压碎，他经历了多次手术，随后医生给他不断开出剂量越来越大的阿片类药物处方用来止痛，他花了九牛二虎之力才摆脱了药瘾，而在此过程中，给他开止痛药处方的医生一点忙也没有帮。[27]他的故事值得我们牢记并作为警示，提醒我们可能会发生什么。即使天时、地利、人和俱全，药物成瘾也很难戒掉。

然而，如果说任何人仅注射一针海洛因就会立即、不可避免地上瘾，显然也是完全错误的。据估计，今天美国每天或几乎每天都有大约100万人使用海洛因。他们中的大多数人不仅没有死亡，而且实际上还过着正常生活。很多人随着时间推移自然地戒掉了毒瘾，还有很多人依靠自己、医疗机构或社会支持而成功戒毒。

尼克松当政时期曾有报道称，国会议员罗伯特·斯蒂尔和摩根·墨菲在1971年对越南进行正式访问时发现，大量美国军人吸食海洛因。尼克松立即宣布海洛因成瘾是美国首要的公共卫生问题。军人可能会被迫接受尿检，结果与士兵们自己的报告一致，显示34%的人曾吸食海洛因，多达20%的人已经上瘾。令调查人员吃惊的是，还有38%的人吸食鸦片（外加超过90%的人喝酒，以及75%的人使用大麻）。那些检测呈阳性的人都必须首先戒毒和通过尿检才会被允许回国，这成为他们戒毒的强大动力。这个项目被称为"金流行动"，那些退伍军人一回国就被追踪。结果显示，回到美国后，只有12%的人在三年内再度染上阿片类药物毒瘾，多数在越南服役期间吸毒的军人只染上了暂时性的毒瘾。也许针对他们的"排毒"行动获得了成功。如果真是这样，那么可算是意外之喜，因为这比通常情况下的戒毒成功得多。这还可能是因为在战斗的压力下，鸦片和海洛因为士兵提供了某种解脱。不过，大多数使用阿片类药物的军人是在抵达越南后不久就开始吸毒的，而那些经历过更多战斗的军人并没有更多地染上阿片类药物毒瘾。

最为可信的一种说法来自李·罗宾斯的描述，他是参与调查的人员之一，我们上面的故事正是基于他对事件的记录。他表示，这些军人之所以使用阿片类药物，是因为"他们表示这样做令他们感到愉悦，并使服役生活变得舒服一点儿"[28]。他们服用阿片类药物并不是为了让战斗风险变低，事实上，他们非常清楚，处于吸毒后飘飘欲仙的欣快感会让他们在战斗中暴露在更大的危险之中，他们纯粹是因为太过无聊而丧失了理智。当他们回到家乡，脱离了军队环境，有了其他享乐方式时，他们的生活就有了新的意义，此时即使没有毒品，也可以忍受。环境因素非常重要，再加上这些药物在越南异常便宜。总之，触发这些军人在越南日常使用毒品的因素在其家乡并不存在，而且由于他们是在越南，而不是在家乡戒的毒，戒毒–复吸的怪圈也因为地理原因而被打破。[29] 罗宾斯认为，人们对海洛因上瘾的普遍看法源于一个事实，即许多研究都是针对在一开始就更容易上瘾的特殊人群进行的，而不是针对在越南服役的更广泛的军人群体的。

一定是人们生活中有某种东西驱使他们通过药物寻求快感或麻木，而不是药物本身的某些固有属性会让所有接触到它们的人上瘾。如果不了解吸毒者所处的环境，以及这些环境在现在和在过去如何影响吸毒者，就不可能真正了解吸毒现象。正如一位医生对我们所说的那样，一个人的生活经历会造成很大影响。[30] 在第十一章和第十二章，我们将对劳工阶层分崩离析的生活现状进行分析。

无论是过去，还是现在，很少有医生会直接使自己的病人上瘾。但是，他们可能太愿意相信，阿片类药物能比早期的跨学科方法提供更成功的长期止痛效果。事实上，这样的证据几乎无法找到，而且我们再次强调，全国层面的疼痛症状一直呈现上升趋势，而不是下降趋势，而考虑到已经开出的巨大数量的阿片类药物处方，如果这些药物真正有效，疼痛现象本应该下降。医生们面对病人的痛苦做出了正常的反应，但他们可能并没有考虑其处方导致了更大的社会成本。他们还面临制药厂商通过一些渠道施加的巨大压力，包括直接营销和资金充足的公众“教育”宣传，以及代表疼痛症患者的宣传组织，其中一些组织接受了来自制药厂商的大笔捐款（这些虚假或被渗入的草根协会有时被称为“草根营销”组织）。医生开出远超实际需要量的强效阿片类药物处方，有时给那些根本无此需要的病人开出阿片类药物，而这些用不完的药物则可能进入黑市，这本身就可以证明阿片类药物不一定致瘾。有些医生还为那些本来就是为了转售，而不是自己使用阿片类药物的病人开了处方。这些病人会四处寻医，直至找到愿意给他们开处方的医生。医生努力做到不给此类病人开药，但很难想象他们能够辨别病人的意图，特别是考虑到他们面临的时间压力。此外，那些有可能滥用或者有过滥用史的病人可能真的正在经受疼痛。虽然医生们被要求对药物滥用进行管理和预防，但在他们目前的工作环境中，这个要求实际上超出了他们的能力范围。

一些评论家认为，奥巴马医改计划的推出在一定程度上也应对这一流行病负责，因为医疗补助计划的扩张使阿片类药物得到了更广泛的使用。但这种指责与阿片类药物流行病的时间不符，因为在医疗补助计划推行之前，这一流行病已经全面暴发。相比之下，在为阿片类药物滥用障碍患者提供负担得起的治疗方面，医疗补助发挥了重要作用。2014 年后，医疗补助得到扩大的州的治疗水平也获得大幅提高。[31]

药物的生产商则采取各种直接手段，或间接通过处方福利经理，尽可能增加销售额和利润，哪怕药物已经明显被滥用。例如，在两年的时间里，900 万粒药物被发送到仅有 406 人的西弗吉尼亚州克米特城的一家药房。根据美国众议院能源和商务委员会的一份报告，2007—2012 年，“药物经销商向西弗吉尼亚州运送了超过 7.8 亿粒氢可酮和羟考酮”[32]。而根据哥伦比亚广播公司的《60 分钟》节目和《华盛顿邮报》进行的调查，当负责制止此类滥用行为的美国缉毒局试图采取行动时，国会通过了 2016 年的《保障病患获得有效药物执行法案》，其规定有效地阻止了美国缉毒局采取制止药物泛滥的行动。[33] 唐纳德 · 特朗普随后提名宾夕法尼亚州众议员汤姆 · 马里诺担任他的禁毒负责人，负责该法案的执行。随后，《60 分钟》和《华盛顿邮报》的调查揭露，马里诺多年来一直代表制药业努力推动通过这样一项法案，这迫使他在公众的愤怒声讨中辞职。调查性新闻报道还揭露了一位发挥重要作用的“反水者”——林登 · 巴伯，他以前是美国缉毒局的高级律师，后来转换门庭，为制药行业提供顾问服务，并帮助起草了该法案。

美国最知名的制药公司之一强生公司是美国大部分阿片类止痛药的原

料供应商，其子公司塔斯马尼亚生物碱公司在澳大利亚塔斯马尼亚拥有大型罂粟种植农场。记者彼得·奥德丽·史密斯报道，美国缉毒局对这些情况非常了解，但应制药业游说者的要求，拒绝修补法律漏洞。[34]就在美军轰炸阿富汗赫尔曼德省的鸦片产地之时，强生公司在塔斯马尼亚合法地为美国阿片类药物生产商提供原料。2019年8月，强生公司因被判定对阿片类药物泛滥负有责任，而被勒令向俄克拉何马州支付5.72亿美元罚款。预计该公司将对此提出上诉，不过它同时还面临正在审理中的其他诉讼。[35]

我们之所以讲述这些故事，是因为它们证明了民主政治在解决阿片类药物流行上的失败。马里诺的选区受到阿片类药物的严重影响，上面提到的法案的一个提案人——众议员玛莎·布莱克本所在的田纳西州也同样深受其害，然而，他们却反对有效的监管。一切向钱看和以企业为先的观念取代了为那些深陷毒瘾，甚至濒临死亡的人发声的义务。丑闻并没有阻止马里诺在2018年再次当选众议员，不过他在2019年1月因健康状况不佳辞职。布莱克本也再次当选，她现在是田纳西州的资深参议员。参议员奥林·哈奇是制药行业的老朋友，并得到后者的长期赞助，他则帮助法案顺利过了美国缉毒局这一关。42年来，哈奇一直代表犹他州担任参议员，该州从1999年到法案正式通过的2016年期间，药物致死率增长了足足7倍。

如果没有医生的不负责任，没有美国食品药品监督管理局的审批程序瑕疵，或者没有制药行业不计任何人道成本地追求利润，这场流行病就不会发生。今天，在美国法庭上，近2000个市政当局正在追究制药公司高管的责任并要求赔偿，从而使这个行业肆无忌惮的做法被广泛曝光。其中一个诉讼于2019年5月结案，法庭判决对止痛药制造商Insys Therapeutics的5名高管提出的联邦敲诈勒索指控成立，该公司的销售人员对医生行贿，让他们为不需要芬太尼的患者开具处方。[36]

我们认为，虽然这些不当行为给这场流行病火上浇油，并推动形势恶化，但它们并非导致这一流行病发生的先决条件。阿片类药物的使用者，其中数百万已经成为阿片类药物滥用者或上瘾者，成为在曾经兴旺繁荣的城镇街道上行走的僵尸。这些人的生活在他们开始嗑药之前已经分崩离析，他们的经济和社会生活不再能够为他们提供支持。诚然，这一流行病的供给方无疑很重要，无论是制药公司，还是它们在国会的支持者，或者不负责任乱开处方的医生，但我们应该看到，同样十分重要的还有需求方，即白人劳工阶层、受教育程度较低的人口，他们本已痛苦不堪的生活成为一片沃土，供贪婪的企业、功能失调的监管体系，以及存在缺陷的医疗制度肆意妄为。阿片类药物在其他国家并没有流行，这是因为这些国家没有摧毁自己的劳工阶层，也因为它们的制药公司得到更好的监管，它们的政府也没这么容易被追逐利润的企业左右。

企业权力与个人福祉

本书的主题之一是美国经济如何从为普通民众服务转向为企业、其管理者和所有者服务，我们将在后面的章节对这一点进行详细讨论。政府和法律已经成为共犯。本章关于阿片类药物的阐述提供了一个生动的例子，让我们看清这一过程。在后面的章节，我们将重点讨论财富如何向上再分配，即从劳动人口转移到公司及其股东的再分配机制。美国的医疗行业是最典型的一个例子，并且已经超出阿片类药物制造商和分销商的范围。这些人的行为当然并不是普遍行为，而且正如我们所述，他们已经因其行为而面临司法诉讼，但利用市场势力实现向上的再分配，掠夺拥有很少财富的大量普通百姓，并分配给拥有大量财富的少数人，这在很大程度上已经成为医疗领域的现状，并且在某种程度上，它已经成为美国资本主义的普遍现状。受益者不仅包括富有的大股东，还包括许多高教育程度的精英人士，他们间接在退休基金中持有股票，并从公司利润增加的所有行为（包括降低工人工资）中受益。我们认为，这个过程在半个多世纪的时间里，正在蚕食劳工阶层的生活基础，包括高薪和一份好工作，并且在导致绝望的死亡泛滥上起到关键作用。阿片类药物的故事符合这个大主题，但它更加触目惊心，因为它揭示了一种极其罕见的情况，即企业如何从人们的死亡中直接受益。

我们并不认为美国食品药品监督管理局已经被制药行业掌控，尽管它在阿片类药物的审批，尤其是在奥施康定的批准上的确出了很大的问题。美国食品药品监督管理局（还有公众）非常尊重证明药物有效的随机对照试验结果，但即使在这些试验中，阿片类药物也存在这样或那样的问题。奥施康定的对照组（随机选择的未使用药物组）在试验的早期阶段，即所谓开放性试验阶段，曾服用过奥施康定。这样做的目的是将那些不能耐受药物的人排除在试验之外。[37] 在此类试验的两个阶段之间，会有一个“洗脱期”，以确保药物已经在此期间被清洗出病人的身体。对于奥施康定（或任何成瘾性药物）而言，此类试验的危险在于，如果洗脱期不够长，在不再使用药物的对照组中，某些人可能出现戒断症状，而这会使他们的状态看起来不如那些进入治疗组，并再次接受药物的人。此外，由于在早期的开放性试验阶段排除了那些不能耐受药物的人，这意味着试验将低估药物在更广泛人群中发生问题的概率，而在药物上市之后，这些人都有可能收到这种药物的处方。同时，在开展药物试验之前，制药公司是可以与美国食品药品监督管理局讨论试验设计的各个方面的。

总而言之，正如美国国家科学院、工程院和医学院的一个小组所指出的那样，这一试验和批准过程仅仅着眼于这些药物对个人的作用，而忽略了向社会推出一种强效、高度成瘾药物将导致的更广泛影响，这种观点显然非常正确。[38] 要求美国食品药品监督管理局能够预见批准奥施康定会造成的全部后果，并不现实，但是一个未能考虑到批准该药物对公众健康影响的制度性失败无疑是不可原谅的。毕竟，它实质上给合法海洛因的销售盖上了政府的批准章。

阿片类药物的故事充分揭示了资本的力量，它能阻止政治保护普通公民，甚至保护他们免于死亡。至少直到 2019 年，在公众高涨的愤怒情绪终于改变人们的看法之前，那些因此而发了大财的人既没有被排斥，也没有被谴责，而是被公认为成功的商人和慈善家。普渡制药是一个典型的例子。萨克勒家族的名字频频出现在博物馆、大学和各类慈善机构当中，不仅在美国，还在英国和法国。在奥施康定被研制出来前已经去世的阿瑟 · M. 萨克勒对许多机构提供了大笔捐赠，包括纽约大都会博物馆、普林斯顿大学、史密森尼学会和美国国家科学院。萨克勒家族的财富来自其开发出当今美国普遍使用的药品广告和销售体系。借用一位评论人士的话来说，“推动制药行业陷入今天这场灾难的大多数可疑做法都可以归咎于阿瑟 · 萨克勒”[39]。

阿瑟 · 萨克勒的兄弟雷蒙德和莫蒂默，以及雷蒙德的儿子理查德，是普渡公司在奥施康定上市和营销期间的掌舵人。1995 年，雷蒙德和莫蒂默双双被伊丽莎白女王封为爵士，这与一个半世纪前詹姆塞特吉 · 吉吉博伊的经历惊人地相似。[40] 就像 18 世纪贵族佩戴的假发一样，香水只能掩盖，但不能消除道德败坏的恶臭。[41]

今天，女王不太可能授予这类人这一荣誉。上面列出的大多数组织也已经停止使用萨克勒的名字，它们中有些是在多年抵制之后才做出这一决定的。此外，还有一些组织宣布，它们将不会再接受萨克勒家族的捐款。

制药公司已经从这场危机中赚得盆满钵满，同时它们现在正准备从治疗中获利。目前还没有简单或可靠的药物治疗方法来治疗药物上瘾，现有的最好方法是药物辅助治疗（MAT），即让那些上瘾的人在戒毒期间使用不同的阿片类药物（美沙酮或丁丙诺啡）来控制他们对毒品的渴求。虽然我们怀疑 MAT 的效果很可能被夸大，因为其有效性的证明只来自那些承认自己上瘾并寻求治疗的患者（很多瘾君子并不会这么做），还因为相当一部分人会中途退出 MAT，但无疑 MAT 比单纯的禁药治疗法更有优势，因为后者是导致复吸过量死亡发生的重要原因。那些已经戒毒一段时间的人会失去对药物的耐受性，并可能在复吸时因为使用与戒毒前相同的剂量而导致药物过量死亡。即便如此，看到制药公司和它们的盟友如此大力推广MAT，以便它们既可以通过引发流行病获利，又可以通过治疗同样的流行病赚钱，仍难免令人作呕。事实上，2018年夏，普渡制药公司获得了可用于MAT的一种药物的专利，使其看上去有望再次重演奥施康定的成功。这就好像给供水系统下毒的人在杀死了成千上万的人，或者使他们生病之后，又来索要一大笔赎金，提供解药来拯救幸存者一样。

在我们撰写本书的时候，那些针对制药公司蜂拥而至的诉讼又会取得怎样的效果呢？它们无疑将永久性地减少处方类阿片类药物的供给，供给已经开始减少。随着对毒品的需求从合法来源转向非法来源，它们对减少非法毒品的使用几乎没有作用，甚至可能增加非法毒品的使用。巨额和解协议可能会使包括普渡在内的一些制药公司破产，尽管其他一些公司在过去曾凭借其更强的资金实力，或通过提高其生产的药品价格，轻松地支付了巨额罚款并脱身。就像烟草公司曾经做过的那样，普渡目前正试图保留对其欧洲子公司萌蒂制药的控制权，以便继续在世界其他地方开展业务。同时，那些收取罚款的州和地方当局能否用好这些钱也有待观察。此前曾有过与这种情况类似的例子，而结果并不令人那么放心。1998年，美国与多家烟草公司之间达成了烟草大和解协议，从那以后，各州从这些公司手中获得数千亿美元——这些钱实际上全部来自烟民（他们中的大部分是贫穷并且受教育程度较低的美国人）——但收到的钱几乎全部被用于一般性收入，从而减少财产税和所得税。就阿片类药物而言，活下来的公司将有能力提高产品价格，使医疗成本变得更高，因此，历史将再次上演，赢得诉讼胜利的州未来收取的罚款费用，最终将由那些支付医疗费用或医疗保险费用的普通人承担。这些罚款显然并不会对激励制药公司改变其行为起到多大作用，只有判定高管行为不当并承担刑事责任，才有可能起到这样的作用。后面这类判决虽然并非没有，但非常少见。

自由市场资本主义的好处经常得到传扬，也确实当之无愧，包括它为人们提供他们所需之物的能力，它对创新的激励和促进经济增长的能力。我们对此完全同意。但是，美国的医疗制度，包括制药业，并不像一个自由市场。存在赚钱的公司并不意味着这就是自由市场竞争。相反，这些受到高度监管的公司主要关注的是寻求政府和监管机构的保护性监管，以保证获取利润，并以在自由市场上根本不可能出现的方式限制竞争。我们当然不是要鼓吹一个美国医疗制度的自由市场解决方案，我们只是想指出，我们现在拥有的制度并不能被称为一个自由市场体系。一个从腐蚀自由市场竞争中赚取超额利润的行业竟然能够指责其批评者，称对方为自由市场的反对者，这实在令人极其愤怒。对偷窃行为的谴责绝不是反对市场经济。其他国家已经制定一系列医疗制度，各自有其长处和短处，但其中没有一个是为了杀人，也没有一个支持“人类需求对人类利益厚颜无耻的屈从”[42]。

如果我们允许阿片类药物贸易带来的利润腐蚀美国，就像一个半世纪前的中国一样，在后世被视为百年屈辱和衰落的开端，那无疑将是一场悲剧。

★★★

第三篇

经济扮演的角色

★★★

第十章

歧途：贫困、收入与经济大衰退

绝望的死亡在受教育程度较低的人口中集中暴发，而且这种流行病正在拉大那些拥有和没有学士学位人口的寿命差距。不过，我们到目前为止并未过多讨论金钱（或缺乏金钱）的影响，以及收入或贫困在这一流行病中扮演的角色。即便对那些并不是绝对贫穷的人而言，收入较高的人也会活得更久，[1]而且有证据表明，受教育程度也很重要，甚至在收入相同的人口中也是如此。[2]在美国，金钱可以买到更好的医疗，此外，如果你不必整天担心如何支付汽车修理费或儿童保育费，或者某个特别寒冷的冬天不期而至的高额取暖费，你的生活无疑会更轻松。经济上的焦虑会驱走生活中的快乐，给人们带来压力，并且往往会引发疼痛和健康问题。如果说金钱对健康没有任何有益影响，显然不合情理，尽管人们通常从不同的角度阐述财富与健康的关系，比如不良的健康状况对个人收入的影响，或教育对健康和财富的影响，以及童年的环境可能为成年后的健康和财富奠定基础。

美国的社会安全保障远不如欧洲和其他富裕国家完善。由于缺乏社会福利，人们拥有努力工作和挣钱的强劲动力，这对那些有能力的人来说固然是一件好事，但对那些由于某种原因不能工作的人而言，则是灾难性的。同样不同于其他富裕国家，美国有数百万赤贫人口，他们的生活条件之恶劣，堪比非洲和亚洲的穷人。[3]在试图解释美国特有的死亡流行病时，贫困显然是一个值得关注的因素。

在有关绝望的死亡和美国人总体糟糕的健康状况的讨论中，收入不平等经常被提到。美国收入和财富的不平等程度比其他富裕国家都要高，因此，这种不平等便成为一个颇受欢迎的理由，用以解释美国在其他许多方面存在的例外性。贫困和不平等被视为双重诅咒，通常（但往往并不准确地）被视作各种弊端之源，它们不仅被认为是造成健康状况欠佳和恶化的罪魁祸首，而且还被指责破坏了民主治理，使经济增长放缓，导致经济不稳定，削弱信任和幸福感，甚至刺激肥胖症的增长。[4] 在一个极度不平等的社会中，贫困可能更加难以承受。穷人在不得不承受自己的贫困之余，还要眼巴巴地看着其他人过上远超温饱的富足生活。我们在本章中将充分讨论这种不平等现象。我们认为，绝望的死亡和收入不均显然存在密切的关系，但是正如人们经常所说的那样，它们并非是从不平等直接走向死亡的简单因果关系。相反，权力、政治和社会变革的深层力量既导致了绝望的死亡这一流行病，又带来了极端的不平等。不平等和死亡是摧毁白人劳工阶层的这些力量共同导致的后果。

有一种观点认为，收入不均就像空气污染或致命的辐射，生活在一个不平等的社会里会使每个人都受到毒害，无论贫富。我们对此不能苟同。首先，美国收入不均状况在 20 世纪 70 年代之后急剧恶化，而当时恰逢死亡率迅速下降、预期寿命迅速上升（见图 1–1）。此外，尽管美国某些州的平等状况远逊于其他州，但在这些平等程度较低的州，绝望的死亡流行病并不比其他州严重。新罕布什尔州和犹他州是美国收入不均程度最低的两个州，但这两个州同样受到绝望的死亡流行病的沉重打击，其程度远远高于纽约州和加利福尼亚州，尽管后两个州是美国收入不均程度最高的州。

经济大衰退始于 2008 年，其标志是雷曼兄弟公司破产，随着经济形势迅速恶化，出现了大规模的失业和危机。之后，这场衰退扩散到其他富裕国家。2008 年 2 月，美国的失业率不到 5%，而到 2009 年底，失业率接近10%，直到2016年9月才恢复到5%的水平。直至今日，经济尚未完全复苏，特别是对受教育程度较低的人口来说更是如此。2010年1月至2019年1月，25岁以上大学毕业生就业人口增加1300万（约25%），与此同时，没有学士学位人口的就业只增加270万，高中及以下学历人口的就业仅增加5.5万。拥有学士学位人口的就业增长几乎没有受到经济大衰退影响。[5]尽管经济复苏使最不熟练工人的工资有所增长，但并没有为这些人提供更多的就业机会。2008—2016年，绝望的死亡人数迅速上升，心脏病死亡率下降的趋势也发生逆转，而在此期间，受教育程度较低的美国人口的收入和就业情况极差，远逊于若经济泡沫没有破裂其应达到的水平。

面对金融危机，美国的政策反应虽然不尽如人意，但与欧洲相比还算成功。欧洲国家在这场经济衰退中的表现各不相同。一些国家没有受到影响，另一些国家则或多或少地采取了严厉的紧缩政策，削减了国家开支和福利，这要么出于它们自己的主动选择，要么由于自身的债务状况和欧元区成员身份使它们别无选择。欧洲不同国家的不同命运为我们提供了一个理想的模拟环境，我们可以在其中比较不同程度的经济困境会对国民健康造成什么影响。

正如本章标题所表明的那样，我们不认为贫困或经济大衰退是导致绝望的死亡人数迅速增加的根本原因。我们不是要否认贫困会带来严重后果，也不想否认与贫困如影随形的痛苦和糟糕的健康状况，我们承认美国部分地区的生活条件极其恶劣，预期寿命也很低，并对此深感痛惜。这些比欧洲更糟糕的状况直接证明了美国的社会保障网及其医疗制度的不足。但是，简单以美国例外的贫困状况或经济大衰退解释绝望的死亡现象，无论如何都难以令人信服。

在第十一章，我们将讲述实际上到底发生了什么，但在本章，我们想首先探讨可能误入的歧途。这同样十分重要，因为如果人们被问及什么可能导致绝望的死亡，他们通常的回答是贫困、不平等、金融危机，或以上三个因素的共同作用。所有这些因素固然很重要，但它们中没有一个是绝望的死亡的主要原因。然而，因为太多人持有前面的观点，我们认为有必要解释为什么这种观点是错误的，并在解释的过程中，将贫困、不平等和金融危机纳入我们的论述。

贫困

从死者的死亡证明上，我们可以了解很多关于他们的信息，包括我们已经看到的，有关他们教育程度的信息。但是，还有很多我们希望了解的信息无从得知，包括他们的职业、收入、财富状况，以及他们是否身陷贫困。由于不了解这些信息，我们无法一目了然地看到绝望的死亡是否与贫困密切相关。因此，我们必须迂回地进行研究。

在绝望的死亡流行病暴发期间，全国的贫困率并没有出现同步上升的现象。官方贫困人口数字所统计的，是收入低于贫困线家庭内的家庭成员总数。20 世纪 90 年代，当绝望的死亡流行病刚刚开始蔓延时，官方统计的贫困人口数字仍在稳步下降，到 2000 年已经下降到总人口的 11%。随后，贫困率缓慢攀升，在经济大衰退前夕增至总人口的 13%，在大衰退期间更是急剧上升，但在衰退后又开始缓慢下降。到 2017 年，美国的贫困率已经连续三年下降。这种趋势与 20 世纪 90 年代初开始的绝望的死亡人数持续快速增长的模式完全不同。当然，官方的贫困人口统计存在许多严重的缺陷，特别是这些统计没有考虑税收或福利，如所得税抵免或食品券，现在称为“补助营养援助计划”。尽管根据这些因素对调整统计数字非常重要，特别是这有助于评估福利制度在经济大衰退期间可以如何帮助人们，但任何调整都无法令贫困人口数量的变化趋势和绝望的死亡人数的不断上升相匹配。换言之，长期贫困人口数量的增加根本无法解释当前绝望的死亡人数的激增。

这一流行病在种族中蔓延的模式也很难与贫困人口的分布相对应。1990—2017 年，在没有学士学位的成年人中，生活在贫困之中的非西班牙裔白人的比例不到黑人的一半。[6] 然而，至少到 2013 年，非洲裔美国人几乎没有受这一流行病荼毒。从 20 世纪 80 年代初到经济大衰退开始，中年白人贫困率大致保持在 7% 的水平（在低于学士学位人口中，贫困率为 9%），而白人中绝望的死亡人数每年都在增长。从更普遍的角度说，在一系列衡量生活水平的指标中，黑人的表现都比白人差，[7] 但从 20 世纪 90 年代到 2013 年，几乎只是在白人中出现了大量绝望的死亡。无论影响了非西班牙裔白人的是什么独特的因素，一定不是因为他们比其他群体更穷。

的确，美国长期存在严重的贫困现象，特别是在非洲裔美国人口中。事实上，由于美国漫长而可耻的种族歧视历史，导致南方难以有效地实施贫困救济，因为南方各州的政府长期以来都由白人把持，而实际或潜在接受救济的对象则是黑人。多年持续的严重贫困会导致糟糕的健康状况，而种族主义和低水平的医疗保障、教育甚至卫生设施，则使情况更为严重。

然而，贫困并不是绝望的死亡人数激增的根源。因为时间对不上，死亡人口也太“白”，而且地理位置也对不上。图 10–1 显示了 2017 年各州 25~64 岁白人人口中（按年龄调整的）意外（或意图未定）药物过量使用死亡率，以及各州的白人贫困率。

当然，阿巴拉契亚地区，尤其西弗吉尼亚州和肯塔基州既是药物过量使用死亡集中的地区，也是贫困率较高的地区，但从全国范围来看，贫困率与药物过量使用死亡率的关联度并不高。在经济贫困程度不算严重的东部沿海地区，从佛罗里达州一路北上到马里兰州、特拉华州、新泽西州、康涅狄格州、罗得岛州、马萨诸塞州、新罕布什尔州和缅因州，药物过量使用的死亡也很普遍。还有一些州，比如阿肯色州和密西西比州，虽然贫困程度很高，但因药物过量使用而死亡的人相对较少。[8] 与此同时，自杀现象在落基山脉各州更为普遍，而那里的贫困程度并不是特别高。1999—2017

年，美国山区各州的自杀率上升幅度更大，尽管那里的自杀率本来已经是美国相对比较高的。美国没有一个地方能够摆脱自杀的阴影。2000—2017年，美国2/3的州中年白人自杀率上升了至少50%。此外，酒精性肝病的死亡率与全国贫困率呈正相关。但在贫困率特别高的州（西弗吉尼亚州、肯塔基州和阿肯色州），酒精中毒的死亡率并不是最高的，部分原因是这些州的居民中有很大一部分人完全不喝酒。酒精相关的死亡率在内华达州、新墨西哥州和佛罗里达州特别高，在西部各州（怀俄明州、新墨西哥州、俄勒冈州和华盛顿州）和南部各州上升得特别快。不管推动这一流行病蔓延的是哪种绝望，它显然与各州的收入贫困状况关联不大。

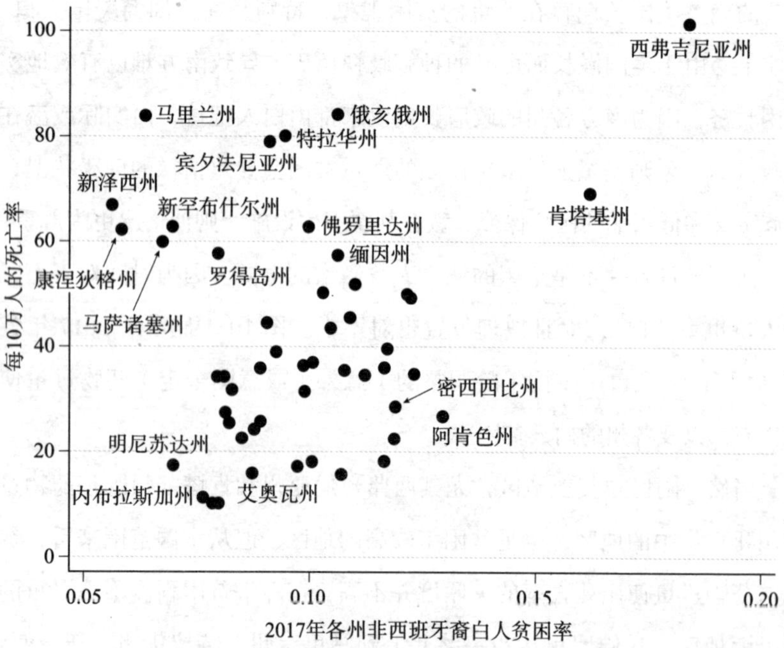

图 10-1 2017 年各州 25~64 岁非西班牙裔美国白人的药物过量使用死亡率与非西班牙裔美国白人的贫困率

资料来源：作者计算使用的数据来自美国疾病控制与预防中心以及当年3月的当期人口调查结果

不平等

绝望的死亡在那些被时代抛弃的人中非常普遍，这些人的生活并没有像他们期望的那样美好。收入在其中占据一定位置，尽管我们将在第十二章中讨论，收入下降与消极的社会和政治因素共同发挥了作用。不过，劳工阶层在经济发展的大潮中被抛在后面，这是一个十分重要的事实，尤其是在经济大发展时期。经济增长的成果全部被受教育程度更高的精英阶层摘取，其他人一无所获。收入差距扩大正是这个过程的结果，绝望的死亡也是如此。

还有一种观点认为，不平等本身就是导致社会混乱，包括死亡发生的罪魁祸首。我们认为，不平等之所以对人有害，是因为它破坏了社会和谐与人际关系，而这是美好生活所必需的。英国流行病学家理查德·威尔金森曾提出，健康社会拥有的关系"是由促进社会团结的低压力联盟型战略所构成的"，而不健康的社会则充斥着"更具压力性的支配、冲突和屈服战略"。我们所生活的社会类型"主要取决于社会的平等和不平等程度"[9]。这种观点与认为贫困是导致健康状况不佳的根源不同。后者认为，穷人之所以不健康，是因为他们穷。与此相对，如果不平等会使一个社会总体上不健康，那么其中每个人的健康都会受到影响，而无论其贫穷还是富有。

威尔金森的理论有很多值得推崇之处，特别是它对社会环境而非个体环境的关注。我们感兴趣的是，它是否有助于解释当今美国的死亡率问题，以及不平等是否的确与绝望的死亡流行病相关。我们一致认为，自 1970 年以来，美国不平等现象的加剧确实与绝望的死亡人数增加有关，但这种关联并不是直接的，可以简单地表述成"不平等让所有人都生了病"，而是因为在美国，富人牺牲其他人的利益为自己敛财，即劫贫济富。在二三十年的时间里，虽然收入不均状况加剧，死亡率仍在稳步下降，但最终，在

1990 年之后，我们开始看到受教育程度较低人口的绝望的死亡数量增加。我们想说的是，这并不是因为 1% 最上层的精英日益富有，而是因为白人劳工阶层自身发生的一切。当然，顶层精英日益富有与底层人士的困境可能存在很大关系，在我们思考应该做些什么以改变目前的困境时，这将是需要重点考虑的问题。那些陷入绝望的人之所以陷入绝望，是因为他们自己的生活和他们所在的社区发生了变化，而不是因为最顶尖的 1% 人口变得更富裕了。

在美国不同的地方（包括不同的城市和州），收入不均程度也有所不同。过去，收入不均程度较高的州死亡率较高，同时预期寿命也较短。今天，这两者的联系已经弱化。历史上，南方死亡率较高的各州，包括西弗吉尼亚州、亚拉巴马州、肯塔基州、密西西比州、阿肯色州、俄克拉何马州、路易斯安那州和田纳西州，其收入不均的程度也高于其他大多数州。在很多情况下，这是因为这些州生活着大量的非洲裔美国人，他们相对贫困，因而推高了整体收入不均的情况，而且他们的死亡率也相对较高，因而推高了总体死亡率。中部平原地区和西部大部分地区各州的人口分布更为平均，死亡率也较低。然而，时至今日，纽约州和加利福尼亚州是美国经济收入特别不平等的两个州。它们的族裔结构也高度多元化，拥有大量西班牙裔和亚裔人口，但它们位居美国死亡率最低的州之列。

因此，如果希望证明收入不均和死亡率之间存在简单且直接的联系，无疑踏上了另一条歧途。

许多人认为，如果人们能较容易地摆脱贫困状态并实现富裕，或者至少下一代能够比父母生活得更好，那么收入不均就不会是一个严重的问题。为了验证这一点，我们需要一个代际流动性的衡量标准，例如，某人的父母在收入分配中位居垫底的 20%，但他自己却设法进入了收入的前 20%，这个群体在总人口中的比例是多少。我们可以假设，当代际流动性很高时，每个人都有成功的机会（也可能失败）。当代际流动性很低的时候，人们被困在他们出身的阶层。经济学家拉吉·切蒂与合作者计算了1980—1991年出生在美国不同地区的儿童的代际流动性。[10]他们的研究显示，出生在美国东南部的儿童向上流动的机会最小，至少对于这一代人来说是这样。虽然低流动性和绝望的死亡之间存在很多重叠，但二者间的联系并不比不平等与绝望的死亡的联系更紧密。事实上，不平等本身与低流动性之间就存在非常密切的联系。

收入和经济大衰退

1929年10月，股市大崩盘，随之而来的是长达10年的苦难和经济萧条。这段时期到目前为止仍然是西方资本主义史上最严重的一次危机。数百万人失去了一切，包括他们的工作、储蓄、家园或农场。超过20%的人口失业，这不仅使他们自己，也令他们的家庭失去了经济来源。1929—1933年，美国人均收入减少了25%，直到1937年才恢复到大萧条前的水平。在美国[11]和英国[12]，自杀率都达到了前所未有，后来也再未被超越的高峰。在欧洲，大萧条及其后发生的一切则催生了法西斯。

自此以后，再未出现过比那时更糟糕的局面，但2008年之后所发生的一切仅次于此，虽然尚未到大萧条的地步，但是已经陷入经济大衰退。失业率翻了一番，从5%增加到10%，虽然这个数字没有20%那么糟糕，但对于数百万受到影响的人口而言，这也绝非幸事（对于那些拥有学士学位的人来说，失业率最高仅达到5.3%）。因为危机的根源在于房地产泡沫，银行家大量发放本不该发放的抵押贷款，并从中赚取巨额利润，数百万人因无力偿还贷款而失去家园。努力维持中产阶级生活的人突然丢掉工作，失去安居之所，也失去继续支持自己或子女接受教育的资金。银行停止放贷，数百万小企业破产。

已有许多研究专门探讨了死亡率在整个经济周期中的变化，看是否有更多的人在经济困难的时期死亡，就像我们起初可能预计的那样，还是更多的人死于经济繁荣时期，即所谓的好日子。有关这个问题的首个研究成果可能早在1922年就已发表，它是由社会家学兼统计学家威廉·奥本以及社会学家兼人口统计学家多萝西·托马斯共同发表的。[13] 托马斯是宾夕法尼亚大学沃顿商学院的第一位女教授。奥本和托马斯吃惊地发现，经济表现良好的时期恰恰是死亡率高企的时期。他们的结论在此后被验证了很多次，包括在大萧条前针对美国全国和州一级商业周期进行的研究。[14] 其他富裕国家的研究也得出了同样的结论，即经济衰退期反而比繁荣时期更有利于降低死亡率，尽管并非所有的研究都能证实这一模式。诚然，在经济不景气时期，自杀率会更高，就像在大萧条时期一样——我们肯定都记得1929年破产的前百万富翁从摩天大楼一跃而下的画面——不过，还有其他机制也在起作用。在经济衰退期间，人们手头没有余钱做那些可能伤害自己的事情，比如开快车或喝太多的酒，同时工作减少也可以减轻压力和降低心脏病发作的概率，此外，在工资较低、劳动力充足的时候，找到合适的人手照顾老人也会更便宜。[15]

然而，每一次经济繁荣和衰退都各不相同，有自己的特点。在2008年的经济大衰退时期，经济上的灾难就伴随着死亡的流行病，后者正是本书的主题。那么，这次到底发生了什么？

一个重要的起点是回顾第四章的内容，尤其是图4–2，它揭示了1990年后绝望的死亡率轨迹。图中的上升轨迹几乎势不可当，没有迹象表明2008年的危机及其后的长期衰退对轨迹产生了任何影响。危机之后，自杀率自然非常高，但在此之前自杀率已经上升很多年。不管这次危机到底带来什么后果，没有证据显示雷曼兄弟破产之后，或者失业率在2008年秋季到2009年翻了一番之后，绝望的死亡人数激增。显然，如果认定经济崩溃导致了绝望的死亡，依然是误入歧途。

即便如此，经济大衰退也可能与其他类型或与某些群体的死亡人数增加有关，而与其他群体的死亡人数无关。例如，45~54 岁白人的平均家庭收入在 20 世纪 90 年代开始上升，但在 2000 年后开始下降。[16] 他们的全因死亡率（其中包括绝望的死亡，但不仅限于此）在 1990—1999 年持续下降，然后掉头上升，直到 2016 年，这一死亡率的趋势与他们的收入趋势呈反向相关，似乎符合人们的预测。如果我们仔细观察就会发现，这种关联有其偶然性。这种全因死亡率下降和上升的趋势，是因为绝望的死亡的人数在 20 世纪 90 年代开始增长，并且在开始时数量很小，因而被心脏病死亡率的降低抵消。

图 10–2 显示了上述时期 45~54 岁白人的绝望的死亡（药物、酒精和自杀）人数和心脏病死亡人数，以及这两种类型的死亡人数总和。

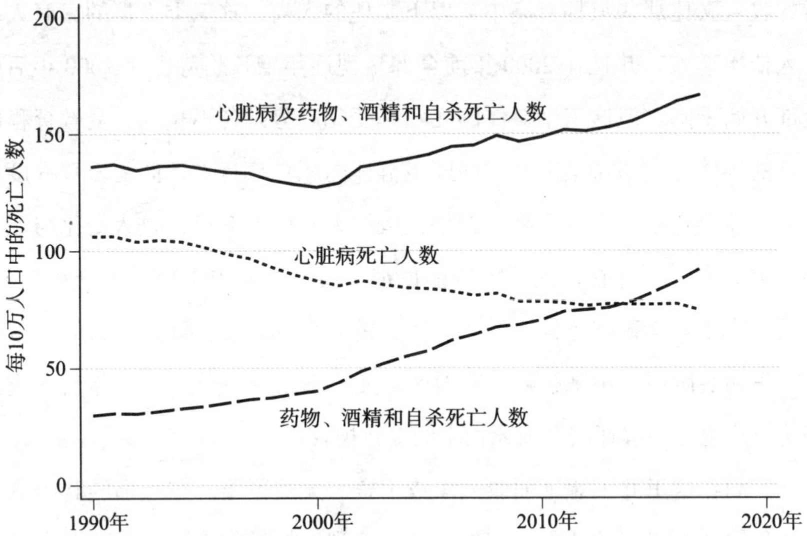

图 10–2　45~54 岁非西班牙裔白人心脏病死亡及绝望的死亡人数（按年龄调整）

资料来源：作者计算使用的数据来自美国疾病控制与预防中心

随着心脏病死亡人数的下降趋势放缓，以及绝望的死亡人数上升到一定水平，全因死亡人数也随之由降转升。不过，绝望的死亡和心脏病死亡这两大全因死亡的关键组成部分都与收入情况无关，而二者叠加后的趋势与收入趋势呈现相关关系只是巧合而已。

随着收入中位数的增长，老年白人的死亡率在这期间都呈现下降趋势。美国对老年人收入的保障优于对中年人收入的保障，因为退休人口的社会保障福利比尚在工作人口的工资中位数表现更好。不过，我们在这里只能看到收入趋势的上升和死亡率趋势的下降，如果因此就把老年人死亡率下降归因于他们的收入增加无疑过于草率。

如果我们从更大的角度进行观察，就能更清楚地看出，1990—2017 年的收入变化模式与死亡模式并不匹配。例如，45—54 岁的白人，拥有学士学位人口的收入高于那些受过某种形式大学教育但未获得学位的人，而后者的收入又比那些只拥有高中或以下文凭的人高，这三类人群的家庭人均收入依次递减，并且在 2000 年前全部呈现逐年增长趋势，在 2000 年后则全部开始下降。但这三个群体的死亡率变化趋势则各不相同，受教育程度最低的群体死亡率持续上升，中间组群体的死亡率持平，而受教育程度最高的群体死亡率则不断下降。如果比较黑人和白人人口，收入变化与死亡率的关联同样不存在，这两大群体也都经历了收入中位数的上升和下降，但死亡率走势却截然不同。其中，黑人的死亡率表现良好，白人的则很糟糕。正如贫困不能用来解释不同地区的死亡率表现一样，1990 年后的收入变化模式也无法解释同期内死亡率的变化模式。

我们在这里并不想证明收入（或工资）无关紧要。在本书的其余章节中，我们认为绝望的死亡应归咎于受教育程度较低的美国人在长期内机会不断减少。这里最有效的表达是“长期”。我们之所以怀疑经济大衰退对死亡的影响，主要是因为在过去短短的 20 年间，死亡率的变化和收入的变化之间缺乏联系。

欧洲的衰退、紧缩和死亡率

经济大衰退对美国和欧洲的打击并不一样。对许多欧洲国家而言，无论以失业率上升，还是以收入下降幅度衡量，其遭受的打击都比美国大很多。对于那些实施紧缩政策的国家，无论是出于自愿，还是非自愿，尽管失业率不断上升，但政府依然削减了失业救济金，并减少了卫生支出，尤其是在预防性服务（如疫苗接种和乳腺癌筛查）和药物领域。政府在老年人福利方面的支出，如养老金和长期护理，则基本未变。受打击最大的希腊将公共卫生支出削减30%，但也没有削减需长期护理老年人的支出。[17]

在欧洲，无论是在实行了紧缩政策的国家，还是在那些没有实行紧缩政策的国家，都未曾（现在也没有）发生绝望的死亡流行病，美国死亡率先降后升的走势在欧洲也没有出现。事实上，2007—2013年，希腊和西班牙的失业率均增长了两倍多，有超过25%的人口处于失业状态，但在此期间，这两个国家的预期寿命增长反而比欧洲多数国家还快。在此期间，欧洲各国的预期寿命开始趋同。一些原来预期寿命较短的国家，如爱沙尼亚、波兰和捷克，预期寿命的增长速度高于那些预期寿命本来就比较长的国家，如挪威、法国和瑞士。但希腊和西班牙的情况并不能用这种理论来解释，因为这两个国家原来的预期寿命就已经相当长，并且都在经济紧缩时期，死亡率也有了显著提高。[18]因此，审视欧洲的情况也对我们构建有关失业、收入下降和死亡率之间的联系毫无帮助。

那么，是否还有其他富裕的工业化国家正在追随美国的脚步，并面临劳工阶层家庭收入持续恶化，身陷绝望的死亡的风险呢？英国似乎正处于山雨欲来的阶段。自20世纪90年代中期以来，英国低收入工作家庭的家庭收入几乎没有增加。1980—2011年，英国人口预期寿命每年增长超过2.4个月，但在此后陷入停滞。与美国一样，中年人心脏病死亡率的下降趋势也已停滞不前，英格兰和苏格兰绝望的死亡人数都开始上升，其中苏格兰的情况尤为明显（与美国当前的数字相比，英国的数字仍然相当小，但美国在20世纪90年代初期局面刚开始恶化之时，绝望的死亡人数同样不多）。英国目前正处于紧缩政策和地区发展不平衡现象加剧的时期，伦敦地区蓬勃发展，但其他大部分地区则发展乏力。像美国一样，英国在政治上也处于分化状态，一半英国人投票支持英国脱欧，另一半人投票支持留在欧盟。截至2019年中期，尚不清楚这种情况对其死亡率会产生怎样的长期影响，但自1970年以来，美国白人劳工阶层生活水平长期下降的阴影很有可能正悄悄地笼罩英国上空，同时绝望的死亡人数也已开始抬头。[19] 但是，对于英国最近的死亡率趋势，目前也尚无清晰和公认的解释。[20]

死亡与去工业化

我们关于收入和失业问题的讨论还没有结束。有些关于这一流行病的文章，如萨姆·奎诺内斯的杰出著作《梦之地》，生动地描绘了阿片类药物和死亡如何在曾经繁荣的城镇中肆虐泛滥，这些城镇中的工厂要么在竞争中败给了自动化，要么迁往国外，因而已经没有工作可寻，仍然留在那里的人则通过滥用阿片类药物麻醉自己。

如果把绝望的死亡与就业率准确地进行关联，例如，我们此前所做的那样，将美国划分为1000个小区块，则可以有力地证实奎诺内斯所看到的情况。在那些长年人口就业率低下的地区，绝望的死亡率也很高。这种情况也适用于自杀、药物过量使用和酒精性肝病致死的单独数字。有些研究还关注一个更为具体的事件，即2000年中国加入世界贸易组织，以及由于突然面临中国廉价商品的竞争而导致的失业率急剧增加。同样，失业率的上升也与死亡率的上升密切相关。[21]

我们在本书中提出的主要论点是，绝望的死亡反映了受教育程度较低的白人劳工阶层原有的生活方式在较长时期内缓慢地遭到破坏。失业是其中的一部分，但并不是全部。那些放弃寻找工作的失业人士并未被计入失业人口，但他们仍然使就业人口的比例下降。失业率时升时降，这对于一个国家而言当然是正常现象，但在特定的地方会出现某些工作被另一些工作取代的现象，而且往往是由比较差的工作取代比较好的工作。在一些制造业衰退、高薪工作消失不见的地方，失去这些工作的人可以找到其他工作，不过这些工作往往是在服务业，或者订单执行、呼叫中心的工作，甚至是优步网约车司机。这些工作可能报酬较低、工作压力更大，但它们至少能使人们留在劳动大军之中。

记者艾米·戈德斯坦讲述了保罗·瑞安的家乡——威斯康星州简斯维尔市的故事。因时薪极高而被称为“慷慨”汽车公司的通用汽车公司曾在简斯维尔生产雪佛兰汽车长达83年，但其在2008年关闭了在那里的工厂。最后，虽然那里的失业率只有4%，但这并不意味着一切都好。[22]

较低的失业率确实与较低的绝望的死亡率相关。然而，可能有些人虽然失业并退出了劳动大军，但并没有被计入失业统计数据。他们无疑会对总体压力和绝望水平产生影响，因此当失业率看上去很低，但许多人无所事事并且无事可做时，死亡率依然高企。

总之，失业率并不总是确定一个地方的社会和经济结构是否遭到破坏的指标。糟糕的工作仍然算是一份工作，当人们完全放弃、停止寻找工作时，他们将不再被算作失业人口。但是，这些变化在持续相当长的时间后，必将摧毁社会生活和社会结构，正是这种毁灭性的破坏带来了绝望的死亡。死亡率和失业率之间的联系是这一过程的一部分，就像所谓的“中国冲击”一样。对我们的故事来说，它们之所以重要，是因为其结果都指向同一个方向，但它们只是一部电影的最新一幕而已。

经济大衰退阴云重现

我们已经强调过，不像20世纪30年代的大萧条在美国和英国引发了自杀流行病，经济大衰退并没有带来绝望的死亡，但这并不意味着它不重要。我们有理由怀疑，右翼民粹主义的高涨和左翼反对不平等的愤怒都与金融危机有很大关系。在金融危机之前，人们还可以相信，精英们做事值得信赖，首席执行官和银行家对高薪受之无愧，因为他们服务了公共利益，因为经济增长和繁荣可以弥补金融体系的缺陷。但在金融危机发生后，许多普通人损失惨重，甚至失去了他们的工作和住房，而银行家们却继续拿着高薪，没有被追究任何责任，并继续受到政客的庇护。资本主义开始看起来更像一个劫贫济富的骗局，而非推动整体繁荣的引擎。

第十一章
就业市场加剧分化

教育差距，尤其是横亘在是否拥有学士学位人口间的鸿沟，越来越明显地使人们的生活呈现两极分化，一部分人生活得不错，而另一部分人则生活得很艰辛。正如我们所看到的那样，死于药物、自杀和酒精的人数空前增加，但这些人在很大程度上全部来自受教育程度较低的人口。我们在第六章和第七章中描述的健康状况（包括身体健康、精神健康和疼痛）恶化的加剧也是如此。

对于受教育程度较低的人口来说，健康状况只是在他们的厄运清单中排在最前面的项目。他们在收入、工资、工作参与度、能找到的工作类型以及获得成功的机会等方面，与受教育程度较高人口的差距都正在扩大。人口的地域分布也越来越受教育影响，受过良好教育的人迁居到遍地成功和创新机会的城市，在那里能够找到好工作、好学校和好的娱乐活动，而受教育程度较低的人口则只能困守在农村、小镇或停滞不前、了无生气的社区中，出身于此但最有才华的下一代也早已纷纷逃离这个环境。60年前，迈克尔·杨曾预测，精英制度将导致这种分化，在本书第五章，我们也曾论述这种分化如何在20世纪70年代和80年代在非洲裔美国人的社区中出现。

工作收入为美好生活提供了物质支持，因为这些收入可以用来购买商品和服务，但工作的意义远不止于此，它对生活的其他方面同样重要，甚至可以说更为重要。工作使生活井井有条，并赋予其意义。工作带来社会地位，而这并不等同于收入。工作收入还能够支持人们结婚生子。在此方面，上述两个群体也存在日益扩大的分化，受教育程度较低的人口结婚的可能性越来越小，离婚的可能性越来越大，婚外生子的可能性越来越大，与子女分离的可能性也越来越大。我们将在第十二章对这些生活的方方面面做出更详尽的论述。

认为幸福等同于金钱，或者幸福是金钱可以买到的东西，这显然是一个错误。人们关心和在意的许多东西并不能够简化为钱，或者简单地用金钱衡量。不过需要承认的一个事实是，如果缺乏金钱，那么获得其他那些东西也会变得更加困难，所以物质财富减少确实是生活痛苦的一个重要来源。被进步的经济抛弃是本书所述之故事的一个关键部分，但这只是开始。在我们使用“绝望的死亡”一词时，“绝望”所代指的远比物质匮乏更为广泛，也更为严重。

在本章中，我们将重点探讨物质财富的基础，即工作和工资，以及它们在不同受教育程度的人口中日益扩大的差距。在接下来的章节，我们将讨论人们在其他方面的差异。

一部向上运行的自动扶梯变成两部，且其中一部停了下来

美国还呈现出另一种分化现象，不过并非不同群体之间的分化，而是不同代际之间的分化。其时间分水岭是1970年左右，尽管不同事件的具体时间略有不同。从第二次世界大战结束至1970年，经济增长较快，经济成果分配相对均衡。经济增长好像一部自动扶梯，带动所有受教育程度和收入水平的人共同进步。但在1970年以后，这部自动扶梯一分为二,一部扶梯的乘客是受过良好教育、已经相对富裕的人口，它的运行速度比以前更快；而另一部扶梯的乘客则是没有学士学位、本身就不太富有的人口，这部扶梯被卡住了，几乎一动不动。1970年以前，经济稳步增长，不平等现

象没有加剧。在此之后，经济增长率下降，不平等现象则有所加剧。我们在后面将继续讨论导致这种现象出现的部分原因，但毋庸讳言，它带来了一个结果，那就是劳工阶层的生活慢慢陷入困境。

在第十章，我们已经讨论过，2008 年开始的经济大衰退虽然是灾难性的，但它并不是导致绝望的死亡流行病的根源，绝望的死亡流行病在更早之前就已发端，并在经济大衰退中愈演愈烈。事实上，最早开始于 1970 年的生活水平长期演变与这一流行病的关系就十分密切。在此期间，白人劳工阶层的生活水平不断恶化，其所在的社会开始解体。这是一个缓慢的过程，政治学家罗伯特·帕特南贴切地将其与气候变化相提并论，二者都是缓慢但不可逆转地发生，而且在很大程度上躲过了人们的注意。例如，气候变化的结果并不会反映在每年的气温波动中，但是其长期影响（对这一点人们仍然存在争议）威胁着人类文明。同样，随着经济增长率下降，劳工阶层在经济发展的轨道上越来越落后，而经济成果则越来越多地留给那些受过良好教育的人口。

经济增长、收入和工资不均

总体经济状况会为个人和家庭经济状况设定大的框架。人均 GDP 的增长可能会被用在许多地方，如支持政府支出、个人支出或企业设备支出，其中分配给个人的部分也可能流向富人、穷人或平均地流向每一个人。查看总体经济增长只是分析问题的第一步，还需要将其分解，看看到底有哪些人从中受益。在 20 世纪 50 年代，人均经济年增长率为 2.5%，10 年后的 60 年代，达到 3.1%，是第二次世界大战以来平均增长率最高的 10 年。1960 年，人均 GDP 比 1950 年增长了 28%。到 1970 年，这个数字比 1960 年增长了 36%，比 1950 年增长了 75%。到 20 世纪七八十年代，人均经济年增长率下降到 2.2%，而在 90 年代这个今天被认为经济增长还不错的 10

年，人均经济年增长率略低于 2.0%。

在 21 世纪的第一个 10 年，我们经历了经济大衰退，经济总体年增长率不足 1.0%，即使步入第二个 10 年，至少到 2018 年，在经济逐步复苏期间，经济年增长率也不到 1.5%。更重要的是，美国并不是富裕经济体中唯一经济增长率下降的国家。经济合作与发展组织是一个由市场经济国家组成的俱乐部，目前有 37 个成员，其中大部分是富裕国家，自第二次世界大战以来，其成员的经济增长率普遍出现了同样的下滑趋势。

在经济增长放缓之时，资源的分配，即决定哪些人应得到什么资源，变得更加困难。[1] 即使经济增长率出现微小差异，但如果这种现象长期持续，也会产生巨大影响。在经济年增长率为 2.5% 的情况下，个人的生活水平在 28 年内（仅仅过了一代人）即可翻番。如果经济年增长率为 1.5%，则这一过程需要 47 年。在经济快速增长时，分配问题并不那么突出，即使某个群体得到的份额超过它应得的公平份额，也总还会有一些剩余给其他群体。随着经济增长率的下降，将不太成功的群体完全排除在利益分配之外的压力也越来越大。较低的增长加剧了对资源的争夺，促使每个团体都有强大的动力进行游说，以便为自己争取更大份额的利益，它还会毒害政治，这在很大程度上也与资源分配有关。自 1970 年以来，经济增长的红利主要流向了那些已经富裕起来的群体，这些人更有能力捍卫自己的应得利益。当人们觉得他们必须在一个更艰难的世界中保护自己的经济地位时，他们就会将自己的时间和资源投入分配的零和博弈，而远离创新和增长的正和博弈。寻租将取代创造，而我们将陷入一个使每个人都越来越穷的恶性循环。

今天，关于收入不均的事实已经广为人知，那些在收入分配中处于中下层的人口从经济增长中获益极少，而那些处在中上层的人口，尤其是那些在最上层的人（前 1% 的社会名流），确实获益良多。低增长，再加上分配不公，对于中下层人口的生活水平造成了双重打击。

精英阶层和其他阶层之间的分化不仅发生在美国，也发生在其他许多富裕国家。不过，尽管美国和其他富裕国家的经济增长率下降幅度相似，但收入不均现象的加剧程度却并不相同。一些富裕国家，例如，德国、法国和日本，收入不均的程度直到最近才略有增加。此外还应看到，美国的不平等程度从一开始就比这些国家严重得多。长期以来，美国一直是富裕国家中贫富差距最大的国家之一，最近出现的贫富差距扩大现象，尽管确实是多数富裕国家的共同趋势，但其最早出现在美国，并且美国的程度也远远高于其他国家。

另一个分析经济增长和分配的角度是看国民收入中有多少被分配给劳动（工资），有多少被分配给资本（利润）。长期以来，经济学家一直认为工资与利润之比是一个不可改变的常数，大约是 2∶1。但这一情况自 1970 年以来也发生了变化，工资的比例从 67% 下降到 60% 左右。其他富裕国家，以及包括印度和中国在内的几个发展中国家，也出现了类似的下降。[2] 当然，并非所有的利润都流向富人（别忘了那些持有股票来补充退休收入的养老金领取者），但利润的主要流入对象无疑还是富人，而国民收入的分配越来越向利润倾斜是导致家庭收入不均现象加剧的原因之一。劳动在收入分配份额中的减少意味着，经济生产率的增长不再等比例地带来工资增长。自 20 世纪 70 年代初以来，不仅生产率的增长放缓，而且工资增长的步伐甚至落后于本已放缓的经济增长。在 1979 年以前，工人报酬的增长与生产率增长同步，但从 1979 年到 2018 年，生产率增长了 70%，时薪仅增长了 12%。[3]

收入和工资

国民收入是衡量经济状况的一个重要综合指标，但它并不能告诉我们收入如何在国民中进行分配。为此，我们需要关注个人或家庭。我们论述的一个核心元素是，不同受教育程度人口的收入存在差异，特别是在拥有或没有学士学位的人口之间，收入的差异更为明显。考虑到不同受教育程度的人口在健康和其他方面的差异，我们在此更感兴趣的是不同受教育程度导致的收入差异，而不是一般意义上的收入不均。

我们再次强调，收入影响的重要性可能不如社会变化，如工作性质、地位、婚姻和社交生活的改变。所有这些社会和经济变化正在同时发生，并共同作用，重塑着人们的生活。它们之间也会相互影响，我们会对此努力进行解读。人们普遍认为，劳动所得收入是导致其他后果产生的重要原因之一，因此，有必要首先对其加以检视。

拥有学士学位的人的收入比没有学位的人高。正如我们在第四章所看到的，从收入方面看，拥有学士学位或更高学位的人口与仅有高中文凭的人口，其收入的差距在 1980—2000 年翻了一番，即在此期间收入差距从原来的 40% 飙升至 80%。[4] 教育会带来经济回报，这是因为人们在大学里学到了知识，还因为受教育程度较高的人口与生俱来的更大动力或更强的认知能力，也因为他们拥有更好的家庭关系，或者上述三者的综合作用。对于大学教育的溢价翻番的一个主流解释是，教育和认知能力在劳动力市场上变得日益重要，因为生产越来越依赖复杂的技术，并从农业向计算机转移，从肌肉向大脑转移。这一过程被称为技能偏向型技术进步。

值得指出的是，大学教育溢价提升同样也不是美国特有的现象，不过，与整体不平等的情况一样，美国的溢价水平和增长速度都高于其他发达国家。所有发达国家都出现了技能偏向型技术进步，但美国是最极端的例子，其他英语国家紧随其后，但不像美国那样极端。在此方面，美国的情况并不是独一无二的，只是与其他国家相比更为夸张，我们在本书中已经多次看到类似的情况。

学士学位的收入溢价是对接受教育的奖励，也是对上大学的激励，它对热衷于物质回报的年轻人发出一个信号，表明上大学是一个好主意，而且随着时间的推移，其好处越来越大。如果从这个角度解读，这种现象似乎无关痛痒，只是一个指标，表明资本主义正在发挥作用，将资源吸引到最需要的地方，并创造出经济所需的人力资本。然而，这些激励措施似乎并没有起到很好的作用：1996—2007 年，取得学士学位的年轻人占总人口的比例并没有发生变化，在此之后虽然出现增长，但增长幅度也较为有限。2008 年，在 25 岁年龄组中，有 27% 的人拥有学士学位，到 2017 年，这一比例仅上升到 33%。[5]

更糟糕的是，收入差距的扩大不仅是因为受过大学教育者的收入增加，还因为那些没有学士学位的人口收入减少。换言之，一方面，接受了大学教育的人被给予更高的收入作为奖励，另一方面，那些没有努力上大学的人还受到了收入降低的惩罚。赢家得到了奖品，输家的境遇则比什么都没得到还要糟糕。

图 11–1 追踪了不同出生队列人口的时薪（简称工资），显示了白人男性的工资变化走势。每一条线显示了一个特定出生队列在其工作年限内的工资中位数（经通胀调整）；横轴显示了年龄，这使我们可以追踪每个出生队列随着年龄增长的工资变化情况。为了使数据清晰可读，我们只展示了 4 个出生队列的结果，他们分别出生于 1940—1944 年、1955—1959 年、1975—1979 年和 1990—1994 年，我们将每个队列进一步划分为拥有学士学位的群体和没有学士学位的群体。图 11–1 中的线条经平滑处理，以方便读者查阅。

图 11–1 中最引人注目的是拥有和没有学士学位人口间的工资差距，受教育程度较高的所有出生队列（顶部）的工资曲线都高于受教育程度较低的同龄人（底部）。在拥有学士学位的人口中，从 20 世纪 40 年代出生的队列，到 50 年代出生的队列，再到 70 年代出生的队列，工资曲线不断上升。至于 90 年代出生的队列，因为他们还太年轻，所以现在还不清楚他们的工资曲线走势如何。在没有学士学位的人口中，从较早出生的队列到后期出

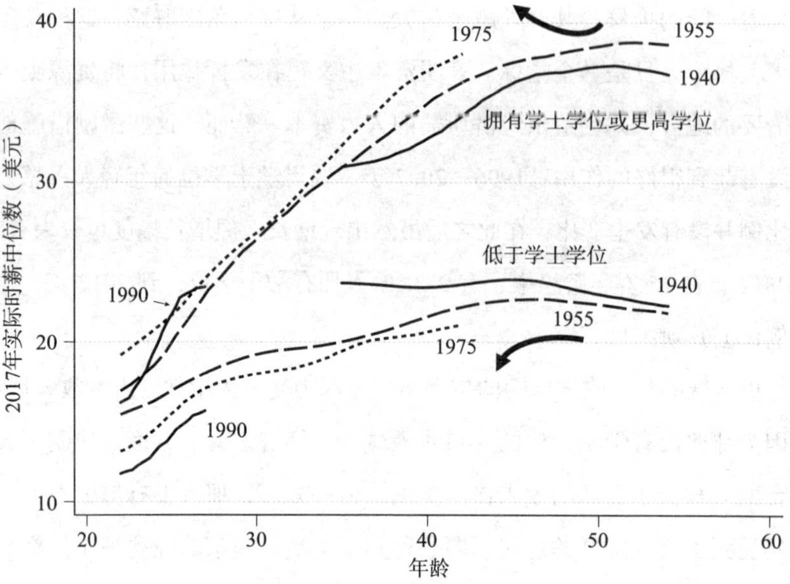

图 11-1　按出生队列划分的非西班牙裔白人男性收入中位数（拥有或没有学士学位）

资料来源：作者计算使用的数据来自当期人口调查结果

生的队列，工资曲线则呈现梯次下降的走势。箭头方向指明了这两个不同人群一生收入模式的相反趋势。

这两个不同群体之间的收入差距随着年龄的增长而扩大。在刚毕业的时候，受过大学教育的男性的收入只略高于那些没有上过大学的男性，但随着年龄的增长，收入差距不断扩大。当 1955 年出生的男性 22 岁时（拥有学士学位的人刚刚进入劳动力市场，成为全职就业者），有学位男性的工资中位数只比没有学位的男性高 7%。到他们 54 岁时，学士学位的收入溢价已经增长到 77%。每个出生队列的工资都会随年龄增长而增加，但拥有学士学位的人口的工资的增长速度远远高于那些没有学士学位的同龄人，后者随年龄增长工资也大幅增加的可能性很小。在 1955 年出生的队列中，当那些没有学士学位的人工资中位数达到最高值（45 岁时），他们的工资比自己在22岁时的工资增长了50%。而对于那些拥有学士学位的人来说，他们的最高工资中位数（50岁时）比自己22岁时的工资高了2.5倍。对于专业人士而言，他们的收入在职业生涯的大部分时间里都持续增加，而更多体力工作者的收入在中年时达到峰值，随后开始降低。

由于受教育程度较高的人口收入水平不断上升，而受教育程度较低人口的收入水平不断下降，在相同出生队列中，对于晚生人群来说，拥有和没有学士学位的人口之间的收入差距更大。每一代人的大学教育溢价都比上一代人高。

图11-1提供了很多信息，但这两个群体之间的关键区别在于，在图下部受教育程度较低人口的部分，从每个出生队列到下一个出生队列的工资几乎都呈现持续下降的趋势，尤其是在较年轻的工作年龄段更是如此。相反，在图上部拥有学士学位人口的部分，每个出生队列到下一个出生队列的工资基本上都在持续增长。显然，那些没有学士学位的人口目前在获得工作回报方面处于非常不利的状态。

与图11-1中男性的情况一样，拥有学士学位的女性在时薪方面同样呈现了随出生队列梯次增长的趋势。对于没有学士学位的女性来说，1940—1950年的出生队列，工资水平有所上升，但20世纪中期之后出生的女性工资则没有实现增长。在1965年之后出生的人口中，没有学士学位的女性的平均工资与前一个队列相比，也呈现下降趋势。

如果将所有25～64岁的白人就业者加总并进行通胀调整，他们在1979—2017年的平均时薪总体增长了11%。这意味着年均增长率为0.4%，而在此期间，美国经济的年均增长率为2.5%。50年来，美国男性的工资中位数一直持平，对于没有学士学位的白人男性而言，其在1979—2017年的平均工资增长率为每年负0.2%。

工资中位数长期不变似乎是美国独有的现象，至少在发达国家中是独有的现象。在欧洲，经济大衰退及其后果也导致工资增长乏力。许多国家遭受了比美国更大的损失，一些欧洲国家甚至出现了双底型衰退。2007 年后，希腊、西班牙、葡萄牙、爱尔兰和英国的平均工资都出现下降。但在这些国家中，没有一个国家出现美国就业者所经历的工资长期停滞现象。英国是一个典型的参照。英国工人的工资也已开始下降，但在此前的 20 年里，当美国工人的工资停滞不动时，英国的实际工资中位数增长了近一半。因此，即使英国的工资开始下降，典型的英国工人的收入也比 20 年前高，而不像没有学士学位的典型美国工人那样，只能拿到比以前低的实际工资。[6]

我们是否夸大了衰退和停滞

也许政府的数据不准确，或者被曲解了，工资的实际表现好于图 11–1 所示的情况。[7] 如果工资的表现好于滞胀，那么也许美国资本主义事实上以统计数据无法捕捉到的方式为美国工人提供了支持。本书的论点是，美国劳工阶层的生活艰难是一个事实，虽然工资只是这个故事的一部分，但它是十分重要的一部分。

我们首先想要强调的是一个老生常谈，那就是工资并不等同于物质福利，而物质福利本身则是一个比福利窄得多的概念。即使工资表现糟糕，人们仍然需要面对更多不得不花的钱。现在的女性与 1970 年相比，更有可能外出工作，因此，即使个人收入没有增加，家庭总收入的中位数也可能提高。事实上，家庭收入中位数的表现的确好于收入中位数。如果妇女是出于自主选择而工作，而不仅仅是为了在日益困难的环境中维持生计，那么增加妇女的就业参与是一桩好事，其意义甚至超过她们的收入。但是，如果夫妇中的一方为了更好地抚养孩子而本来宁愿不工作，但为了在经济上维系家庭而不得不工作，那么所有家庭成员的福利都可能受影响。一项调查显示，“在过去 20 年（1978—1999 年），美国妇女之所以更多地参与全职工作，实际上都是出于经济压力，而不是个人成就感”[8]。尽管目前的双亲家庭中，有一半的家庭父母双方都有全职工作，但 59% 的美国人（以及一半的职业母亲）认为，父母双方中如果能有一方留在家里照看孩子会更好。[9] 孩子和通勤费用通常会消耗掉多出来的那一份工资中的很大一部分，而我们在分析家庭收入时并没有考虑这一点。

此外，对工资的分析并没有考虑税收或福利因素，一些福利，如所得税抵免，提高了低收入劳动者的税后收入。工人还可以通过雇主获得福利，例如，医疗保险和政府福利，特别是医疗补助（医疗补助计划通常针对 65 岁以上的人口，他们不是本书主要的关注对象），他们也能够通过社会安全网获得福利，包括食品券和残疾保险。核算这些项目相当困难，特别是那些不以现金形式出现的项目，例如，医疗保险。雇主或国家为了提供这些所付出的代价，与其接受者所得到的价值并不相等，因此我们必须小心，不能把美国医疗保险过高的成本当作劳动人民获得的一种现金福利来计算。医疗行业通过游说、兼并或削弱竞争来抬高价格，或者剥夺部分人口的医疗保险，压低那些应由雇主提供保险的工人的工资，这种做法无疑是将收入从工人转移到医疗行业，如果把这算作给人们提供更好的生活实在离谱，事实与此恰恰相反。由于医疗保险福利成本的增长大部分是因为价格上涨，将医疗福利费用加到家庭收入之中，几乎肯定会导致收入增长被高估，而不是相反，即忽略这些福利会导致收入增长被低估。同样，由雇主提供的医疗保险费用增加也是导致收入增长与生产率增长之间出现差距的原因之一。

即使这些福利的价值可以按人们愿意支付的费用来衡量，它们也和现金福利不一样，除非因为拥有它们，人们可以自由地将那些本来需要购买这些福利的现金用作他途，否则它们并不能为人们提供等同于现金的自由。医疗补助金不能用于购买食物或交房租，而现金则可以让人们做那些用实物福利不能实现的事。因此，税后现金收入，以及作为其基础的税后工资，仍然是衡量人们是否有能力按照自己的意愿生活的关键指标。

工资和收入主要花在食品、住房、娱乐和医疗等方面，如果这些价格上涨，工资实际上会相应贬值。针对这种情况，我们需要依据人们所购商品的价格变化对货币工资加以修正，这一修正是基于消费者价格指数做出的，而消费者价格指数是美国劳工统计局公布的一篮子消费品和服务的平均价格变化。如果消费者价格指数夸大了物价逐年上涨的幅度，那么收入的长期增长情况就会比我们预计的要好，并且对两个不同的受教育程度群体来说，都会比图 11-1 所显示的结果更好。

消费者价格指数夸大物价上涨幅度的一种方式，是它可能并未充分反映这样一个事实，即许多商品和服务比过去更好，它们的质量得到了提升。也许医疗费用比过去更高，但它所提供的服务也比过去更好，诸如常规髋关节置换术、白内障手术、控制高血压的药物，还有无数其他的医疗奇迹，这些都是半个世纪前所没有的。诚然，确实有一些科技进步虽然极大地改善了我们的生活，但并未体现在收入增长或价格降低上。不过，与不做任何修正相比，对消费者价格指数进行修正仍然存在很大的争议。

需要回答的关键问题是，质量的提升是否能让人们在获得原有品质的产品或服务时少花钱。只有在这种情况下，人们才会从质量提升中受益。在某些情况下，它正是如此发挥作用的。设想有一种高质量的汽油，它可支持的行驶里程是原来的两倍，因此它的推出和原有汽油降价一半的效果完全一样。但大多数质量提升并非如此，原有的低质量产品通常会退出市场，因而人们没有选择，只能花钱购买质量提升后的产品或服务。你的车现在拥有安全气囊，因此是一辆质量更高的车，但实际上，你已经无法买到一辆没有安全气囊的车了。你可能很喜欢某种新产品，比如你的手机，但它通常不会让你的生活更便宜。一个极端的例子是美国过去一直享有的预期寿命不断上升。如果 65 岁以上老年人的寿命延长，这无疑会增加老年人的福利，但我们是否可以因此断言，因为老年人的福利比过去有所增加，所以他们的生活成本下降，而他们的养老金现在看起来太高了吗？这种说法，以及有关一个典型的工人的生活实际上比其收入表现更好的说法，都必须有一个前提，那就是各方面生活质量的提升，包括医疗，也包括由于互联网而能够更好地享受娱乐，或者自动取款机带来的便利，能够让人们减少购买这些质量更高的产品的数量，或者减少购买其他产品，因而这种质量提升可以实实在在地转变成现金，但实际上，这种可能性无论多么诱人，通常都并不存在。人们可能会因为这些技术创新而更快乐，然而，尽管人们一直为金钱能否买到幸福而争论不休，但是我们无疑尚未找到一种方法，能够用幸福买到金钱。

进入与退出劳动大军

在过去 10 年中，受教育程度较低的人不仅在工资方面表现不佳，而且按照报告就业的人口比例衡量，他们中还在工作的人也更少了。在处于正式工作年龄（25~54 岁）的男性中，就业人口比例一直在持续下降。在 20 世纪 60 年代后期，这一群体中只有 5% 的人口没有工作。到 2010 年经济大衰退结束之时，他们中高达 20% 的人处于失业状态。在 2018 年，当经济早已步入复苏后，仍有 14% 的人没有工作。在这 14% 的人中，只有 20% 的人声称处于失业并正在寻找工作的状态，其余的人已经彻底退出就业人口大军。

再一次，上述这一趋势在不同受教育程度的人口中呈现明显的分化状态。图 11-2 给出了 1980—2018 年，25~54 岁白人男性和女性中的就业人口比例，并按照拥有学士学位的人口（灰色）和没有学士学位的人口（黑色）加以区分。垂直线标志着经济衰退的年份，我们通常会预计在这些年份，因为工作数量减少，就业人数会下降。当经济复苏的好时光回来之后，许多失业的工人会重回工作岗位。但并不是每次经济衰退之后，所有适龄男性都能重新找到工作，所以虽然就业人口比例在每次衰退之后都会回升，但它们从未恢复到衰退之前的水平。随着时间的推移，就业人口比例逐渐下降。

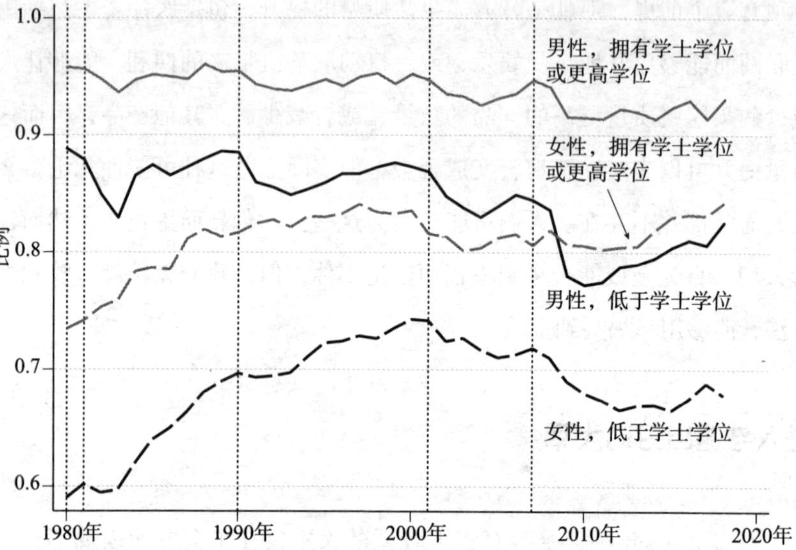

图 11-2 25~54 岁非西班牙裔白人男性和女性的就业人口比例

（垂直线表示经济衰退开始的年份）

资料来源：作者计算使用的数据来自当期人口调查结果

2000 年以后，就业比例下降的趋势在受教育程度较低的男性中更为严重。受教育程度较低的男性能够找到的好工作正在消失，他们中的一些人完全离开了劳动力市场，从而使拥有学士学位和没有学士学位人口的就业率差距不断扩大。在 20 世纪下半叶，越来越多的妇女进入劳动力市场（部分由于避孕药的问世和性别歧视的减少）。事实证明，女性就业比男性就业更能抵御经济衰退的影响。不过，在 2000 年之后，女性的就业率也有所下降——拥有学士学位的女性人口就业率下降的幅度较小，而没有学士学位的女性人口就业率下降的幅度则比较大。这些各不相同的就业人口比例模式，导致目前拥有学士学位的女性的就业人口比例已经高于没有学士学位的男性。

部分（也许高达一半）的就业率下降，可以由工资下降来解释[10]——在工资较低的时候，人们更不愿意进入劳动力市场；还有部分下降可以由我们在前面已经写过的残疾人口增加来解释，这其中包括阿片类药物依赖的影响；另外部分下降则可以由现有工作的吸引力下降来解释。

自 1970 年以来，美国经济中的许多工作已经不复存在，其中许多是高薪工作，例如，在通用汽车或伯利恒钢铁公司的工厂工作。在过去，劳工阶层男性跟随父辈，有时甚至是祖父辈的脚步，进入制造业，并从事高薪且有工会保护的工作，他们挣的钱足够支撑一个中产阶级的生活，拥有自己的住宅，送自己的孩子上好学校，并且能够定期休假。这些人被称为蓝领贵族。但现在，很多这样的工作都已消失不见。尽管美国制造业的生产持续增长，但制造业的就业岗位却迅速减少。自制造业岗位在 1979 年达到 1950 万的历史最高点后开始减少，到 2007 年经济大衰退前，美国制造业工厂的就业岗位减少了 500 多万，降至 1380 万。在金融危机期间，制造业岗位更是遭受巨大打击，又有 200 万个岗位消失不见，虽然在此之后，制造业岗位数量有所反弹，但这个行业已经不太可能重新获得经济大衰退期间失去的所有就业岗位。这些工作已经被国外进口的产品或工厂自动化、全球化和机器人取代。

这一切对于那些失去工作的工人而言都不是好消息。有些人放弃寻找新工作。大多数人设法找到其他工作，但这些新工作通常工资较低，或者在其他方面的吸引力较低。这些新工作的自主性可能会降低，可供自由发挥或与他人互动的机会也大大减少，并且福利更低，工作保障也更少。例如，被归为临时工的工人不能享有意外险。从事这些新工作的工人可以被轻易替代，人员流动率高，而且雇主几乎不给他们任何承诺。无论从事何种工作，只要人们一直干下去，他们的工资就不会越来越低，就算真有这种情况也极其罕见，因此，从一份好工作换成一份不那么好的工作才是导致美国受教育程度较低人口的工资下降的主要原因。在我们撰写这本书的时候（2019 年），美国 25~54 岁男性的失业率为 3% 左右，所以对于那些正在寻找工作的人来说，工作岗位相当充足，只不过这些工作不再是以前的工作，特别是面向低学历男性的高薪制造业工作。这也是这么多人不再找工作的一个原因。

如果说人们不愿工作了，那是因为他们自己选择不工作。当然，做出选择并不意味着人们对自己的选择感到满意。圣女贞德选择了火刑，但这只是因为其他的选择更糟，至少对她来说是这样。今天，那些选择不工作的人已经不再拥有从前那些选择，因此做出这种选择也许是无奈之举。尽管这么说并不能排除下面的可能性，即他们只是变得更懒或更不愿意工作，或者因为看到可以依靠别人或国家生活，从而使他们选择游手好闲。

到底是因为丧失了勤奋精神，还是由于外部环境恶化，这是一个由来已久的争论。我们在第五章讨论 20 世纪 70 年代和 80 年代非洲裔美国人的命运时就已经提到这一点，但本章的数据显然指向了外部环境。图 11–2 显示，在经济衰退期间，大量工人离开就业市场，这导致图中明显的棘轮。人们突然爆发的懒惰与经济衰退不谋而合，这显然非常奇怪；相反，合理的预计是惰性会稳定增长。[11] 显然，人们之所以离开就业市场，是因为他们的工作已经不存在，而随后大多数人都通过积极寻找工作，及时找到其他工作。将图 11–1 和图 11–2 综合起来看，会提供更多指向外部环境的证据。对受教育程度较低的美国人来说，就业率下降的同时工资也在下降。如果人们变得不那么勤奋，并从劳动大军中抽身出来享受生活，那么工资水平应该会上升，而不是下降，因为工作的数量没有变，但愿意工作的人减少了。工资和就业量一起下降是一个清晰的信号，证明雇主正在减少雇用员工的数量。

有些人选择不工作，可能是因为社会安全网使他们无须工作就能生活下去，特别是（尽管不仅仅是）残疾福利制度，这种制度正在越来越多为不工作的人提供必要的生活费用。然而，请回想一下我们在第六章和第七章中写到的疼痛症状大量增加与身心健康恶化的现象，残疾人口的增加很大程度上可以归因于普遍存在的健康不佳，而不是人们在钻福利制度的空子。[12] 欧洲拥有比美国更完善的社会安全网，包括对失业者的长期救济和慷慨的残疾福利制度，特别是针对老龄工作者。尽管如此，在大多数其他富裕国家，包括以慷慨的福利制度而著称的丹麦、挪威和瑞典，绝大多数人口仍然加入了就业大军。一种逻辑认为，上述国家针对诸如儿童保育等服务提供了一系列补贴，从而使人们更容易出去工作。[13] 而另一种逻辑是，美国人与别国人不同，只有美国人对福利极其敏感，哪怕是微不足道的福利也能让他们放弃工作。但证据表明，事实并非如此。[14]

在人们选择不再工作时，工人的供给量会减少，那么工资就不会像每个人都在努力寻找替代工作时那样下降。无论是反对社会安全网的观点，还是支持必须满足一定的工作要求才可以使用社会安全网的观点，事实上都是在支持降低工资。如果能够强迫更多的人出去工作，图 11-1 中受教育程度较低的美国人口的工资下降幅度会更大。其他一些提议也有着异曲同工的效果，包括工作应成为获得医疗或其他福利的先决条件，或者诸如所得税减免等计划，这些福利只有工作的人才能得到。它们都会把人们推向劳动力市场，并通过增加劳动力的供给降低其价格，也就是工资。

如果工作本身确实就是一件好事，那么较低的工资还能够被工作本身的好处弥补。人们希望得到一份工作，这份工作赋予他们生活的意义和社会地位，他们在工作中学习，接触他人，并因而拥有更好的生活。一个相反的观点是，很多工作都是纯粹的苦差，休闲本身就是愉悦和自由感的提升，所以即使支持让他人来支付休闲费用，也不失为一件好事。那么按照这种观点，既然我们常常乐于为那些食不果腹或居无定所的人提供补贴，我们为什么不能同样对待休闲呢？正如伯特兰·罗素曾经指出的那样，最强烈主张穷人应该更多地工作的人，恰恰是那些从来没工作一天的闲散的富人。[15] 这些观点非常重要，因为我们将在第十六章探讨应该采取什么行动，尤其是在备受争议的普遍基本收入问题上该采取什么行动。

受教育程度较低人口工作性质的变化

美国并不是从一开始就存在一个劳工阶层。19世纪，支持并定义劳工阶层生活方式的制造业工作开始出现，吸引工人逐步从农业岗位转向工厂的岗位。这一过程在内战后开始加速，在1950年左右达到顶峰。即使到1950年，家庭主妇仍然是一个相对新兴的角色。在那之前，夫妇双方必须同心协力，合作谋生。现在，男人们去工厂工作，在那里，他们不需要拥有比从事农业更高的教育水平，并且他们通过艰苦的生产劳动，而不仅仅是较高的工资，找到了自己的尊严。[16] 男性整日在外，为了养家而辛勤工作，而家务和孩子则交由配偶负责。这种生活方式还遵从着严格的社会规范，即男性要想结婚，首先应有确定的前途，婚外不能发生性关系，更不用说非婚生子了。制造业和随之而来的劳工阶层生活决定了男人和女人的角色，以及其家庭生活应有的样子。[17]

制造业的兴起带来一种新的生活方式，以及在工作和生活中找到意义的新方式。大概在同一时期，加入工会的人数也达到顶峰。虽然并不能说工会做的每一件事都是好事，并且工会长期以来主张的一些福利现在已经成为对雇主的法定要求，但在工作场合中，从没有人像工会那样全力为工人争取利益。在分配利润时，工会也占有一席之地。他们帮助工会会员的工资上涨（相应也使非会员的工资有所上涨，尽管幅度较小），他们还会监督工作场所的健康和安全。加入工会的工人不太可能辞职，而且往往更具生产力。[18] 工会为工人带来了一些民主掌控力，不仅在工作中，也在更广泛的范围内，而且后者往往是当地社会生活的重要部分。当美国工会在20世纪50年代初达到顶峰时，约33%的劳动大军是工会会员。[19] 2018年，工会会员的比例已经降至10.5%，其中私营部门的工会会员人数仅占员工总数的 6.4%。[20]

随着制造业工作岗位的消失，工人们不得不从事不那么理想和不那么正规的工作，主要是医疗、餐饮服务、保洁和保安等领域的服务性工作，而不再是制造业的工作。雇主对工人的承诺下降，员工的承诺也相应下降；工会与雇主之间的战争已被相互疏离的关系取代。[21] 许多不太理想的服务性工作属于个人发展或产出增长潜力都很小的工作，或者工人必须随时随地严格遵照指令行事，毫无个人主动性地工作。从事这些工作的人实际上是机器人的临时替身，只是暂时保住了自己的工作，直到程序员教会机器人替代他们。[22]

詹姆斯·布拉德沃斯描述了他在亚马逊公司于英国的一个仓库中的经历。他遇到一位名叫亚历克斯的人，对方告诉他："人们现在会说'我在亚马逊工作'，但过去，人们从来不会说'我在矿井工作'，而是会说'我是一名矿工'，因为工作意味着你是谁，并且你为此感到骄傲。"[23]

无论是在美国，还是在其他富裕国家，都有一些大公司专门提供外包工人，包括清洁工、保安、餐饮服务人员或司机，在过去，这些工人本来会直接受雇于接受外包服务的公司，并在那些岗位上赚取相对较高的工资，但现在，他们不再是其工作之地的雇员。他们的工资相对较低，通常没有福利或充分的员工保障。这种做法使得高科技公司，比如谷歌，可以只雇用拥有学士学位或更高学位的员工，其他支持性员工则来自另一家公司提供的外包服务。根据布拉德沃斯在英国的经历，以及美国一个几乎完全相同的报道，[24] 在亚马逊仓库（被称作"配送中心"）工作的工人，只有很少的人是亚马逊的正式雇员。在美国的案例中，属于亚马逊正式雇员的少数员工和许多由诚信员工解决方案公司（Integrity Staffing Solutions）派驻的"临时工"之间唯一明显的区别，是他们的徽章颜色，一个为蓝色，一个为白色。一切看起来都没有什么差别，相似的人做着相似的工作，但那些外包员工（有时是前雇员）的工作条件往往更差，工资更低，福利更少，升职的可能性有限或根本没有。

那些有才华的孩子，如果由于种种原因无缘接受其能力可及的教育，就再也不能从一个看门人变成一位首席执行官，因为看门人和首席执行官根本不会属于同一家公司，他们生活在不同的世界里。[25] 当今世界已经分裂，受教育程度较高的人口和受教育程度较低的人口分别生活在不同的世界，后者不再有希望加入前者。或许最关键的一点是，由于外包员工不再是主体公司的一分子，他们不再对其拥有认同感，正如经济学家尼古拉斯·布鲁姆形象地指出，[26] 他们不再受邀参加节日派对，他们再也找不到作为一家大企业的一员（尽管是地位低微的一分子）而感到的骄傲、意义和希望。

美国白人劳工阶层的崩溃还有另一面。在很多地方、很多公司，过去都只有白人劳工阶层，非洲裔美国人被排除在外。与黑人相比，白人持续多年拥有特权。这种特权现在已经被削弱或消失不见，用社会学家安德鲁·切尔林的话来说，“在一个蓝领劳动阶层的总体机会不断收缩的环境中，白人劳工阶层会认为，黑人的进步是对机会的不公平掠夺，而不是削弱其所处的种族特权地位。”[27] 皮尤中心的一项调查显示，超过 50% 的美国白人劳工阶层认为，对白人的歧视问题与对黑人和其他少数民族的歧视问题一样严重，而在受过大学教育的美国白人中，则有 70% 的人不同意这一观点。[28]

人们在失去原有优越工作的同时，还失去了依托这些工作而存在的家庭生活，并且至少在认知层面又失去了种族特权，甚至会认为自己成了受歧视的一方。这些因素综合起来会造成巨大的伤害，其威力远远大于真实但可控的收入下降。

第十二章
婚姻家庭方面日益扩大的鸿沟

由于市场为受教育程度较低的工人提供的好工作越来越少，人们不得不转向较差的工作，或者彻底失去工作，这不仅影响了人们的工作状况，而且也对他们的家庭生活产生影响。受教育程度较低的人口与受教育程度较高的人口之间，存在一条日益扩大的鸿沟，不仅在劳动力市场上，也在婚姻、养育子女、宗教、社会活动和参与社区等方面。经济学家往往只关注人们的实际收入，以此衡量其经济状况。事实上，收入固然很重要，但这远不是唯一重要的事情。如果我们想了解四分五裂的生活如何逼迫人们结束自己的生命，或者走上其他形式的绝望的死亡之路，我们就需要关注他们生活的更多方面。毋庸置疑，我们在本章中概述的大部分此类研究成果都是由社会学家完成的，因为社会学家往往会采用比经济学家更广阔的视角审视生活。

婚姻

纵观西方历史，如果一个男人希望与一个女人共同生活并养育子女，那么他必须“适婚”。也就是说，他至少可以养活自己的新娘，并且拥有良好的“前途”。从前，新郎在向新娘求婚之前，必须首先征得女方父亲的同意，而父亲的义务是检查新郎是否能够养活自己的女儿。这个习俗在今天依然存在，尽管现在通常是由这对夫妇自己检查他们的经济状况。随着受教育程度较低的人口越来越难以找到一份好工作，并且需要被迫接受不断下降的工资，适婚男子的供给量随之下降，同步下降的还有婚姻的数量。[1]劳工阶层家庭在20世纪50年代达到鼎盛时期，当时每个家庭只有男性外出工作，其工资足以维持一个家庭所需，但对于受教育程度较低的人口来说，这种理想现在已经越来越遥不可及。劳动力市场的变化正在破坏劳工阶层的婚姻。

在图12-1中，我们可以看到，受教育程度较低的非西班牙裔白人的结婚率已经发生戏剧性变化，该图以10年为尺度，描绘了1980—2018年间30～70岁成年人中报告目前处于婚姻状态的人口比例。[2]左图显示了没有学士学位的人口的情况，右图显示了拥有学士学位的人口的情况。在1980年（以两个图中顶部的长虚线表示），任何特定年龄的白人，无论是否拥有学士学位，处于婚姻状态的人口比例都几乎相同。到1990年，在两个不同教育程度的群体中，所有年龄段的婚姻率都有所降低，其中没有学士学位的人口的婚姻率下降幅度普遍更大。1990—2018年，与拥有学士学位的人相比，没有学士学位人口的婚姻率持续下降。在1980年，无论是否拥有学士学位，82%的白人在45岁时都处于婚姻状态。到1990年，不同教育程

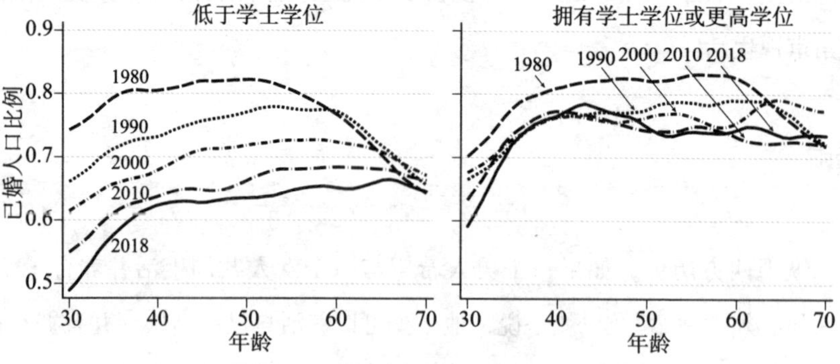

图12-1 当前处于结婚状态的非西班牙裔白人人口比例

（按年龄、年份和受教育程度分别显示）

资料来源：作者计算使用的数据来自当期人口调查结果

度的两个群体的婚姻率都降至 75%。1990 年以后，拥有学士学位的人口维持了这一比例，但年届 45 岁、没有学士学位人口的婚姻率则持续下降，在 2018 年降至 62% 的低点。

婚姻有很多益处。并不是每个人都想结婚，但对于那些希望结婚的人来说，婚姻带来了亲密感、伴侣感和满足感，对许多人来说，婚姻还带来了儿孙绕膝的快乐。已婚者寿命更长，更健康，对自己的生活更满意，尤其是已婚男性，虽然说健康的人本来就更有可能结婚，但这一点并不足以导致这种差异。假设受教育程度较低的男性因为适婚性下降而无法结婚，那么劳动力市场上的问题不仅使他们的物质生活恶化，还剥夺了婚姻带给他们自身及其所处社会的全部好处。

对于那些不想结婚，以及那些在过去被迫结婚的人来说，结婚率下降是一件好事。还有一些人可能会选择推迟结婚的年龄，以便接受更多教育、发展职业，或者仅仅是待价而沽，力求找到或至少努力寻找最理想的伴侣。对于那些拥有学士学位的人来说，晚婚是他们 30 多岁时结婚率急剧上升的原因。自 20 世纪 60 年代末以来，避孕药得到广泛使用，同时 1965—1975 年的性解放运动使人们对性的态度发生了根本性改变，使男女间的非婚性行为在社会上被广泛接受，并且人们不必再担心意外怀孕。1973 年罗伊诉韦德案使堕胎合法化，这可能也让人们对性行为可能导致的后果不再那么担心。尤其是对许多女性来说，这些变化带来了更大的自由，或者用经济学家的术语来说，这降低了她们接受更好教育或进入职场的代价。由于有了避孕药，越来越多的妇女得以进入职业学校学习。[3] 20 世纪 60 年代和 70 年代迅速盛行的女权主义则鼓励妇女充分利用这些新发现的自由。那些选择晚婚，甚至根本不结婚的人，牢牢抓住了这些前所未有的机会，并且获得了更美满的人生。不过，接受大学教育似乎只会让人们推迟几年结婚，到 35 岁以后，75% 的人已经结婚。

因此，造成人们不结婚的原因似乎有两类，其中一类是因为人们的选择越来越有限，因而错过了他们本想拥有的婚姻，另一类则是因为人们现在拥有了更多的选择，因而主动选择暂时或永久退出婚姻。正如新的可能性（无论是在科技领域，还是在社会领域）出现后经常会导致的那样，不同的人会有不同的得失，那些更富裕或受过更好教育的人通常更加消息灵通，并有能力充分利用新的机会，成为最终获益的人。正如本书经常讨论的那样，这种分化在很大程度上体现在教育程度的分化上。

受教育程度较低的白人人口的婚姻模式变化，与30年前黑人社区出现的变化如出一辙，[4]而且其出现的主要诱因也基本相同。[5]因为没有一份能养家糊口的工作，男人变得不再适婚，并导致稳定生活的一个重要支柱变得遥不可及。

生育

曾几何时，当婚姻和生育紧密相连时，婚姻数量下降意味着生育下降。事实上，在西方历史的大部分时间里，男性工资水平在控制生育率的机制中占有一席之地。[6]但是在过去半个世纪里，婚姻和生育之间的联系已经被打破，或者至少只要人们愿意，他们就可以打破这种联系。现在人们有很多社会允许的途径享受亲密的性关系，同时安全、方便和可靠的避孕手段意味着，亲密的性关系不再带来怀孕的风险。人们在不放弃亲密伴侣关系的情况下，可以推迟结婚，也可以推迟生育，直到事业有成，或者有一个（相对）方便的窗口，可以暂停事业，生儿育女。与此同时，由于拥有方便的避孕措施，并且在需要时可以选择堕胎，男性不必再像过去那样，（有时在女方家人猎枪的威胁下）出于尽义务而迎娶怀孕的伴侣。非婚性行为和非婚生育不再是社会的耻辱。[7]

然而，所有这些解放都有黑暗的一面，至少对某些人来说是这样的。许多怀孕生子但并未结婚的妇女并没有和孩子的父亲同居，甚至不再与孩子的父亲保持联系，而是转而投入另一个男人的怀抱，并可能再生下对方的孩子。同居现象在其他富裕国家和在美国受教育程度较高的人口中同样有所增加。但是，带着孩子不断与不同男性同居，这种不稳定和脆弱的同居现象在其他国家极其罕见，在受过良好教育的美国女性中也很少发生。受教育程度较高的女性通常会推迟生育，直到她们完成学业并结婚。[8] 按照社会学家安德鲁·切尔林的说法，[9] 现在存在两种迈向成年的不同模式。一种是受教育程度较高人口的模式，即先完成大学学业、找工作和发展职业，然后再结婚生子。另一种模式则适用于受教育程度较低的人口，包括连续同居和非婚生育。在美国，与多位伴侣生育孩子的人最有可能是那些没有学士学位的人。

社会学文献适当地关注了这种生育模式对儿童的影响，他们在破裂和脆弱的关系中的表现往往不如在完整的家庭中，因为完整的家庭拥有父母双方。事实上，连续同居和非婚生育对于成年人也会产生影响。人们有理由相信，这种不正常的家庭状态是绝望蔓延的主要原因。

人们可能会好奇，那些女性为什么要做出如此选择。男人不再受旧规则的约束已经不是什么秘密，但女性在有了孩子后很可能面临经济困境、情绪不稳定和缺乏支持的恶性循环，有些人会觉得很难从中逃脱。但是，她们的选择可能十分有限。如果许多女性已经准备好在婚姻之外建立性关系，这就削弱了那些更愿意等待的人的议价能力。一旦怀孕，尽管许多妇女想堕胎，但也有许多人不想堕胎。堕胎现象并不罕见，不过堕胎数量正在迅速下降。按照 2014 年的数据，在美国，每四个妇女中就有一个在 45 岁之前堕过胎。同一年，在 15~44 岁的美国妇女中，每 1000 人中的堕胎数为 14.6（活产数为 62.9）。[10] 对许多女性来说，生孩子被看作一种祝福，是对生命价值的肯定，也是一种救赎和未来的希望。对于那些无法想象自己能够上大学的女性而言，这是一种唾手可得的成功。与宣布拿到一所好大学的录取通知书或者在工作中获得重要的晋升相比，宣布自己怀孕时的喜悦同样真实和充满希望。未来看起来如此光明而充满祝福，哪怕这种感觉只存在一瞬间。[11]

对于单身妈妈来说，一旦有了孩子，将会通过“抚养未成年儿童家庭援助计划”获得福利支持，而这并不利于婚姻。这一福利对女性在怀孕后不急于结婚可能起到了一定的作用，这也是为什么抚养未成年儿童家庭援助计划在实施60年后，于1996年被取消的原因之一。

将父亲们也定义为这种现象的受害者似乎很难。毕竟，他们在没有承诺的情况下获得了快乐，并且摆脱了一些经济和情感上的义务。但是，他们达成的是一个浮士德式的协议，开始看上去非常棒和充满前途，但最终会付出高昂的代价。当他们人到中年，他们中的许多人不仅在事业和收入方面无法与父辈或他们对自己的期望相比，而且他们也没有稳定的家庭分享生活与回忆。他们可能在一系列关系中有了自己的孩子，但这些孩子中的一些（或全部）对他们来说根本就是陌生人，他们的一些孩子生活在其他男人的屋檐下。这种破碎而脆弱的关系很少能带来日常的快乐和舒适，也很少能保证中年男性过上幸福的日子。

无论对于男性还是女性，旧有的社会规则无论在当时多么限制自由和不可饶恕，它仍然饱含长期积累的社会智慧，因而可以阻止人们做出可能悔恨一生的决定。

我们此处描述的对象是受教育程度较低的白人，但同样的论述早已被用在非洲裔美国人的家庭模式之上。我们在此再一次看到跨越种族的融合。自1990年以来，没有大学学历的黑人妇女非婚生育率一直维持在高位，但没有发生太大的变化，并且在2010年以来开始稳步下降。相比之下，1990—2017年，没有大学学历的白人女性非婚生育率翻了一番有余，从20%上升到40%以上。随着黑人非婚生育率的下降和受教育程度较低的白人非婚生育率上升，阶级正在成为比种族更重要的鸿沟。切尔林指出：“如果你准备想象一个在养育孩子的过程中会有多位亲密伴侣的典型女性形象，那么请想象一个只受过高中教育的白人女性。”[12]

社区

政治学家罗伯特·帕特南在他的著作《独自打保龄》一书中，描绘了20世纪最后30年社会资本显著下降的现象。[13] 美国人越来越不愿参加与他人有关的社会活动，例如，家庭聚餐，晚上在家中招待朋友，以及教堂、工会和俱乐部等组织的活动。自帕特南的著作在2000年出版以来，这种下降趋势的势头未减，有些方面甚至还出现加速下降。与家庭模式一样，这种趋势也在受教育程度不同的群体中出现显著分化，并且其中一些方面的分化正在扩大。

物质生活水平、健康、家庭和子女是一个人幸福的基础，同样十分重要的还包括社区，以及对大多数美国人而言，宗教信仰。2008—2012年的盖洛普调查显示，2/3的美国人表示，宗教在他们的日常生活中非常重要。[14] 我们在此同样不需要遵循经济学家的做法，试图为这些生活的其他方面定价，或将其简化为货币等价物。我们无须勉强为健康、家庭、社区和宗教信仰套上衡量财富标准所必需的束缚，因为它们的重要性无法以其成本高低或人们愿意为之支付多少钱来衡量。

人们参与本地和全国性社区活动的一种方式是参政议政，最显而易见的方式是投票选出他们喜欢的候选人或政策。社区参与本身会带来直接回报，即使人们并不总是能得到自己想要的结果，但那些积极参与的人确实更有可能得到他们想要的东西。65岁以上人口在总统选举中的投票率比18~29岁年龄段的人口高出50%——在1996—2016年的历次选举中，有78%的老年选民投票，但只有53%的年轻选民投票——这与公共政策对老年人口相对更加慷慨有很大关系。收入与投票有关，教育也是如此，议员们更有可能为其选区内更富有和受教育程度更高的选民谋取福利。[15]

图 12-2 按种族和教育程度分列了最近 6 次总统大选（1996—2016 年）的选民投票率。每一个点都代表了 25 ~ 64 岁的选民在选举年份的投票率。1996—2008 年（奥巴马第一次当选），投票率有所上升，此后则有所下降。从图 12-2 中可以看出，投票率最大的分化点是教育程度：不论种族如何，拥有学士学位人口的投票率始终比没有学士学位的人口高出 20 个百分点。除了奥巴马参选的年份（当时非洲裔美国选民的投票率相对较高），在受教育程度相同的人口中，白人和黑人的投票率没有显著差异。显然，投票率的分化也体现在不同的阶级，而非种族之上。

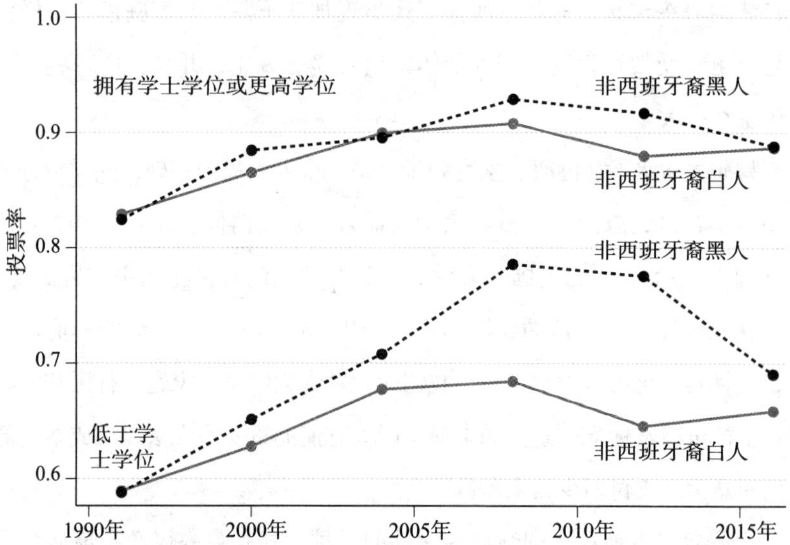

图 12-2 25~64 岁人口按种族和受教育程度划分的总统大选投票率

资料来源：作者计算使用的数据来自当期人口调查结果

自 20 世纪中叶以来，工会会员人数迅速下降。对劳工阶层来说，工会会员显然是最重要的一种社会资本。20 世纪 50 年代中期，超过 1/3 的非农业雇员属于工会，但是从那以后，工会会员人数不断下降，到 2017 年已降至不到 10%，其中公共部门和私营部门的工会会员人数基本相等。不过，考虑到私营部门雇用的人员数量远远高于公共部门的雇员人数，公共部门雇员加入工会的比例是私营部门雇员的5倍有余。私营部门工会的迅速退化是导致资本相对于劳动力的力量不断增强的主要因素之一（而工会退化也可能部分源于资本相对力量的这种变化），我们将在第十五章中再度讨论这个问题。与积极参政一样，加入工会不仅有助于为工人争取经济利益，工会的会议和以工会为基础的俱乐部在许多地方还是社交生活的重要部分，至少在过去是这样。

如果我加入了某个协会组织，这不仅对我个人有利，同时也会给其他人带来益处。因为我的加入，协会的力量得到加强，而这会给其他成员带来好处。我如果加入一个俱乐部或教会，也同样会起到类似的作用，这普遍适用于社会资本。我的加入带来了所谓的"网络外部性"，某个人的行为会影响其他人的成本和收益。这种情况体现在像脸书这样的社交媒体上，也体现在加入某个教会，归属感的好处随着成员数量的增加而扩大。正如脸书的发展那样，人际网络的外部效应会导致会员数量快速增长，因为随着会员数量不断增加，其增长也会呈现加速的趋势。会员数量越多，新的增长就越快，至少直到没有更多的人对加入脸书感兴趣为止。反之亦然，当人们纷纷退出工会或教会时，其对剩下成员的吸引力也随之降低，正如加速扩张一样，具有人际网络外部效应的组织也可能迅速崩溃。这无疑在私营部门的工会发展中起到一定作用。一旦人们开始离开，不仅工会大厅会被迫关门，工会运动队会解散，工会还会丧失为会员谋求福利的部分权力，而这将导致会员的归属感越来越低。

对大多数美国人来说，宗教是生活的重要组成部分，其重要性大大超过除意大利（可能还包括爱尔兰）之外的其他许多富裕国家。信教的人在很多方面都表现得更好：他们更快乐、更慷慨，更有可能不吸烟、不喝酒或不滥用药物。拥有朋友会让美好的生活锦上添花，而同一教会的教友比其他朋友更能做到这一点。[16]

近年来，美国的教会会员人数持续下降，尤其是在受教育程度较低的人口中，后者本来就较少去教堂。那些表示宗教对他们很重要的人，并不是每个人都加入了某个教会或定期去教堂做礼拜。今天，大约 1/3 的美国人报告说，他们在此前一周去过某个礼拜场所。[17] 在 20 世纪 50 年代后期，定期去教堂的人口比例大概为 50%，直到 1980 年，这一比例才开始缓慢下降，随后在 2000 年前一直稳定在 40% 左右，但在此之后，这个比例急剧下降。

我们常常认为，宗教是一个人从父母那里继承下来的传统，它在人的一生中都不会改变，至少如果这个人没有堕落。事实上，美国东北部的大量天主教徒是爱尔兰和意大利移民留下的遗产，正如今天南部和西部天主教徒人数不断增加是大量西班牙裔移民的结果。宗教信仰不仅仅是移民史的活化石，它还反映了人们归属感的变迁，有时是脱离了陪伴自己成长的教会，有时是转投另一个教会门下，因为原有教会的教导似乎已不再有用，或不再符合他们的政治和社会信仰。20 世纪 60 年代和 70 年代是一个有关性的社会规范和公民权利出现巨变、对政府的不信任急剧增加的时期，许多人完全不再去教堂，而其他人则对变化感到不安，对主流教会缺乏有力的回应感到不满，因而转向福音派和社会保守派教会。[18] 2000 年后，不但主流教会的教徒不断减少，福音派教会的教徒也不断减少，特别是那些没有像父母那样被这些教会信奉的社会保守政治信仰吸引的年轻人。许多美国人似乎是根据他们的政治信仰选择他们的宗教信仰。

近年来，自称没有任何宗教信仰的人口数量迅速增加。从 20 世纪 70 年代中期到 1990 年，只有 7% 或 8% 的人“没有宗教信仰”。到 2016 年，几乎 25% 的人口没有任何宗教信仰，在年轻的劳工阶层白人（18~29 岁）中，这一比例增加到近 50%。[19] 顺便说一句，这是美国人总体宗教信仰，以及美国社会更广泛变化的一部分。今天，只有 43% 的美国人认为自己是白人基督徒，而在 1996 年，这一比例为 65%，在 2006 年底，这一比例为 54%。在美国，白人基督徒占人口多数的情况已经不复存在，对白人劳工阶层中的部分人来说，这可能又将被视作一个不受欢迎的改变。

福音派和主流派教会的区别不仅仅只在于政治信仰。许多主流教会提供社会学家罗伯特·伍思诺所说的“居所之灵性”[20]。这些教会正是世世代代美国人的庇护所和礼拜场所，往往可以回溯到他们移民前的母国，例如，来自意大利、爱尔兰或墨西哥的天主教徒和移民自斯堪的纳维亚半岛各国或者德国的路德派教徒。当经济或家庭生活面临挑战时，教会为教徒提供了一个精神避难所。当然，也有人认为教会愚化和压迫教徒。根据伍思诺的理论，与“居所”相对应的是“寻求”，即人们试图以自己的方式满足自己的精神需求，例如，转向适合自己社会保守主义思想的福音派教会，或者在既定教会之外创建自己独特的信仰融合体。这是个人主义盛行的表现之一，正如社会学家安德鲁·切尔林所说，是“过去几个世纪以来西方社会发展的主要趋势之一”[21]。这些替代之选可以为自由地探索灵性提供更大的空间，使人们除了某些人眼中压迫式的教会组织之外，还拥有更多选择，但它们可能无法提供主流教会具备的安慰感或毫无疑虑的接纳感，因为主流教会的仪式和传统人们从小就很熟悉，它们在人们遇到困难时可以提供帮助，并且在此前几代人也正是这样做的。许多美国人目前和任何有组织的宗教都没有联系，但他们通过自我建构，有时用孤立的信仰探索自身的灵性。在社会民族学家凯瑟琳·爱丁与合作者完成的一份报告中，有一位以“远古外星人造访地球”理论为中心构建其灵性的男性，他抱怨很难找到人来讨论这种信仰。[22]这种孤立是一个典型的例子，体现了爱丁及合著者所称的“劳工阶层男性的脆弱依恋”。

美国综合社会调查中有一个问题是询问人们去教堂做礼拜的频率，图12–3显示了中年白人人口（40~59岁）报告自己每周去教堂做礼拜的比例。由于样本数量很小，我们使用了20年的年龄范围，并对每年的波动做了平滑处理。

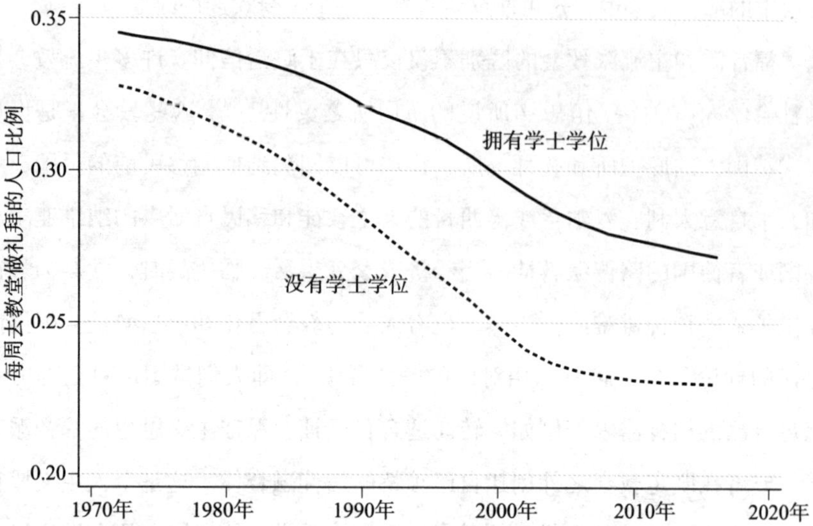

图 12-3 40~59 岁的白人中每周去教堂做礼拜的比例

资料来源：作者计算使用的数据来自美国综合社会调查结果

在拥有学士学位的人口中，每周去教堂做礼拜的人占更大的比例，而且随着时间的推移，不同受教育程度人口之间的差距也在不断扩大。即使在年龄较大的人口中（他们通常比年轻人更不愿意退出教会），去教堂的比例也在下降，而在受教育程度较低的人口中，下降的速度更快。显然，白人劳工阶层正在失去来自工会和教会的社区支持。

如果我们画出非洲裔美国人去教堂做礼拜的比例（在此同样需要对较小的样本量提出警告），我们将发现，没有证据显示，没有学士学位的人口每周去教堂的比例有所下降。大约 1/3 没有学士学位的中年黑人会每周去教堂做礼拜，这一比例与 20 世纪 70 年代初受教育程度较低的中年白人的比例大致相同，但黑人与白人不同的是，他们中定期去教堂的人的比例一直保持稳定。

为什么宗教信仰的缺失和教会的衰落会成为一个问题？美国受绝望的死亡影响最严重的州——西弗吉尼亚州，同时也是美国对宗教最虔诚的州之一——70%处于工作年龄的白人表示，宗教在他们的生活中非常重要。在受绝望的死亡影响较小的纽约州和加利福尼亚州，只有51%的人认为宗教对他们非常重要。也许，如果西弗吉尼亚人不那么虔诚并不是一件坏事？

针对这个问题的答案之一是，在足够长的时间内，宗教信仰会对社会和经济环境做出反应。全球，特别是亚洲和非洲的贫穷国家，几乎每个人都认为自己拥有很强的宗教信仰，但在比较富裕的工业化国家，尤其是西欧，人们的宗教信仰较低。有一种观点提出了一种世俗化的假设，即随着教育普及、收入增加，以及随着国家接管教会的许多职能，人们会远离宗教。简而言之，人们在较恶劣的环境中更需要宗教。这符合美国各州的情况，那些收入较低、来自州政府的支持较少的州拥有教徒的比例较高。这也解释了为什么事实上，虽然信教的人往往在许多方面都比不信教的人做得更好——他们更快乐，更不可能犯罪，更不可能滥用药物和酒精，也更不可能吸烟——但是，那些拥有更多教徒的地区，包括美国各州，在上述方面的总体表现反而更糟糕。[23]虽然宗教能够帮助人们做得更好，但人们信奉宗教有部分是因为他们所处的环境恶劣。当人们的宗教信仰随着时间推移不断消退，他们将失去宗教所给予的支持，不得不独自面对恶劣的环境。

人们如何评价自己的生活

人们总是忍不住想要找到一个能够全面衡量生活质量的指标，期望它能够以某种方式综合考量所有对人们重要的东西，包括物质福利、健康、家庭、社区和宗教。我们认为这既不可能，也不可取；如果勉强把生活的不同方面加诸一个单一指标，会让太多东西缺失，并且这样做并不比分别考量各个方面收获更多。近年来，一些作家对此持有不同的观点，认为如果我们问人们他们有多幸福，或他们的生活如何，我们会得到一个神奇的数字，可以代替其他任何方面的指标。[24] 许多优秀的哲学理论和经验论据都已经证明这一主张的错误性。即便如此，人们对自己生活的评价依然很有价值，前提是我们不要对此抱有过高的期望。人们的自我评价捕捉的是他们自己的想法，而不是收入、预期寿命或去教堂做礼拜的频率等“专业”的衡量标准，这些标准充其量只能算某种指标，而与衡量主体的感受无关。除此之外，有证据显示，正如我们预期的那样，自我报告式生活评估指标会随着生活环境（包括收入、健康、宗教和教育）的变化而发生变化。对于个人而言，自认为活得不错本身就是一件好事，即使这并不能反映他们关心的所有方面。同样，当我们试图了解人们的生活质量时，我们可以用自我报告的方式补充其他衡量标准。

在前面的章节中，我们曾使用综合社会调查的数据分析美国人的宗教信仰情况。在这个调查中，受调对象会被问及他们在“目前这段时间内的总体幸福感如何”，并要在三个选项中做出选择，即非常幸福、相当幸福和不太幸福。图 12-4 显示了 1972—2016 年，年龄在 40~59 岁的不同群体回答这个问题时，报告自己“不太幸福”的比例。对于全体中年白人而言（用虚线表示），这个指标直到 20 世纪 90 年代末才显示出变化，此后报告“不太幸福”的中年白人的比例开始上升。这种变化是由那些没有学士学位的人推动的，通过分列不同教育程度人口的比例可以看出这一点。在这期间，没有学士学位的白人中，一直有相当大一部分人报告自己不幸福，但表达不满的人口比例在 20 世纪 90 年代中期前似乎一直比较稳定。在此之后，没有学士学位的白人人口中，对自己生活状态不满的比例开始增加，同时拥有学士学位和没有学士学位的白人群体的差距也在稳步扩大。

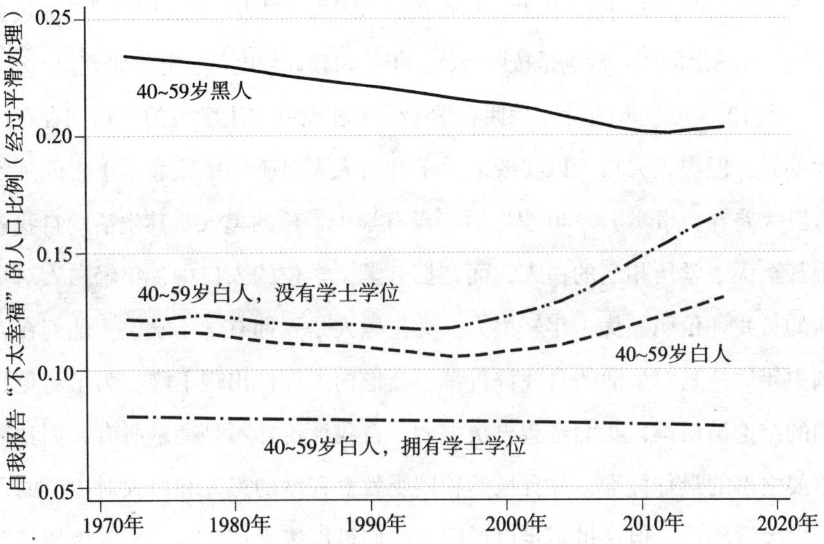

图 12-4　40~59 岁成年人中自我报告“不太幸福”的人口比例

资料来源：作者计算使用的数据来自美国综合社会调查结果

与中年白人相比，更多中年非洲裔美国人报告自己不太幸福。不过，他们报告“不太幸福”的人口比例在 2010 年以前稳步下降，之后稳定在 20% 左右（由于调查的样本量太小，无法按是否拥有大学学历进一步划分黑人人口）。如果这反映了真实情况——我们在此希望重申我们的警告，即自我报告的幸福指数是否准确有待证实——那么幸福指数反映了一些在物质幸福指标数据中没有显示出来的东西，即非洲裔美国人虽然比白人更不幸福，但他们的生活状态一直在改善，而对白人，尤其是受教育程度较低的白人来说，情况则并非如此。

还有一种方法可以对生活状况做出更准确的评估，即坎特里尔阶梯，这种方法要求人们想象自己站在一个 10 级阶梯之上，每级阶梯用 0~10 标记，其中 0 是个人能想象到的最糟糕的生活，而 10 是最好的生活。这个方法有时被称为“生活阶梯法”。请注意，这个方法中并没有提到“幸福”二字，它只是要求人们评价自己的生活。自 2008 年以来，盖洛普已经用这种方法对数百万美国人进行了调查，因此，尽管我们不能回到过去，但我们有足够的数据详细研究这个问题，特别是按照种族、年龄和教育程度进行分类研究。

图 12–5 最显著的特征是拥有学士学位和没有学士学位的人口间存在巨大差异，但黑人人口（以实线表示）和白人人口（以虚线表示）之间则没有巨大差异。事实上，40 岁以后，没有学士学位的黑人对其生活的自我评价甚至优于学历相当的白人，而在拥有学士学位的人口中，年轻白人对生活的自我评价明显优于年轻黑人。无论黑人是否拥有学士学位，他们在人到中年后，其对生活的自我评价都不会像白人那样出现下降。为了避免我们的结论被误读，我们希望再次强调，自我评价并不是衡量所有人们觉得重要之事的最佳标准，并且虽然相同受教育程度的黑人和白人对生活的评价也大致相同，但这也不足以说明，我们可以忽视那些显示黑人生活状况更差的指标，或忽视拥有学士学位的黑人数量远远低于白人这一事实。

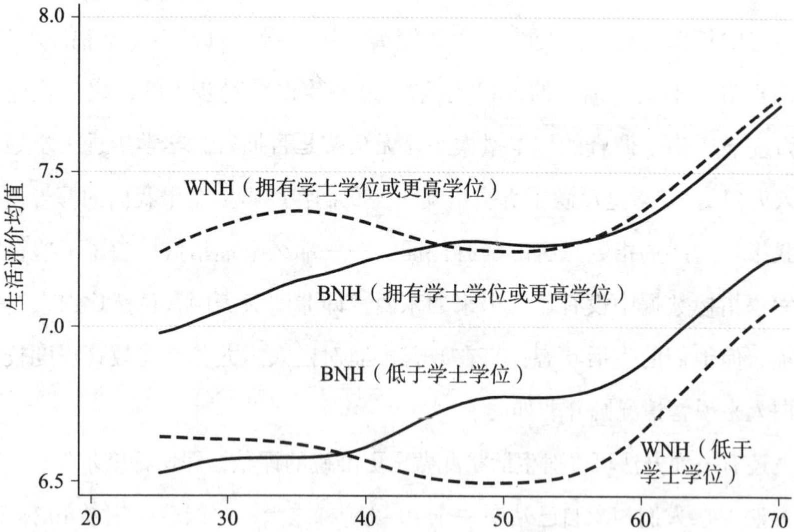

图 12–5 按年龄、种族和教育程度划分的对生活自我评价的报告

（WNH 代指非西班牙裔白人，BNH 代指非西班牙裔黑人）

资料来源：作者计算使用的数据来自 2010—2017 年美国盖洛普民意调查

盖洛普的调查问题中还包括人们是否正在经历压力或身体疼痛，以及他们是感到快乐还是悲伤。这些指标中的大部分与“生活阶梯”指标一样，在不同受教育程度，而非不同种族的人口中存在较大差异。这种差异还普遍存在于体现人们日常乐观情绪的总体指标中，包括每天微笑、享受生活、感到快乐和痛苦的平均水平。[25]人们在这些体验中的不同感受完全是由其受教育程度决定的，而不存在种族差异。与此相反的是，人们感受到的压力水平没有因受教育程度不同而有所区别，但在不同种族之间存在极大差异。值得注意的是，黑人在此方面的表现更好，他们中很少有人报告说，在调查的前一天经历了很大的压力。总体而言，在这些有关体验的衡量标准中，最重要的影响因素是受教育程度，而不是种族，这其中的例外只存在于压力水平，在这一点上黑人比白人做得更好。

小结

生活远不仅仅是金钱，在本章中，我们研究了一些非金钱方面的因素，包括家庭、养育子女、宗教、参与政治以及生活评价自我报告。对于受教育程度较低的白人而言，除了工资在长达半个世纪中持续下降之外，他们在这些方面的表现也远逊于受教育程度较高的白人，同时在几个方面，尤其是婚姻和生育方面，这两个群体之间的差距正在以惊人的速度不断加大。工会的衰落使受教育程度较低的白人人口的工作和社会生活日趋恶化，他们也越来越与能够起支持作用的宗教和社区生活脱钩。我们很难相信互联网和社交媒体的发展能够弥补这些损失。

当然，归根结底，我们是在努力寻找一个解释，以回答我们在一开始时提出的可怕的死亡趋势问题，即绝望的死亡。工资下降显然是导致这个问题的部分原因，但我们认为，这种绝望不可能单纯通过物质福利的下降来解释。我们认为，家庭、社区和宗教的衰落是导致绝望产生的更重要原因。显然，如果传统劳工阶层生活所依赖的高工资和优越工作没有消失，这些衰落可能不会发生。但我们认为，问题的核心是一种生活方式遭到彻底摧毁，而不是物质福利的下降。工资只是通过这些因素间接发挥了作用，但它不是直接的导火索。

非洲裔美国人在某些方面所呈现的截然不同的结果非常发人深省。尽管近年来黑人工资增长幅度乏善可陈，自 20 世纪 70 年代以来几乎没有增长，同时尽管黑人在大多数指标上的绝对表现远逊于白人，甚至比受教育程度较低的白人差，但黑人的生活在许多方面都在改善，而受教育程度较低的白人的生活却在恶化。如果我们从更高的角度对此加以审视，无疑将能更好地理解黑人与白人死亡率的变化趋势问题。

★★★

第四篇

为什么资本主义辜负了众生

★★★

到目前为止，我们已经记录了多种现象，包括绝望和压力、自杀身亡、滥用药物和酗酒，以及疼痛、对工作的依恋降低、工资的下降和家庭生活的失败。过去30年在受教育程度较低的白人人口中肆虐的这场“瘟疫”，在50多年前也曾横扫非洲裔美国人。随着种族分化在许多方面日渐消除，阶层分化现象正在不断加剧，至少在我们根据受教育程度划分阶层时是这样的。

在本书的最后一篇，我们将论述这种情况为什么会发生，以及我们能为此做些什么。那么，到底是什么侵蚀了劳工阶层生活的基础？

第四篇是本书唯一附有绪论的篇章。其他三篇所讲述的，主要是到底发生了什么，本篇则讨论这一切为什么会发生，而“为什么”总是比“什么”更复杂。本篇的前三章讲述了受教育程度较低的美国人在劳动力市场的遭遇，以及他们收入的实际价值为什么会不断下降，是因为工资下降还是物价上涨，或者两者兼而有之，以及为什么工作条件不断恶化。有多股力量正在破坏受教育程度较低人口的工作环境，而正如我们在前面记述的那样，这些力量会对婚姻和社区造成破坏性影响，并最终成为绝望的死亡人数暴增的温床。

我们的第一重叙事聚焦于美国特色，即美国资本主义独具的某些特征会使其忽视普罗大众的利益。其他一些富裕国家也出现了绝望的死亡人数增加的现象，但就算在那些确实出现这种情况的国家，绝望的死亡的人数与美国相比也相形见绌。

当然，还有第二重叙事，即当代资本主义普遍存在问题，而美国只是一场更大规模灾难中的引领者，这场灾难在其他地方也已经扎根，并将在未来进一步蔓延。

我们怀疑，这两重叙事都反映了部分事实，美国的具体政策放大并助长了这场灾难，因此美国成为排头兵，而其他国家则紧随其后，但其他国家不太可能出现同样严重的情况。

美国的制度有许多与其他国家不同的特色。美国的种族历史与众不同。奴隶制和种族主义的阴影至今仍笼罩美国人的生活。正如我们在第十一章中看到的那样，在许多白人眼中，非洲裔美国人生活的改善并不是一件纯粹的好事。另一种被广为接受的解释集中在社会保障方面。与美国相比，其他富裕国家拥有更完善的社会保障网，而且它们的组织方式有所不同，更多依赖政府，而不是大量依赖私营部门。美国的政治体制也十分独特，依赖大量的竞选资金和游说。

然而，我们眼中的罪魁祸首并不是上述方面，而是美国的医疗制度。这是第十三章的主题。

这里存在一个悖论。美国在医疗制度上的花费比其他任何国家都多，并且以拥有世界上最好的医院和医生而自豪。世界各地的病人都慕名而来，在美国医院接受治疗。那么，为什么美国人的预期寿命会连续三年下降呢？其他国家都未出现这种现象，而这同样也是美国自一个世纪前的流感大暴发后首次出现这种情况。事实是，这种可怕的现象之所以出现，不是因为现实给了美国的医疗制度太大压力，而恰恰是因为这个制度本身存在问题，第十三章的论述将证明这一点。问题的核心并不是医疗制度过差或覆盖不足，尽管关于这两点也有很多可以探讨之处。处方类阿片类药物致死是由医疗制度造成的，而且即使在实施了奥巴马医改计划后，仍然有 2700 万美国人没有医疗保险。[1] 更严重的问题是医疗体系的巨大成本。在医疗保健领域投入的巨额资金严重拖累了经济，使经济发展难以持续，并压低了工资，减少了优质工作的数量，影响了对教育和基础设施的投资，以及对联邦和州政府提供（或本可提供）的公共产品和服务的拨款。劳工阶层的生活无疑受到自动化和全球化的威胁，但高昂的医疗费用无疑导致他们的生活质量下滑，并使这种下滑不断加速。

医疗费用就像是美国人不得不向一个外国强权支付的贡金。[2] 它就好比德国在第一次世界大战后被迫支付的赔款。约翰·梅纳德·凯恩斯曾撰写过一本著名的书，预言这些赔款将是一场灾难。[3] 虽然历史学家们今天仍在争论赔款的实际数额到底是多少，以及赔款对魏玛共和国的没落和希特勒的崛起产生了何种影响，但很明显，赔款多年来在欧洲的国际关系中占据主导地位。[4] 然而，单以资金数额占国民收入的比例来衡量，德国在 20 世纪 20 年代所支付的赔款额远远低于美国在今天无谓地投入医疗体系的资金。[5] 就算医疗制度能够保障国民健康（它事实上并未做到这一点），其巨大的成本也会削弱经济，尤其是经济中服务于受教育程度较低的美国人口的部分。沃伦·巴菲特将医疗费用对美国企业的影响比作绦虫，我们则认为它更像一种癌症，已经扩散到整个经济体，并扼杀了经济满足美国人民需求的能力。

我们认为，美国的医疗制度危机确实是造成没落和绝望的原因，但它绝非唯一的原因。还有一些证据指向了现代资本主义的运作方式，认为现代资本主义已越来越多地牺牲受教育程度较低的劳动者的利益，转而服务高学历的少数人。一个关键的论点是，企业积累了巨大的市场势力，并越来越多地将其用于对抗工人和消费者。他们的许多做法是反托拉斯法禁止的，但许多人认为这些法律并未得到应有的大力执行。此外，工会曾经是重要的反制力量，抵御资本的力量，并保护工人的工资和工作条件，但现在，工会的重要性已大大下降，特别是在私营部门。随着企业大量合并，美国企业间的竞争不再那么激烈，因而它们有权人为压低工人工资和提高产品价格。这些行为将工人和消费者的实际收入重新分配给企业经理人和资本的所有者。在自由市场资本主义制度下，如果政府不讲裙带关系和优待特殊利益集团，那么通过强力执行反托拉斯法，这种向上的再分配根本不会发生。

上述有关企业行为危害的观点在专业经济学家以及政治家和决策者之间引发了极大争议。一方面，有人声称现代大公司是垄断企业，使我们进入新的镀金时代，并导致消费者和劳工阶层深陷穷困。另一方面，也有人声称大公司因其带来的低廉价格和出色创新而令所有人都极大受益。对资本主义提出批评并非美国独有的现象，尽管欧洲对资本主义进行监管的政策和美国不同。此外，还有一种可能，即在美国，无论好的方面，还是坏的方面，都会比其他地方更早地出现和发展，因此引发了一种观点，即我们记录的美国困境只是一个先兆，未来将很快蔓延到世界其他地方。

我们无法在这里提供问题的解决方案，因为我们的研究远未完成。相反，我们将努力在第十五章提供一个平衡的解释，至少努力找出现代资本主义的哪些方面可能正在损害受教育程度较低的美国人的生活。

接下来的三章所论证的内容适用于所有美国人，而非仅仅是针对非西班牙裔白人。然而，正如我们在第五章中看到的，至少直到芬太尼在 2012 年侵入黑人社区之前，绝望的死亡仍主要发生在白人之中。

我们的观点是，如果没有白人劳工阶层的毁灭，白人绝望的死亡就不会出现，或至少不会如此严重。反过来，如果没有医疗制度的失败和我们今天面对的资本主义的其他问题，尤其是通过操纵市场不断进行向上的再分配，这一切也不可能发生。我们在第五章中曾指出，非洲裔美国人并不是逃脱了危机，而是早在 30 年前就经历了他们自己版本的危机。在黑人面临绝望、失业、家庭和社区破碎冲击的早期阶段，许多功能性失灵都被归因于黑人文化的特殊性。现在再回看这一幕，我们将会有些不同的发现。如果任何一个群体长期遭受持续的打击，那么它将很容易出现这种或那种形式的社会崩溃。长期以来，非洲裔美国人都是最不受欢迎的群体，他们也是第一个受害群体，而受教育程度较低的白人则紧随其后，成为下一个受害群体。假如设想这种痛苦会继续扩散到受教育程度较高的群体中，其实也并非天方夜谭。

黑人面对的种族仇恨不断降低，同时他们也逐渐拥有更多的机会，这抵消了他们面对的部分消极压力，而这些压力是所有劳工阶层均需要面对的。我们看到，在过去20年中，非洲裔美国人口中出现了一些绝对的进步，而不仅仅是相对于白人的进步。至少在2014年之前，美国黑人的死亡率持续稳步下降。拥有学士学位的黑人比例从1945年出生队列中的16%，上升到1985年出生队列中的25%。[6] 如果考虑教育因素，那么黑人在一系列生活满意度和影响方面的表现与白人持平，或者优于白人。然而，在近几十年的经济数据中，并没有任何迹象表明黑人的物质收获相对于白人发生了任何系统性的改善。非洲裔美国人针对白人的相对进步一定来自其他地方。也许最明显的改善来源是黑人非物质层面的生活更好。虽然歧视远未消失，但歧视已不像以前那么严重和普遍，种族歧视不再得到社会认可。衡量尊重性的一个极好指标是人们对跨种族通婚的接受度。黑人与白人通婚曾经是禁忌，现在则被认为是正常的。盖洛普的数据显示，2013年接受调查的美国人中，87%的人赞成黑人与白人的婚姻。1958年，这一比例仅为4%。1973年，该比例也仅为29%，甚至在2000年也还不到2/3。盖洛普的调查员弗兰克·纽波特称，这是“盖洛普调查有史以来最大的民意转变之一”。[7] 现在已经出现许多成功的黑人政治家，最重要的是，还出现了一位黑人美国总统。黑人和白人之间的差异，曾经主要是肤色和种族歧视，现在则更多与教育和技能有关。

有人可能会表示，白人的特权逐步被取消，这对于白人来说更像是一个反向歧视过程。正如社会学家安德鲁·切尔林所写的那样，白人“直到他们的特权在20世纪最后几十年里以立法形式遭到削减之后，才开始审视自己的地位。在此之前，以白人权利为基础的旧有体制已经存在如此之久，以致他们已对此视而不见，在白人工人眼中，新的机会平等法并不像取消了某些种族特权，而更像在实施反向歧视”[8]。经济学家伊莉亚娜·库兹伊姆科与合著者通过实验发现，无论物质条件如何，人们都非常不喜欢落在最后，如果排在他们后面的群体看上去有可能超越他们，他们将会坚决抵制那些会改善排在其后多数人命运的变化。[9]

最后，我们想解释我们是如何思考“为什么”的。我们更多的是从历史学家和社会学家的角度思考事物的原因，这与今天许多经济学家思考因果关系的方式截然不同。现在，有些经济学家鼓吹，要想证明因果关系，需要设计一个对照实验，或者至少存在某种历史环境，使得同一群人被分成不同群体，然后以不同的方式分别暴露在同一个事件当中。这些技巧自有其用途，但它们在这里对我们基本毫无用处，因为我们描述的是一个缓慢发展的大规模解体过程，其中涉及一系列偶然的历史力量，而且许多力量相互作用。一些强调实证的社会科学家认为，在这种情况下得出的任何结论都是虚幻的。[10]我们从根本上并不同意这种观点。我们的读者将不得不决定，在没有受控性实验或任何类似做法的支持下，我们的论述是否有说服力。

第十三章

美国的医疗制度是如何戕害生命的

美国人在医疗保健方面开销巨大，这些花费几乎影响经济的各个方面。医疗保健在世界各地都很昂贵，富裕国家在延长其公民生命和减少痛苦方面花费大量资金也是十分必要的，但美国的做法简直是要多糟糕就有多糟糕。

我们不会重点讨论医疗过程中有时会发生的直接伤害，例如，医疗失误、不当治疗、过量使用阿片类药物或在病人需要时未能提供治疗等，我们更多关注的是医疗制度超乎寻常和极不恰当的费用对人们的生活与工作造成的间接伤害。美国的医疗制度吞噬了美国 GDP 的 18%——在 2017 年为每人 10739 美元，[1] 约为美国国防开支的 4 倍、美国教育开支的 3 倍——毫无疑问，它也无端侵蚀了工人的工资。由于要支付医疗保险费用，这不仅减少了工人家庭可支配的工资收入，从而影响这些工资能够购买的东西，还使医疗行业的收入膨胀，并刺激了行业规模过度发展。雇主负担的医疗保险成本基本上不会被雇员看到，但它不仅压低了工资，而且还破坏了工作岗位，特别是低技术水平工人的工作岗位，并以比较差的工作取代好工作。由于人们不得不从事更差的工作，他们的工资也随之下降。高昂的医保费用还直接打击了那些没有保险或保险不足的个人，并影响了那些通过共同支付、免赔额和雇员供款获得医疗保险的人。它们还影响了联邦政府以及支付医疗保险和医疗补助的州政府。各州政府必须征收更多的税款，减少美国贫困人口特别依赖的基础设施或公共教育等其他方面的支出，或使用可能危及未来经济增长的财政赤字，将负担转移到我们的子女和未来的纳税人身上。

美国的医疗制度，借用亚当·斯密对于垄断的评论，可谓既“荒谬又具压迫性”[2]。

医疗保健费用高昂本无可厚非，我们应该在医疗上面花费巨资也合情合理。为了获得更美好和更长久的寿命而放弃一些财富自有其必要性，而且这样做会使我们越来越富有。[3]延长寿命或提升生命质量的新疗法不断出现。它们的发明和实施可能也需要不菲的花费，而支付这些费用通常是明智的选择。尽管如此，我们现在在医疗上有太多不必要的花费。我们认为，在不损害健康的前提下，至少可以削减1/3的医疗费用。

正如我们在第九章论述阿片类药物时看到的那样，医疗行业的一部分——药品制造商和经销商——通过引发一场导致数万人死亡的流行病而发财致富。这是一个直接危害人们健康的极端例子，也是一个向上再分配的过程。在这个过程中，最上层的少数人为了自己谋利而不惜牺牲其他人的利益，其中许多人面临被辞退和死亡的危险。医疗行业必须对这种直接危害健康的行为负责，同时还应承担对整个经济造成间接危害的责任。意外过量使用药物导致死亡是三种绝望的死亡形式中最普遍的一种，其中大量案例都可归咎于医疗行业引发的阿片类药物流行病，尽管生活恶化导致一些人更易上瘾也是一个不容忽视的因素。在那些无论工作还是家庭生活都日益艰难的人口中，自杀和酗酒导致的死亡人数正在上升，高昂的医疗费用则加速了这些死亡。

在下一章中，我们将讨论其他行业，以及它们在导致绝望的死亡中扮演的角色。然而，医疗行业与其他行业不同，不仅因为它可以直接杀人，而且因为医疗行业的经济意义与其他行业存在根本性的区别。虽然自由市场竞争是衡量经济多个方面的良好基准，使我们可以依靠市场实现理想的结果，但对医疗行业来说，情况并非如此。自由市场竞争不能，也不会提供可以为社会所接受的医疗服务。[4]

医疗支出和健康成果

美国的医疗费用居全球之首，但是美国的医疗制度在富裕国家中则是最差的，在近期出现的死亡流行病和预期寿命下降之前很久，这一点就已经是一个事实。提供医疗服务耗费的成本严重拖累了经济，导致工资长期停滞，这也是劫贫济富式再分配的一个典型例子，我们曾将这种现象称为“诺丁汉郡治安官式”再分配。美国的医疗行业并不擅长增进人民的健康，但它擅长增进医疗服务提供者的财富，这其中也包括一些成功的私人医生，他们经营着极其有利可图的业务。它还向制药公司、医疗器械制造商、保险公司（包括“非营利性”保险公司）以及更具垄断性的大型医院的所有者和高管输送了巨额资金。

图 13-1 显示了其他国家与美国之间的差异，以及随着时间的推移，这种差异是如何扩大的。我们选择英国、澳大利亚、法国、加拿大和瑞士为比较国，代表其他富裕国家。[5] 图中的纵轴和横轴分别为预期寿命和人均医疗支出，每条曲线是由 1970—2017 年，这两个数字在当年的交汇点连接而成的（人均医疗支出以国际元[①]计算，因此 2017 年美国的数字与此前所述的 10739 美元有所不同）。

在图 13-1 中，美国显然是异类。它的人均预期寿命比其他国家要低，但人均医疗支出却高了很多。1970 年，即曲线开始的第一年，美国和其他国家之间的差距并不明显，美国的预期寿命并没有落后多少，医疗支出也没有高出许多，但在此之后，其他国家做得更好，推动了健康状况更快改善，并更好地控制了医疗费用的增长。瑞士是图中和美国最相近的国家，

---

① 国际元是在多边购买力平价比较中，将不同国家的货币转换为统一货币，以方便比较。——译者注

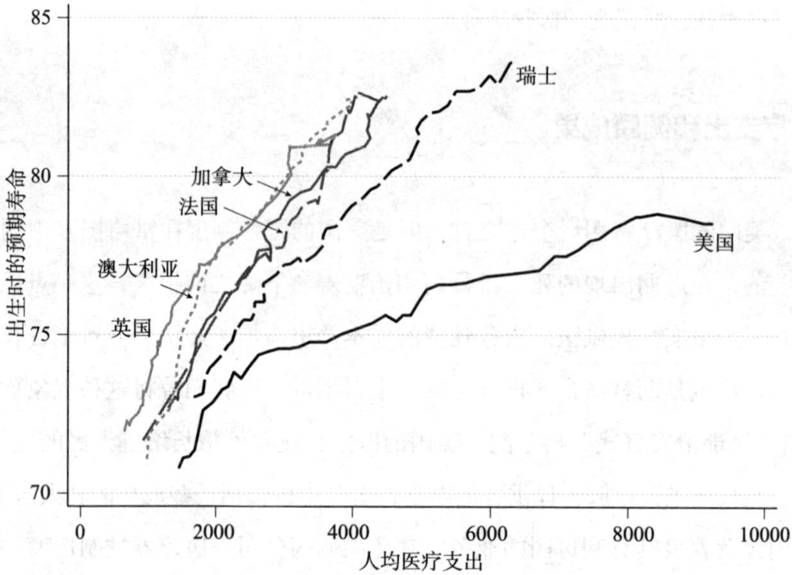

图 13-1　美国、瑞士和其他选定国家的出生时预期寿命和人均医疗支出（预期寿命的单位为年，人均医疗支出按 2010 年的国际元计算）

资料来源：作者根据罗塞（2017）报告更新所得

其他国家的曲线则彼此十分贴近。如果图中再加上其他富裕国家，它们的曲线看起来也会更接近那些人均支出较低的国家，而不是瑞士或美国。

2017 年，瑞士的人均寿命比美国人长 5.1 年，而人均医疗支出却少了 30%。其他国家的人均寿命与美国人相当，但人均医疗支出大大低于美国。2017 年，美国的医疗支出占 GDP 的 17.9%，其次是瑞士，为 12.3%。假设有一位仙女能以某种方式将医疗支出在美国 GDP 中所占的份额降低到位居第二的瑞士的水平（不需要雄心勃勃地将其降低到富裕国家的平均水平），那么美国将可以把其 GDP 的 5.6% 用于其他方面，并因此多出超过一万亿美元的资金。[6] 这意味着美国每个男人、女人和孩子每年都多出 3000 美元以上的收入，以家庭为单位计算，则每家大约能获得 8300 美元的额外收入。2017 年，美国家庭收入中位数是 6.1 万美元，一个由两个成年人和两个孩子组成的家庭的贫困线为2.5万美元。如果在2017年，每个家庭都能获得8300美元的额外收入，那么过去30年的收入增长中值将达到实际增长率的两倍。冒着对我们的仙女提出太高要求的风险，假设我们再次提出要求，既然能降到瑞士的水平，为什么不能降到加拿大的水平呢？如果做到这一点，将节省1.4万亿美元，相当于每人4250美元，每户11000美元。

另一种计算医疗费用浪费的方法是直接确定医疗支出中对美国人健康没有贡献的部分。最近的计算是，[7] 浪费的部分大约占总支出的25%，与美国和瑞士的差额大致相当。

这个极其巨大的数字是浪费额，而不是总费用。近半个世纪以来，这种浪费一点点逐渐侵蚀着人们的生活水平。美国的劳工阶层如果不必支付这笔贡金，他们今天的生活将会好很多。

美国人花费那么多，到底得到了什么

考虑到如此高昂的费用，我们无疑希望美国人拥有更好的健康状况，但事实并非如此。正如我们所看到的，美国在预期寿命方面的表现并不算好，而预期寿命是衡量健康的重要指标之一。虽然除了医疗之外，还有许多因素影响预期寿命，但医疗水平在近年来已经变得越来越重要。2017年，美国的预期寿命为78.6岁，西班牙裔人口显著高于全国平均水平（81.8岁），非西班牙裔黑人显著低于全国平均水平（74.9岁）。[8] 这些数字低于经济合作与发展组织其他25个成员国的预期寿命。在其他成员国中，德国的预期寿命最低，为81.1岁，比美国长2.5岁，日本的预期寿命最高，为84.2岁。[9] 无论美国人从医疗制度中得到了什么，他们显然没有得到更长的寿命。

或许美国人有别的收获？美国是一个非常富裕的国家，美国人为了获得更好的医疗服务而支付更多费用也很合理。然而，美国人并没有比其他国家更多地使用医疗服务，尽管医疗领域的工作岗位大幅增加。2007—2017年，医疗行业新增280万个就业岗位，占美国新增就业岗位的1/3，这些新增就业岗位的资金主要来自非营利部门的“利润”。[10]事实上，美国的人均医生数量有所减少——美国医学会通过限制医学院的入学名额有效地确保了医生的高薪——人均护士数量的情况也基本相同。医学院的学费昂贵，这一点常常被用作说明医生有正当理由获得高薪，但如果医学院在没有名额限制的情况下接受竞争，费用无疑会降低。如果不是有体系地把合格的外国医生排除在外，医生的工资和医学院的学费都会下降。在实施某些治疗措施方面，美国和其他富裕国家的数字大致相同，尽管美国似乎更侧重于营利性的治疗措施。[11]美国人似乎拥有一个更豪华的体系（像是商务舱而不是经济舱），但无论乘坐商务舱还是经济舱，乘客总是会在同样的时间到达同一目的地（在我们现在所说的情况下，如果他们的目的地是来世，那么商务舱的乘客可能更快）。与其他一些国家的病人相比，美国人等待手术（例如髋关节或膝关节置换术）或检查（例如乳房X光检查）的时间较短。等待时间较短的部分原因可能是有很多昂贵的机械设备没有得到大量使用。美国的病房大多为单人病房或双人病房，而其他国家的病房更常见的是多人病房。

发病率比死亡率或手术次数更难衡量，但有人曾经做过一项研究，在英国和美国进行了完全相同的健康状况调查，结果发现一系列健康状况指标（部分源于自我报告，部分来自通过化验血液得到的“硬”生化指标）表明，英国人在中年后的健康状况好于美国人。[12]英国人在医疗上的支出不到其GDP的10%，人均医疗支出大约是美国的1/3。

美国人对其医疗制度也并不满意。2005—2010年的盖洛普世界民意调查中，只有19%的美国人对下面这个问题做出肯定的答复，即“你对医疗制度或医疗体系有信心吗”。[13]盖洛普还询问人们是否对他们所居住的“城市或地区提供优质医疗服务的能力”感到满意。美国在这个更具体、更地方性的问题上表现得更好，77% 的人给出了肯定答复，与加拿大和日本的比例大致相当，但差于其他富裕国家，也不如一些更贫穷的亚洲国家或地区，如柬埔寨、中国台湾、菲律宾、马来西亚和泰国。在瑞士，94% 的人对本地提供优质医疗服务的能力表示满意，58% 的人认为国家医疗制度或医疗体系运作良好。美国人的不满主要集中于在一个不公平的体系中获得医疗服务。根据联邦基金于 2007 年发布的一份报告，在“获得医疗服务、患者安全、协调、效率和公平”方面，美国在 7 个富裕国家中排名垫底。[14]

钱去哪儿了

美国人付出了这么多，但获益却这么少，这怎么可能？这些钱肯定花在了什么地方。病人花的冤枉钱变成医疗服务提供者的收入。在这里再次和其他富裕国家进行比较依然会很有用。医疗费用的差异在很大程度上是因为美国医疗服务价格更高，以及医疗服务提供者的工资更高。美国医生的工资几乎是其他经济合作与发展组织成员国医生平均工资的两倍。[15] 不过，由于医生人数相对于总人口数量下降，他们在高昂的医疗费用中所占份额有限。[16] 应医生团体和国会的要求，医学院的招生人数受到严格控制，同时外国医生难以在美国执业。[17] 2005 年，美国收入最高的 1% 人口中，医生占 16%。在这 1% 的前 10% 中，有 6% 是医生。[18] 美国护士的收入也相对较高，但与其他国家的差距不大。在美国，药物的价格大约是其他国家的 3 倍。[19] 在美国，服用降胆固醇药物瑞舒伐他汀每月需要花费 86 美元（打折后），该药在德国的月度花费是 41 美元，在澳大利亚只有 9 美元。如果你患有类风湿关节炎，你的修美乐（阿达木单抗）在美国每月需要花费 2505 美元，在德国是 1749 美元，在澳大利亚是 1243 美元。美国的手术费用更高。在美国，髋关节置换术的平均费用超过 4 万美元，而在法国，同样手术的花费大约为 1.1 万美元。在美国，即使同一制造商生产的相同设备，髋关节和膝关节置换的费用也比其他国家高出 3 倍以上。磁共振成像检查在美国要花费 1100 美元，但在英国只需要 300 美元。美国医生需要支付的医疗事故保险费用也更高，尽管与医院费用（33%）、医生费用（20%）和处方药费用（10%）相比，它只占医疗费用总额的 2.4%，这并不算多。[20] 相对于其他富裕国家，美国的医院和医生更多地使用“高利润率和高金额”的治疗措施，如影像学检查、关节置换、冠状动脉搭桥术、血管成形术和剖宫产。[21] 2006 年，我们两人中的一位更换了髋关节。当时，纽约一家著名的医院对一间（双人）病房的收费高达每天一万美元。病人在这间病房中能够饱览东河上船只如梭的美景，但电视节目是额外收费的，更不用说药物和治疗了。

美国制药公司的捍卫者认为，大部分药物研发都是在美国完成的（尽管并不总是由美国公司完成的），因此其他国家都在免费享用美国的创新和科学发现。批评人士则指出，制药公司在市场营销上的投入远大于研发投入，许多基础研究是由政府完成或资助的（例如，由美国国立卫生研究院进行的）。他们还指出，缩短甚至取消专利保护可能不会像我们所认为的那样会导致灾难性的后果。[22] 现行体制在很多方面根本站不住脚。以胰岛素为例，如果没有胰岛素，糖尿病患者将会死亡，胰岛素的三位发明者以每人一美元的价格将这一发现卖给多伦多大学，以保证它可以被永久免费使用。然而，一些患者现在不得不每月支付高达 1000 美元的费用，有时甚至只能放弃治疗，而制药厂商则通过调整药物配方维持其专利。[23] 与此同时，根据《经济学人》的报道，制药公司已经设立大规模的慈善基金会，通过承担病人共同支付部分的费用，使其更容易维持药物的高价格。更重要的是，制药公司通过慈善基金会承担的每一美元共同支付费用，都可以享受两美元的税收减免。[24] 如果可以降低药品价格，则可以为美国国立卫生研究院大规模扩展研究项目提供资金。它还将节省大量资金，并减轻我们在提供其他必需的商品和服务时面临的压力。

除了价格，还有其他应该考虑的因素。新药、新仪器和新的治疗手段不断涌现。其中有些可以拯救生命、减少痛苦，但很多并没有什么效果，但它们依然被推给病人并收取费用。这就是所谓的“过度医疗”，即投入更多资金并未带来更大程度的健康增长。与美国不同，英国设置了监管机构，即英国国家卫生与临床优化研究所（NICE），这个机构负责评估新药和新的治疗手段，预估每多花一英镑会带来多少额外健康，并且在这些药物或治疗手段没有达到最低收益要求时建议不使用它们（考虑到英国的体制，这实际上彻底使它们出局）。在美国，这样一个机构将直接威胁医药行业的利润，因此行业将拼死反抗，这也就意味着这家机构肯定会死，而不是行业会死。

NICE 的第一任主席迈克尔·罗林斯爵士表示，NICE 首个测试的药物是瑞乐沙，这是由原葛兰素威康公司生产的治疗流感的抗病毒药物。NICE 建议不要使用它，不是因为它没有效果，而是因为它的“外部”影响，医生办公室里等待处方的流感患者会传播疾病。该公司的主席“冲进唐宁街，威胁要把他的研究带出国”。但时任英国首相托尼·布莱尔和卫生部长弗兰克·多布森力挺 NICE，使该机构免于胎死腹中。[25] 我们怀疑，如果这种情况发生在华盛顿，最终的决议则可能会有所不同。还有一点想提请读者注意，即美国食品药品监督管理局在其药品审批过程中不被允许考虑更广泛的社会影响，例如，阿片类药物可能被转售的影响。

医疗保险公司经常受到媒体的批判，尤其是当他们拒绝支付治疗费用，或者向那些认为自己已有全额保险的病人寄去令其费解的账单时。这里存在的一个大问题是，在一个私营系统中，保险公司、医生诊所和医院在管理、谈判费率和试图限制开支方面花费了巨额资金。而一个单一付款人系统，尽管根据设计不同可能存在各自的优点和缺点，但至少会节省一半以上的类似费用。导致问题出现的根源不仅在于保险公司追求利润，如果医疗制度的运行方式不同，保险公司就可以省去现在所做的大部分工作。[26]

最后（但并非最不重要）的一点是，医院提高价格并不是因为成本上升，而是因为它们正在进行整合，从而减少或消除了竞争，并利用强大的市场势力提高价格。它们正在稳步赢得与保险公司（和公众）的战争。与面临竞争的医院相比，地方垄断性医院的收费要高出12%。此外，当一家医院与5英里内的另一家医院合并后，医院之间的竞争会减弱，而医疗服务价格会平均上涨6%。[27]

患者在出现急症的情况下最容易处于弱势地位，而医疗急症也越来越多地被视为和作为赢利机会。救护车服务和急救室已经外包给医生与救护车服务公司，这些医生和救护车每天都正在发送“出人意料”的医疗账单。这些服务中的许多项目并不在医保范围之内，因此即使患者被送往自己的医疗保险覆盖的医院，也需要自己支付各种急救费用。2016年，很大一部分急诊室就诊病人支付了“意外”的救护车费用。随着农村地区医院的关闭，空中救护车变得越来越普遍，它们可能会带来数万美元的意外费用。当有人陷入困境，甚至失去意识时，他们没有能力就收费高低讨价还价，同时，由于不存在能够抑制价格的竞争，在这种情况下，即使意识尚存，病人也只得乖乖按要求付钱。提供这些服务的公司许多由私人股权公司所有，它们非常清楚这正是漫天要价的理想情况。[28]现在，那些追在救护车后面寻找获利机会的事故官司律师已经摇身一变，成为救护车的拥有者，交通事故的受害者在医院醒来时，会一眼看到他们的轮床上贴着2000美元的账单。

这种掠夺是一个典型例子，表明一个向上转移收入的系统是如何运作的。在这种情况下，金钱从身处困境中的病人手中转移到私人股权公司及其投资者手中。这也说明了为什么尽管资本主义在多数情况下拥有诸多优点，但却不能以一种可被社会接受的方式提供医疗服务。在医疗急症情况下，人们无法做出竞争所依赖的知情选择，正如人们在陷入对阿片类药物的依赖时，无法做出知情选择一样。

过去由医生管理的医院现在已经改由企业高管管理，其中有些人是脱下白大褂并换上西服套装的医生，他们领着首席执行官的薪水，追求的是建立商业帝国和提高价格的最终目标。一个很好的例子是纽约长老会医院，它现在已经成为一个由多家曾经独立的医院组成的庞大医院集团。长老会医院是一家非营利性机构，其首席执行官史蒂文·科温博士在2014年的薪酬高达450万美元，[29] 而纽约北岸大学医院首席执行官的薪酬是其薪酬的两倍。[30] 纽约长老会医院推出了一系列制作精美的视频故事广告，这些广告在大受欢迎的《唐顿庄园》系列剧集播出之前在公共电视上播放，每一个广告都记录了一个只有在纽约长老会医院才能发生的非同寻常的康复故事。[31] 这些广告的目的是诱导员工要求将这家医院纳入他们的保险计划，使医院增加与保险公司谈判的能力，这有助于它提高价格，从而使科温的高薪获得保证。其他医院很快效仿，推出了类似的广告。2017年，美国医院在广告上花费了4.5亿美元。[32] 很难看出这些策略能怎样改善患者的健康。

医生、医院、制药厂商和设备制造商通力合作，共同推高价格。高科技医用扫描设备的制造商向医生、牙医和医院提供具有吸引力的租赁和定价条款，后者使用设备，为各方带来源源不断的现金流，但并不会给病人带来明显的效果改善。或许，扫描设备（scanner）和骗子（scammer）的英文名难以区分并不是巧合。制药厂商也会与医院和医生合作，帮助它们开发新产品，并提高需求。2018年，著名乳腺癌研究专家何塞·贝塞尔加被迫辞去纽约纪念斯隆凯特林医院的首席医疗官一职，[33] 该医院自称是世界上最古老、最大的私人癌症治疗中心。贝塞尔加被迫辞职的原因是他未能在已发表的论文中披露潜在利益冲突，这种利益冲突来自他与生物技术初创公司和制药公司千丝万缕的财务联系。在他辞职后，这些利益冲突方中的一家——阿斯利康公司立即任命他为公司的研发主管。正如医院管理层所说（他们说的完全正确），[34] 医院在为病人提供新药试验，或者医生尝试帮助传播关于有效新产品的信息时，存在潜在的利益共生关系。事实上，新的癌症药物近年在降低癌症死亡率方面发挥了良好的作用。然而，由于患者的最大利益并不总是与制药厂商的利益相一致，因此他们自然可能想知道他们的医生到底是在为谁的利益服务，并需要确信他们的医院不仅仅是制药公司的一个分支机构。

制药公司首席执行官们的薪水都颇为丰厚。根据《华尔街日报》2018年的一份报告，2017年，在薪酬收入排名前十的CEO中，收入最高的是艾瑞·鲍斯比，他的年薪为3800万美元，他是艾昆纬公司的CEO，该公司是一家为制药公司、保险公司和政府提供患者信息分析服务的数据公司。排名第十的是默克公司的CEO肯尼斯·弗雷泽，年薪1800万美元。[35] 2014年，美国收入最高的部分是来自小型私营企业的利润，远远超过大公司首席执行官的薪酬，而这些收入丰厚的小型私营企业主中，不乏私人诊所的医生。[36]

美国医疗服务的超额费用流向了医院、医生、设备制造商和制药厂商。从健康的角度来看，高达上万亿美元的这些费用是一种浪费和滥用，从医疗服务提供者的角度来看，它则是一笔丰厚的收入。因此，我们仍然需要回答两个问题：首先，这些费用会对美国人的生活产生什么影响？其次，在这种情况下，医疗行业是如何做到全身而退的？

谁来付钱？高昂医疗支出的后果

从机械的角度理解费用由谁支付并不复杂，但要弄清楚其会对人们的生活造成什么影响则困难得多。最后，不管是谁拿到的账单，最终所有费用都将由个人支付，所以我们应该牢记一个数字，即美国人均医疗总成本达10739美元。许多美国人对他们需要付出这样一大笔钱，或者人均需要付出这笔钱，感到不可思议。这些账单通常由保险公司、雇主或政府支付，我们大多数人都比较幸运，从来没有收到过医疗账单，甚至没有见到过一张让我们伤筋动骨的医疗账单。然而，正是由于缺乏透明度，以及其他人会帮我们付这笔钱的普遍感觉，才会出现当前的医疗制度，如果人们能够更好地了解这个制度的实际影响，那么它将受到更有力的挑战。[37]

图 13-2 显示了在过去半个世纪里，医疗支出在 GDP 中所占的比重如何从 1960 年的 5% 增长到 2017 年的 18%。另一个与此相反的数字可能同样有用，甚至可能更有用，那就是，GDP 中可用于除医疗外的其他项目的支出从 1960 年的 95% 下降到今天的 82%。图中还显示了医疗负担增长最快的时期，特别是从 20 世纪 80 年代初到 90 年代初，以及从 2000 年到 2008 年。正如伊齐基尔·伊曼纽尔和维克托·福克斯所指出的，[38] 这些时期正是平均时薪表现糟糕的时期，特别是与 90 年代中期相比更明显，90 年代中期，工人时薪数据表现良好，但医疗支出的比例则有所下降。如果我

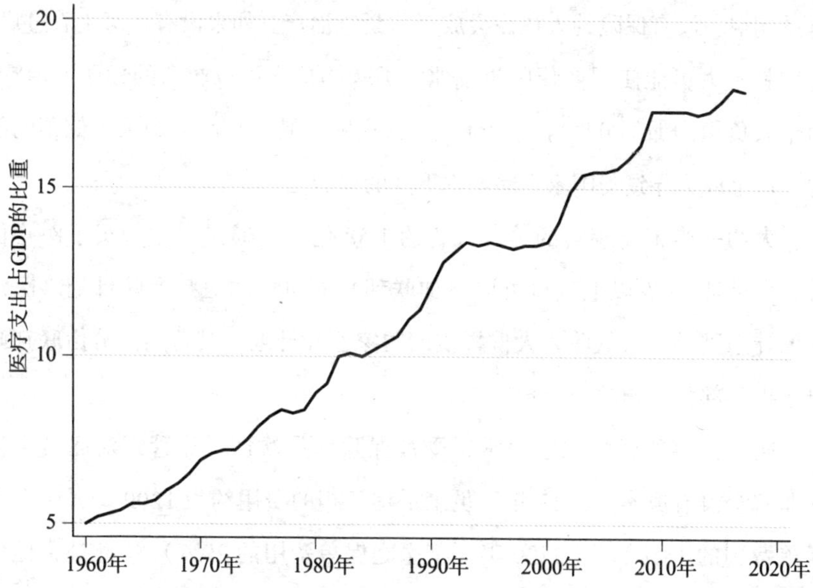

图 13-2 1960—2017 年医疗支出占 GDP 的比重

资料来源：医疗保险和医疗补助计划服务中心

们看一下45~54岁且没有学士学位的白人男性的状况，他们在2017年的平均工资比1979年低了15%，同样的状况还出现在20世纪80年代，当时工资又出现迅速下降，随后在20世纪90年代中期和过去几年有所回升。当然，工资高低受很多因素影响，尤其受更普遍的劳动力市场状况影响，同时医疗费用的上涨又是一个持续缓慢的过程，因此，这种跨越几十年的模式可能是我们能够期待的最好的研究对象。

如果我们从谁来付钱开始着手，会发现个人和联邦政府各付28%，另有20%由企业为其员工支付，17%由州和地方政府支付，其他私人付款人支付剩下的7%。[39] 没有保险的人口（2017年，这部分人口占总人口的9%，即2970万人）必须直接支付费用，且费率通常比向政府或保险公司收取的费率高得多。那些付不起钱的人可能会得到慈善医疗，或者得到相互津贴的补助，或者他们也有可能会被讨债人追上很多年。人们经常说，医疗保险与其说是为了保护你的健康，还不如说是为了保护你的钱包免于被医疗体系掏空。没有保险的人往往会放弃非紧急治疗。如果没有找医生看过病，他们就不太可能使用像降压药或他汀类药物这样可以救命的预防性治疗。由个人负担的那部分医疗费用降低了人们购买其他物品或为未来储蓄的能力，这也成为导致美国家庭储蓄率下降的原因之一。[40]

大约一半工作年龄的美国人（约1.58亿人）通过雇主购买了医疗保险，[41] 同时65岁以上人口可以参加联邦政府付费的医疗保险计划。医疗补助计划则是针对低收入人群提供的国家医疗计划，其费用部分由联邦政府承担，部分由州政府承担。

雇主提供的医疗保险通常很受被保险雇员欢迎，尽管它对雇员来说并非完全没有成本。2017年，员工平均负担的费用约为1200美元（个人保单费用的18%），或5700美元（家庭保单费用的29%）。[42] 此外，他们还需要支付医疗相关的税费，并且必须在治疗时支付共同支付费用，以及在报销前需扣除的所有费用。病人通常很难事先知道治疗费用是多少，或在事后了解具体账单。例如，保险公司可能会承担某项治疗 90% 的费用，而这实际上是保险公司内部价格的 90%，其实际费用可能远低于账单上的金额。对于拥有医疗保险的人来说，突然收到出乎意料的医疗费用账单是常见现象，甚至在非急诊的情况下也经常发生。与此同时，在医疗费用不断上涨的情况下，雇主提供的医疗保险计划在质量和保障范畴方面都正在恶化。[43]

一项研究重点分析了截至 2009 年的 10 年的情况，在此期间，一个拥有雇主医疗保险的四口之家收入中值从 76000 美元增长到 99000 美元。但在增加的收入中，除了 95 美元之外，其余的钱都被员工保险费、医疗中自付部分的支出、医疗保险税以及其他商品价格的上涨抵消了。[44]

雇主提供的保险存在严重的问题，但接受保险的员工并不总是清楚这些问题。许多雇员认为雇主承担的 71% 保险费用，即（平均）20000 美元的家庭保险费用，对于他们而言是完全免费的。然而，由于对企业而言这笔费用是实实在在的支出，它会影响企业准备支付多少工资和雇用多少工人。雇主在做出雇用决定时，需要考虑的并不仅仅是员工的工资，而是公司雇用员工必须支付的总成本，其中包括医疗保险和其他福利费用。像员工工资一样，雇主承担的医疗保险费用也是员工薪酬成本的一部分，因此，保险费成本的上升，例如，从 1999 年的 2000 美元上升到 2017 年的 6896 美元（个人计划平均保险费用），是导致工资被压低的重要原因。员工可能会认为他们得到了一份礼物，却很少意识到雇主关心的是他们为每位员工支付的成本总额，而不论这些钱最终到了谁的手上。雇员可能不知道，这份“礼物”是从他们的工资中部分或全部扣除的。[45] 在上述例子中，如果雇主承担的保险费用没有上涨，一个四口之家在 2009 年本有可能得到高于 9.9 万美元的年收入。

事实还远不仅止于此。面对医疗保险费大幅上涨的情况，雇主可能决定不再为一些职位提供医疗保险，或者更进一步，他们可以雇用更少的工人，或者至少将他们的工作外包出去。一位高管向我们解释说，有一年，当他的公司看到大幅增长的医疗保险费用时，聘请了管理顾问来帮助削减“总人头”，确定哪些员工实际上是可有可无的，或者公司在餐饮服务、安保、清洁、运输方面的工作是否可以外包。这样，就可以把支付工资和医疗保险费用的责任转嫁给外包公司，由外包公司决定是否向员工提供这些福利。与为大公司工作相比，为外包公司工作往往是一个没有吸引力和缺乏意义的选择。医疗费用在低薪工人的总工资成本中所占的比例更大。对于年薪 15 万美元的高薪员工，家庭医疗保险平均只增加了不到 10% 的雇用成本；对于年薪只有工资中位数的一半的低薪员工，家庭医疗保险增加的成本则高达 60%。这是医疗费用上升把好工作变为差工作，乃至彻底消灭工作的方式之一。

雇主提供的医疗保险导致医疗费用上涨，并使医疗行业的规模不断扩大。由于拥有较高技能和较高收入的就业者更有可能拥有保险，所以保险公司在设计保险条款时主要考虑满足客户的需求和口味。由于雇主承担的保险费用不被视作应税收入，因此雇主也有动力通过（不应税的）保险提供越来越豪华的医疗服务，而不是让雇员从税后收入中支出相关费用。这不仅使联邦政府损失了约 1500 亿美元的税收，[46] 而且还鼓励雇主和雇员在协商薪酬时包含更高端的医疗保险。正如维克托·福克斯指出的，政府似乎在全力促成“全食”式的医疗，而不鼓励“沃尔玛”式的医疗，尽管许多人，也许是绝大多数人，从费用角度考虑更愿意获得后者。基于雇主的医疗保险制度无论在获取医疗服务方面，还是在服务内容上，都更偏向于高收入的就业者。[47]

联邦政府和州政府也会承担医疗费用。对联邦政府来说，医疗福利费用必须与政府计划或有能力做的所有其他项目进行竞争。一个典型的例子是政府未能维护和更新基础设施。由于美国糟糕的道路状况，联邦快递公司的运货卡车更换轮胎的频率已经达到 20 年前的两倍。[48] 医疗补助计划给州政府在预算制定中带来的负担可能更加隐蔽。由于医疗补助是一项权利，各州别无选择，只能支付发生的医疗费用。除了在确定资格要求方面拥有一定的灵活性外，各州对医疗服务内容或医疗费用的控制有限。在州一级，医疗支出的增长也同样侵蚀了其他重要的福利，特别是教育和交通。2008年，医疗补助计划支出占州政府支出的20.5%，到2018年，它已经增长到约29.7%，而同期中小学教育支出则从22.0%下降到19.6%。目前，各州在医疗补助计划上的支出达到在基础教育（K-12）上支出的一半。[49] 而这个福利对那些经济能力雄厚，可以不依赖公立基础教育的人口而言显然不是那么重要。

在理想的情况下，应该可以准确计算谁在为医疗费用买单，但其数额如此庞大，如此分散在经济的各个方面，并且如此不透明，因而这是一项不可能完成的任务。然而，我们每个人每天都在为此买单，无论是以更直接的方式，还是（通常）不那么显而易见的方式。更糟糕的是，彻底了解成本后，我们发现，我们花钱时很少有意识地主动选择，并且也并没有把钱花在我们确实需要并愿意支付的方面。相反，医疗制度已经成为经济的寄生虫，就像沃伦·巴菲特所说的绦虫，美国人很早以前不小心吞下了它，而现在它已经长得很大，正在消耗身体其他部分所需要的营养。或者用我们自己的话来说，过去仅限于医疗系统的癌症现在已经扩散到整个经济中。

医疗问题为何会成为痼疾

世界各国在为医疗保障提供资金和具体实施方面都面临极大困难，而不仅仅是美国面临困局。对大多数商品和服务而言，问题可以通过市场竞争来解决，但这种方法并不适用于医疗服务。20世纪最伟大的经济学家之一肯尼思·阿罗证明了一个重要的经济学定理，向我们揭示了市场能做什么、不能做什么，以及在什么情况下能做什么和不能做什么。阿罗定理更精确地解释了亚当·斯密在很久之前提出的论点。并非巧合的是，阿罗还撰写了“健康经济学”领域的专著，[50] 阐述了为什么市场化的医疗解决方案从社会角度看并不可取。当然，正如市场原教旨主义者所说的那样，充分竞争的自由市场（加之强力实施的反垄断法）肯定能够带来比现在更低的价格。但医疗服务与其他服务不同。由于患者无法获得服务提供者所拥有的信息，这使我们在很大程度上被对方掌控。我们无法抵制医疗服务提供商推动的过度供给。类似的情况也可能发生在汽车修理工身上，只不过不会导致这么严重的后果。

如果在市场上购买金枪鱼、汽车、住宅、机票等商品或服务，消费者很快就能知道哪些产品适合他们，哪些不适合他们，供应商之间的竞争将淘汰那些有缺陷或没人想要的商品或服务。假设你想要找到最好的整形外科医生，情况就大为不同了。我们在前面曾提到，我们中的一人做过髋关节置换术，当时在寻找外科医生时，我们尽可能地和每个人交谈，并尽可能地查阅资料，但并没有找到令人信服的答案。我们最喜欢的一个评论是，“他曾经为教皇做过手术，但那已经是过去式了”。手术后，一名夜班护士（她恰好名叫卡珊德拉[①]，尽管我们对事件的回忆可能受到了镇痛泵的影响而有失准确）简单讲述了她的看法，但可能病人和护士看问题的角度有所不同：显然速度给卡珊德拉留下了更深刻的印象。很久以后，我们发现，一位骨科医生朋友自己的膝关节置换术居然失败了，这让我们明白，就算一位好的骨科医生也会做出错误的选择。

在一个不受监管的市场上，医疗保险无法有效运作，甚至根本无法运作。由于医疗服务提供者和患者双方面都有动力加大医疗支出，这将推动医疗保险费用不断上涨，并使其超出保险的购买者，尤其是相对健康的人

---

① 作者未明确指代，此处疑为戏语，指希腊、罗马神话中的特洛伊公主卡珊德拉。她是一位拥有预言能力的女先知，但因为抗拒阿波罗而遭到诅咒，其预言不被人相信。——译者注

愿意支付的范围。于是，较为健康的人会选择退出他们并不需要的昂贵保险，留在保险计划中的，将是一个健康状况越来越差、支出越来越大的群体，从而使保险计划难以为继，即出现臭名昭著的“死亡螺旋”。

医疗保险要想良好运转，加入保险计划的人必须既包括生病的人，也包括健康的人，这在美国是通过雇主提供保险实现的，在其他富裕国家则是通过政府法令要求全民参保实现的。如果没有对低收入者的补贴，或者强制购买，保险就无法运作，或者只能提供给那些健康和不需要保险的人。把医疗服务完全交给市场，而没有任何社会支持和控制，将使许多人失去保险，并且在他们生病时得不到医疗服务。不受监管的市场给我们带来的后果是，在病人最脆弱，即在他们面临紧急医疗状况时，私人股本公司对他们趁火打劫。

美国人比欧洲人更不愿意接受政府对医疗实施管控，因为有时这些管控措施会相当严厉。他们乐于相信医疗制度是一个自由市场体系，尽管政府支付了一半的费用，并且是没有经过谈判就支付了制药厂商开出的价格（通常被荒谬地描述为“市场定价”），同时政府不断授予医疗设备和药品专利，允许专业协会限制供给，并通过税收制度补贴雇主提供的医疗保障。除此之外，还有一个关键的政治事实，即人们并不知道自己付了多少钱。如果每个美国人每年在纳税时收到10739美元的账单，或者如果雇主将他们承担的雇员医疗保险费用从员工工资中扣除，那么改革的政治压力肯定会加大。隐形费用会鼓励过度收费。因为它们是隐形的，所以与某些更明显的问题，如美国几乎10%的人口没有医疗保障相比，这些费用带来的问题并未受到足够的重视。后者确实是一个巨大的丑闻，我们在其他任何一个富裕国家都不会看到，但正是爆炸式增长的医疗费用，摧毁了国民经济为低技术水平工人提供医疗保障的能力，而这本是它应尽并且可以尽到的职责。

收人钱财，与人消灾

医疗服务提供者还有另一条重要的防线，并且其还起到了攻击的作用，那就是华盛顿的医疗游说团体。游说行为不仅局限于医疗领域，它在我们的论述中占据一个更重要的地位，因此我们将在第十五章再次讨论它。目前，我们暂且只关注医疗领域。在医疗领域，正像在其他领域一样，企业的游说力度在过去 40 年急剧加大。它已成为一股重要的力量，推动将权力从劳动者手中夺走，将其重新分配给资本，以及从工人和消费者手中夺走权力，将其重新分配给企业和富有的专业人士。游说和寻租并不仅仅是公司行为。代表小企业的行业协会，如美国医学协会（拥有 25 万会员）和美国验光协会（拥有 4 万会员）是两个典型例子，这些协会的会员来自美国各地，从而使它们和国会的每位议员都能搭上话，并拥有来自家乡的有效政治力量来支持它们的经济影响力。政治和经济力量相互扶持，共同以牺牲患者为代价，不断增加协会会员的利润。[51]

2018 年，医疗行业雇用了 2829 名说客，平均每位国会议员被超过 5 个说客包围。超过一半的说客是“反水者”，即前国会议员或前工作人员。一些人甚至戏称国会是为投身游说业做热身的“农场联盟”[①52]。2018 年，企业在游说上的花费高达 5.67 亿美元，其中超过一半来自制药厂商。[53] 医药行业已经成为游说支出最大的行业，甚至超过金融业，其游说费用是工会组织的 10 倍有余。此外，医药行业还斥资 1.33 亿美元支持现任或潜在国会议员，投入 7600 万美元支持民主党，5700 万美元支持共和党。许多游说活动都是为了维持现状，不过，当医疗问题摆在桌面上时，游说者也

---

① 此说法来自美国体育界，指某一更高等级球队的预备队，其代表为美国职业棒球小联盟，它依附于美国职业棒球大联盟并设立各个等级，为年轻球员提供训练和比赛等发展机会，使这些球员为大联盟赛事做好准备。小联盟内的球队一般来说皆为独立经营，但可通过签署标准化的球员发展合约而成为某支大联盟球队的附属球队。这样的联盟形态通常也被称为“农场系统”“农场球队”等。——译者注

抓住机会帮助起草和通过对行业有利的立法。在立法者和他们的工作人员需要获取信息和做出分析时，说客们处于作为专家顾问的有利地位。美国也曾经设立一个独立的技术评估办公室，其作用与英国的 NICE 类似，但它已经在 20 世纪 90 年代被关闭，纽特·金里奇是此事的主要推动者。

我们当然不是说，医疗行业可以为所欲为，游说团体也并不总是能达到自己的目的，而且游说团体自身的立场也往往各不相同。不过我们尚未看到有效的游说团体，或者实力和规模可以与医药行业抗衡的游说团体，愿意为那些无奈买单，从而使医疗行业大发横财的患者发声，或者为能够充当反抗医疗行业的力量发声。

在立法活动期间，医疗行业的游说团体有时会非常有效。国会通过的奥巴马医改方案就完全没有考虑单一付款人制度或公共选择权，美国也没有建立英国那样的评估体系。医院、医生和制药公司都得到了有效的回报，以换取其对通过《平价医疗法案》的支持。[54] 尽量将更多未参保人员纳入医疗保险体系固然十分必要，但该法案阻止了任何控制成本的行动，鉴于游说团体强大的力量，几乎可以肯定，这是法案获得通过所需的必要妥协。医疗行业得到立法保护的另一个绝佳例子是，美国的医疗保险计划会为所有获得美国食品药品监督管理局批准的药物支付费用，并且不会就价格进行谈判（医疗行业曾长期反对医疗保险计划覆盖药物费用，理由是担心医疗保险制度会压低药品价格，但随着游说团体的数量和力量不断增强，它后来改变了立场，并争取到我们今天面对的更有利于医疗行业的安排）。[55]

大多数美国人通过雇主获得医疗保险本是一个历史的意外，现在它已经成为改革的巨大阻碍。这个制度诞生的那一刻就是绦虫被吞下，第一个细胞发生癌变的时候。不过，医疗行业在华盛顿备受呵护的现实也是医疗行业持续获得巨额收入和利润的关键，同时，代表医疗行业的游说团体完全有能力阻击任何可能的威胁。这就好比一个店主被要求支付保护费，于是他威胁对方要报警，结果他得知，来收保护费的敲诈者本身就是警察。美国的政府已经成为医疗行业敲诈勒索病人的共犯，这种敲诈勒索是当今美国出现劫贫济富的诺丁汉郡治安官式再分配的一个重要因素。医疗本来应该是改善人民健康的行业，而它却正在损害我们的健康；国会本应代表人民的利益，而它却正在支持医疗业对人民进行勒索。[56]

第十四章
资本主义、移民、机器人和外国

美国资本主义未能给受教育程度较低的美国人带来美好的生活。在过去的半个世纪里，好工作消失不见，实际工资水平不断下降，这使劳工阶层的生活变得日益艰难。这不仅反映在生活水平的降低上，还反映在劳工阶层的生活方式遭到破坏。对许多人来说，那些提供支持的机制——婚姻、教会和社区——不再发挥作用，他们的身份和地位受到挑战，生活的意义也彻底丧失。正如埃米尔·杜克海姆的理论预言的那样，自杀率已经上升，在当前情况下不仅指蓄意的自我伤害，还包括创造一种环境，使抑郁和药物成瘾泛滥，并由此导致绝望的死亡。

那么，问题到底出在什么地方，又该如何解决？

我们坚信竞争和自由市场的力量。在过去250年里，数百万人摆脱了贫困，使那些国家成为当今的富裕国家。在过去50年里，中国和印度等国也以惊人的速度发展。无论过去，还是现在，竞争性的自由企业一直努力让人们过上更好的生活。贸易、创新和人员流动是这一叙事的核心积极因素。但是，资本主义真正的神奇之处在于，要确保市场、贸易、创新和移民都是为大众服务，而不是与人民为敌，或者只是为少数人服务，但损害了大多数人的利益。今天，美国的劳动人民往往无法从市场经济中受益。从阿片类药物泛滥到整个医疗行业的怪象，我们已经见证资本主义最糟糕的一面，如果那还可以被称为资本主义。

在许多经济领域，补救措施并不是完全废除市场，而是对其加以改造，使其更像真正自由和竞争的市场，它们本应如此，但现在却越来越走样了。在其他情况下，需要政府代表人民进行干预。然而，政治权力已经越来越远离劳动人民。要解决这个问题，在实施经济改革的同时还要进行政治改革。

不平等常常被视为当今美国资本主义的核心问题。奥巴马总统曾称之为“我们这个时代的决定性挑战”。许多左翼人士认为，我们需要制订新的再分配计划，对富人课以更重的税，并将所得税款转移给穷人和用于生产能够造福所有人的公共产品。不平等确实是一个问题，但正如我们所见，它实际上是一个更深层次问题的表象。我们的观点是，当今美国社会恰如传说中罗宾汉理想社会的镜像，在这个社会中，资源确实是在重新分配，但不是像罗宾汉所说的那样，从富人到穷人向下分配，而是从穷人到富人向上分配。在上一章，我们已经看到诺丁汉郡治安官式的再分配，我们认为美国医疗制度的许多方面就是如此运作的。一开始，人们可能认为掠夺穷人并不是特别有利可图，因为他们的财富太少了。但穷人巨大的人口数量弥补了他们相对较少的人均资源，同时富人数量有限，因此诺丁汉郡的治安官和他的亲信大可以靠剥削穷人过上富足的生活。

财富向富人的转移有助于解释为什么劳工阶层的生活变得如此糟糕。财富的向上再分配不是资本主义的固有特征，资本主义也不必非要如此运作，尽管这种风险总是存在。不过，美国经济的很大一部分已经沦陷，在政府的首肯和纵容下为富人的利益服务。不平等的问题在于，上层社会的财富和收入有太多属于不义之财。换句话说，问题的根源不是我们生活在一个不平等的社会，而是在于我们生活在一个不公平的社会。我们不会指责那些以利于众人的方式为自己谋取财富之人。

对低工资工人的三大威胁已经受到广泛关注。技能较低的工人面临来自低工资国家移民的竞争。他们还必须与国外的工人竞争，后者生产的商品进口到美国，替代了美国工人生产的产品，并因此而威胁美国工人的工作。除了人类之间的竞争，工人们还越来越必须与机器人竞争，因为机器人已经悄悄地接管了许多原来由人完成的工作。机器人不需要医疗保险或其他福利，也不需要人力资源支持或者不断提升的生活费用。现有的税收制度对购买新机器提供补贴，但不会补贴劳动力成本。我们认为，移民虽然引起了很大关注，但它不可能是劳工阶层工资长期停滞的主要原因，也不可能是跻身中产阶级的社会阶梯被打破的主要原因。对美国而言，全球化和自动化是更为重要的影响因素。它们在美国的影响之所以比在其他国家更大，是因为美国特有的种族历史、不完善的社会福利制度以及荒谬而昂贵的医疗制度。

在受教育程度较低的工人开始面对这三大威胁之时，也恰好是美国经济增长开始放缓的时候，因此，就算人们能够平等地分享经济增长的红利，他们也不能像其父辈那样，或像他们自己预期的那样，迅速改善生活。单单这个因素，就决定了工资增长不可能保持从前的速度。而在增长红利不能平等分配的情况下，受教育程度较低的人口更容易受增长放缓影响。例如，当每个人都健康幸福时，医疗行业的寻租行为或许还可以忍受，而一旦经济增长放缓，人们对寻租行为的容忍度则会低得多。除了经济增长速度下降之外，经济结构也发生了变化，从制造业转向服务业。在服务业，即使是同等水平的工作，工资也相对较低，同时由于工会的势力较弱，工人相对于雇主的权力也更小。

移民与移民问题

许多人将工作的消失归咎于移民窃取了工作。不仅美国，在欧洲的大部分国家中，也不乏挥舞民粹主义大旗的政治家，努力挑动着人们对移民政策的恐惧。

我们想首先公布一个免责声明。我们两人中的一个属于第一代移民，另一个出生在美国，但她的祖先在19世纪中叶从爱尔兰移居到宾夕法尼亚州东北部，并且她的家庭仍然深受本民族和宗教遗产的影响。或许更相关的一点是，我们都有研究生以上学历，并且都在高等教育行业工作。在这一行业，移民早已司空见惯。在美国，超过2/3的经济学博士学位是由非美国出生的人获得的，这种现象已经存在很长一段时间，因而导致教师队伍中也有超过2/3的人并非在美国出生。在普林斯顿大学经济学系，2/3的教师出生在国外。从职业角度出发，我们认为这种多样性是一个巨大的优势，来自不同国家的不同观点、经验和价值观是创造性互动的基础。话虽如此，我们中的许多人也有一种担心，即我们生活和工作的社区虽然地理位置是在美国，但与美国其他地方相比，这些社区更像小联合国。我们也很难通过个人经历想象，当受教育程度较低的美国人的就业市场受到威胁时，他们对移民的感受。

美国的移民来源极其多元化。他们的平均教育水平与本地人口基本相同，但这掩盖了一个事实，即许多移民的教育水平非常高，其他许多移民则完全没有接受过教育。[1]受过高等教育的移民，例如，我们在普林斯顿大学的同事，可能会帮助他们的同事变得更有生产力，从而实际上增加后者的收入。移民具有悠久的创新历史。亚历山大·格雷厄姆·贝尔在爱丁堡出生和长大。詹姆斯·卡夫发明了生产奶酪的巴氏杀菌工艺，他是一位加拿大移民。移民发明的产品还包括正电子发射体层仪、电子游戏的桨杆控制器和锂电池。贝宝、特斯拉汽车和SpaceX的创始人埃隆·马斯克是一位移民，谷歌的联合创始人之一谢尔盖·布林也是一位移民。[2]2016年的诺贝尔奖得主中，所有6位获奖的美国人都是第一代移民。2015年，我们两人中的一个荣幸地获得了诺贝尔奖，在当年四位获奖的美国人中，有三人是第一代移民，另一位是移民的儿子。很难相信，限制这样的移民者对美国来说是个好主意，尽管人才输出国对此很可能有不同的看法。人们最担心的是那些受教育程度低的移民，那些人将会与受教育程度较低的美国人直接竞争，而后者的绝望正是本书的主题。

就在撰写本书内容时（2019 年），美国公民中出生在外国的人口比例约为 13%，接近一个世纪前达到的历史最高水平。20 世纪 80 年代，每年约有 60 万人合法移民，到 90 年代增至 80 万人。自 2001 年以来，每年的移民人数超过 100 万人。美国的非法移民人数也相当庞大，但近年来，非法移民流入与流出人数相当，因此，估计非法移民的总数稳定在大约 1100 万人（占记录在案的外国出生人口的 25%）。[3] 如果美国南部边境开放，将会有许多移民来来去去，就像 20 世纪 70 年代和 80 年代初的情况一样。美国和墨西哥的边境墙阻碍了这种人员往来，把一些墨西哥非法移民困在美国，同时把其他人挡在墙外。[4] 在今天的美国，外国出生人口增长最快的不是传统的接收州，例如加利福尼亚州、纽约州、佛罗里达州和新泽西州，而是一些非传统移民州，其中许多在南部。如果人们对移民过程不熟悉，自己的朋友和邻居中也没有在上一代移民潮中来美国的移民，那么他们对移民的反应，哪怕是数量有限的移民，也可能会更为负面。

富裕的美国人、农民和雇主都喜欢低技能移民。他们喜欢廉价的园丁、农场工人、家务佣人和保姆。他们可能和劳工阶层一样，也认为移民会降低工资，但他们乐得见到这样的结果，因为尽管这会令劳工阶层的利益受到损害，但他们的利润却增加了。雇主经常抱怨缺乏劳动力，如果没有移民，他们可能不得不支付更多的工资或增加福利。移民问题的批评者表示，这正是问题所在。[5] 国内的劳动力市场上有更多工人竞争，就像在国外使用更多廉价工人或更多机器人一样，当然可以降低工资，至少在原则上是这样。但是，他们是否已经这样做了是问题的关键。

为了对劳工阶层就业市场的崩溃提出合理解释，我们一直在寻找可能导致受教育程度较低的美国人实际工资在长达半个世纪的时期内不断下降的因素。鉴于此，我们在考虑移民和工作时，需要区分近期和远期影响。假设在几个月或几年的短时间内，工作的数量相对固定，那么对于本来就在某地生活的人来说，这是最糟糕的情况。移民会使当地人口流离失所或工资下降，他们还将提高利润和资本回报率。失业的工人、更低的工资和更高的利润为企业家或其他雇主提供了扩张的机会，尽管开设新公司或建造工厂、购买设备供工人使用需要一定的时间，但随着时间的流逝（尽管可能会持续很长时间），资本会根据情况做出调整，经济也会增长。毕竟，历史曾见证了在人口出现巨大增长的情况下，失业率并未长期上涨，实际工资也实现了增长。只要有足够的时间进行调整，下面的情况就根本不会出现，即工作的数量和总体薪资固定不变，如果工人数量增加，一定意味着找到工作的概率减少和所有人的工资下降。半个世纪的时间已经够长，足以使资本适应劳动力供给的增加，因此很难将工资长期下降归因于移民。但是，如果每一波浪潮都紧随着另一波浪潮，经济可能永远无法获得充分调整的机会，受教育程度较低人口的工资就可能持续降低，至少直到不再有大规模移民为止。

美国国家科学院、工程院和医学院在其 2017 年的移民报告中，总结了根据调查得出的移民对工资的影响，报告写道“特别是在 10 年或更长的时期内，移民对本地整体工资的影响可能很小，或接近于零”[6]。针对较短的时期，调查有一系列发现，其中一些显示出移民对工资的负面影响，特别是在前一波移民潮中。还需要注意的一点是，许多移民不是非技术移民，而是拥有学士学位的人。然而，在 20 世纪 80 年代和 21 世纪初，尽管移民中拥有学士学位的人多于仅有高中或高中以下文凭的人，但同期学士学位的工资溢价仍然大幅增长。无论移民在较短时期内对工资的影响如何或是否与预期相符，我们的判断是，在受教育程度较低的美国人口工资长期下降的过程中，移民并没有发挥重要作用。我们同时也认识到，这个问题远未解决，甚至在学术经济学家中也是如此。

移民并不是人口或劳动力增长的唯一途径。人口增长带来了更多需要工作的人。2000 年以前，妇女，特别是没有学士学位的妇女，在劳动力市场的参与度大幅提升（见图 11–2）。正像移民的收入低于本地人一样，妇女的收入通常低于男性。尽管目前人们仍然在研究就业妇女人口增加是否对男性的工资产生了负面影响（结果尚不确定），这个话题并没有像移民问题那样引发大量争论和愤怒情绪。这使我们认为，此处辩论的焦点不是人数，或者新出现的工人夺走现有工人的工作，也不是因为工人数量增加导致工资被压低，或移民使人口数量超过国家的容纳能力，尽管最后一点确实是一个值得严肃探讨的话题。移民问题引发如此巨大的争议，一定有别的原因，例如，移民与“我们”不同，被视为对“我们的文化”形成威胁。特别是在那些不熟悉移民，但工作岗位因其他原因消失或降级的地方，移民会理所当然地被当作替罪羊。

我们中的一个人仍然记得自己在印度的一次经历，那是一次乘坐拥挤的火车从艾哈迈达巴德到孟买的经历。十几个人挤在一个车厢隔间，实际上是分为上下两层的长凳，坐满了人。几个小时前，我们还都是陌生人，但到后来我们已经成为好朋友，分享食物、水和火车旅行中的趣闻。火车每到一站，都会有新的乘客加入，有些人试图挤进我们的俱乐部，但却遭到无声的敌意。到最后，我们别无选择，只好靠得更近一些，并允许一个陌生人加入。到下一站，陌生人也已经成为我们中的一员，准备击退下一轮“移民”。当然，随着火车开过一站又一站，我们所有人也变得越来越不舒服。

全球化、贸易、创新和机器人

对许多人来说，贸易和自动化显然是美国工人的敌人。低工资国家的商品蜂拥而至，使许多过去在美国生产同样商品的人丢掉了工作。美国工人正在被取代，而且取代他们的，不仅仅是蒂华纳等地的工人，还有机器和计算机辅助生产过程。墨西哥等国的工人不能抢走快餐店的工作，也不可能帮人们在机场办理登机手续，或在杂货店收银，但自动售货亭能做到这一切。拥有一定技能且受教育程度较高，能够适应新技术工作的工人获得了更好的工作和更高的工资，而低技能或受教育程度较低工人的境遇则正好相反。

这一叙事很自然地会让我们把今天受教育程度较低的美国人和200年前英国的织布工进行比较。当织布工被机器取代时，他们的工资下降，只有在用手摇织布机织布的方式彻底消失之后，工资才停止下降。如果这两种情况确有可比性，那些可以被机器人或其他低工资国家工人取代的工人，都将面临工资下降的情况，并且只有在这些工作彻底消失，或低工资国家的工资水平涨到和美国一样时，这种下降趋势才会停止。到那时，除非工资政策有所改变，否则将有更大一部分美国人不得不从事无法外包的服务性工作，赚取仅能勉强糊口的低工资。当然，有一些服务性工作的报酬相当丰厚。据《美国新闻和世界报道》报道，2017年纽约州水管工的年平均工资为7.8万美元。[7]不过，在2018年，如果一个单身人士按照联邦最低工资标准（7.25美元/小时）全职工作，他会发现，自己的工资仅比美国人口普查局给出的贫困线高出1400美元（14500美元和13064美元）。[8]这无疑将是一个经济、社会和社区被渐渐摧毁的漫长而惨淡的过程。

经济学家戴维·奥特尔曾与人合著了一系列论文，分析了一些制造业大国的崛起及其对美国工人及其社区的影响。[9]虽然很难得出准确或毫无争议的数字，但他们估计，由于它们崛起，美国失去了200万至300万个工作岗位；1970—1990年，美国约有1800万个制造业工人，2019年的制造业工人人数约为1200万。这些消失的工作主要集中在产品已经被进口商品取代的制造业地区，而且造成的影响长期持续，在10年乃至更长的时间内，失业率不断上升。

在那些受到外国制造的产品冲击的社区中，结婚率下降，死亡率上升，与本书的研究结果相互呼应和支持。[10]只不过我们更加强调工作长期缓慢的流失和社区的毁灭，而奥特尔和合著者的工作更关注来自外国的进口商品在哪些地区和什么时间出现迅速增长。

全球化不仅导致工作消失，也在一定程度上造成美国劳动力市场的剧烈动荡。尼古拉斯·布鲁姆及合著者的研究表明，[11] 在美国部分地区（主要是沿海地区），受教育程度较高的就业者更为集中，在这些地区，因制造业向国外转移而丢失的工作岗位被新创造的工作填补，包括研发、市场营销，以及管理，其中很大一部分新工作是由那些裁减制造业工人的公司提供的。随着全球贸易的扩大，美国，也出口了更多的产品，创造了新的就业机会，例如，汽车和半导体出口制造业。经济学家罗伯特·芬斯特拉及其合作者的研究估计，出口创造出 200 万到 300 万个新的就业机会，与失去的工作岗位数量相当。但在美国低技能工人更为集中的部分地区，制造业工作岗位的流失并没有得到积极的补偿。[12]

传统上，失业工人的自救路线是从没有工作的一个城市搬到另一座有工作的城市，但近年来，由于那些经济繁荣的城市生活费用高昂，这条迁移路线受到限制。这些高昂的成本可能源于地价高企或其他政策，后者是当地居民出于保护自己和阻止新人进入而推行的。经济繁荣的城市成功地为受过高等教育的就业者提供了就业机会，并提升了其工资，但受教育程度较低的工人在那里并没有立足之地。[13] 因此，许多失业的工人无处可去，并且如果他们搬家，情况可能更糟。

贸易和创新破坏传统经济的故事非常引人注目，但它同时也极度片面。它还与经济学家对贸易和技术进步的普遍看法形成鲜明对比。传统的观点往往首先提到价格下降的好处，外国制造的商品填满了塔吉特超市和沃尔玛的货架，价格往往是原来商品的零头。我们最近给孙子买了一条 10 英尺长的鳄鱼毛绒玩具，50 年前，在纽约著名的第五大道的玩具店里，这样的东西会吸引很多人的目光，但很少有人真的购买。事实上，正是因为更低的商品价格以及它们给消费者带来的好处，才让美国制造商陷入困境。

传统的贸易收益计算方法存在一个误区，即认为从旧有工作岗位向新工作岗位的转变将是迅速而无痛苦的，而且还预期，即使不推出促使这一转变实现的政策，消费者获得的好处也会以某种方式补偿（原有的）生产者遭受的损失。

从更广泛的意义来讲，全球化和技术进步无疑是好事。二者都能使人类总体上获得更高的收入，因为它们提高了生产力。然而，即使最乐观的评价也承认，贸易和创新既会带来赢家，也会带来输家。当工会比现在更强大时，他们本可以迫使雇主分享从创新中获得的收益，但这些收益在今天已经被资本及其管理者或新技术的运营者独得。著名的底特律条约是汽车行业工会和管理层之间的共同协议。美国汽车工人联合会的沃尔特·鲁瑟同意与通用汽车签订一份长期协议，美国汽车工人联合会的会员可获得医疗保险、养老金和其他福利，以换取不罢工的承诺。全球化及其带来的外国激烈竞争破坏了这个协议。由于本土制造的汽车受到廉价进口汽车的挑战，美国汽车制造商为了竞争，需要寻找新的方法来降低成本，例如，将工作转移到国外以降低工资支出，并且正如我们稍后将看到的，削弱由私营部门提供的社会安全网。这样，全球化导致工会衰落。消费者受益于性能更好、价格更低的汽车，但汽车工人成为输家。只有当我们把效率看得高于一切时，这种现象才会是纯粹的好事。我们大多数人都会认为，为了实现更大的公平，某些低效率是可以接受的代价。不仅如此，高工资和好工作的丧失所冲击的，并不仅仅是那些受到其直接影响的社区。相对于一种生活方式的丧失而言，能够轻松购买巨大的填充鳄鱼毛绒玩具实在是一种微不足道的补偿。

政策与全球化

如果外国公司摧毁了本地工业，但新工作，尽管可能是不同的工作，会在其他地方或在不久的将来出现，那么美国可以提供相应的福利帮助人们渡过暂时的难关（也许需要好几年），或支付再培训费用。美国有类似的计划，即贸易调整援助计划，但保守派政治家，甚至那些强烈支持贸易的人，并不支持这项计划，因此其规模有限。2002 年，在讨论旨在对受某贸易法案伤害的人进行援助的措施时，参议员菲尔·格莱姆曾轻蔑地说道："全世界的政府都在努力停止这种行为，而现在我们却在这样做。"[14] 帮助那些受到伤害的人似乎是不可接受的，即使你正是伤人者。贸易调整援助计划和暂时性的失业保险在帮助失业工人方面只发挥了很小的作用，效果远逊于为其他目的而设计的残疾、医疗和退休福利。即使把所有这些福利加在一起，补偿的效果也极其有限。[15]

然而，如果没有创新和贸易带来的生产扩张，我们就会失去在总体上更加富裕的可能性。我们当然不能放弃增长，因此我们必须更好地确保每个人都能从增长中受益。问题不是全球化或创新本身，而是我们解决这些问题的政策。经济学家丹尼·罗德瑞克在 1997 年写了一本极具先见之明的书，讲述了全球化对富裕国家的影响。这本书的名字叫《全球化走得太远了吗？》，他在书中回答了自己提出的问题："答案是'否'，前提是政策制定者采取明智和富有想象力的行动。"[16] 如果说技术变革和全球化是伤害劳工阶层的罪魁祸首，那并不是因为技术变革和全球化一定会导致这种后果，而是因为我们的政策既不明智，也没有想象力。一方面，雇主和公司，在工会缺席的情况下，对保护工人没有什么兴趣，这也许可以理解，因为正如许多人所说的那样，他们的主要职责是为股东赚取利润；但另一方面，政府也并没有竭尽全力，尤其是在社会保障方面缺位严重，对一个民主国家而言，发生这种情况确实值得好好反思。

顾名思义，全球化是全球性的，自动化也是如此。电脑并非只在美国被使用，所有富裕国家都必须应对低成本制造业的崛起。然而，许多富裕国家并没有出现全球化和自动化对工资与就业造成负面影响的局面，也没有绝望的死亡，尽管它们也的确出现了社会分裂和政治动荡。大萧条以后，英国的实际工资中位数曾持续下降，但在经济大衰退前的20年里，英国的实际工资中位数一直在稳步上升，而在相同时期，美国的工资增长则停滞不前。法国和德国也从外国进口商品，但法国和德国绝望的死亡人数很少。美国发生的一切需要从美国的角度来加以解读。全球化和自动化的挑战是现实存在的，没有这些挑战，美国劳工阶层的衰落本不会发生，但导致劳工阶层衰落的不是挑战本身，而是如医疗制度这样美国独有的机制，以及这些机制所塑造的美国应对挑战的方式。

美国的社会保障网：全球化与种族

美国和其他富裕国家之间的一个巨大政策差异是，后者的政府通过社会保障网为工人提供保险的力度大于美国。因此，如果就业机会因经济衰退、贸易或技术变革而丧失，失业保险和其他福利可使失业者免于陷入困境，并帮助他们找到新的工作，通常是长期工作。同样，对英国和美国的制度进行比较将对我们有所启发。

从1994—1995年到2015—2016年，英美两国低工资人群的工资增长速度均远远低于高工资人群，两国的劳动力市场均越来越有利于高技能人群而不是低技能人群。家庭收入也出现类似的趋势，处于收入分配最底层家庭的收入增长不及收入最高的家庭。在英国，在收入分配中垫底的10%家庭的税前收入在20年内没有增长，而在收入分配中处于最高10%的家庭的税前收入平均每年增长1.4%，即在整个时期共增长约1/3。但是，英国家庭的税收及政府福利后收入呈现不同的模式，收入最低和收入最高的家庭税收及福利后收入的增长率基本相同，均为每年增长1.2%。[17] 在美国，税收和福利的调节作用太小，不会对收入产生影响，税收及福利后收入的图看起来与税收和福利前的图没什么两样：同样是底层人口的收入增长率较低，顶层人口的收入增长率反而更高。在这两个国家，低技能工人的就业形势均更加困难，但在英国，税收和福利制度弥补了这一差距。

推而广之，那些对贸易更开放的国家拥有更大的政府，因为与格莱姆参议员不同，他们认为，如果不能阻止劳工阶层的沦落，那么贸易的好处就无法完全体现。与其他富裕国家的工人不同的是，美国工人必须独自面对挑战。

我们并不是说英国的社会安全网是灵丹妙药。英国的脱欧灾难暴露了其社会的巨大分歧，这一点与美国没有太大区别。同时，正如我们所见，在英国，特别是在苏格兰，绝望的死亡人数正在上升。但与美国相比，这个数字依然很小，证明其社会保障网起到了缓冲作用。我们在第十章的研究结果表明，过去20年，无论是在美国，还是在欧洲国家，收入与死亡之间都没有简单的直接联系。绝望情绪的上升是一个累积的过程，需要多年的发展，美国制造业的就业率在20世纪70年代末达到顶峰，此后一直在下降。社会保障网的作用是提供保险，由全社会共同分担风险，而不是让受教育程度最低的人群独自承担风险。美国缺乏的，正是这种风险共担的制度，而且就算它不是唯一的因素，也肯定是造成受教育程度较低的美国人死于绝望的因素之一。

为什么美国的社会保障网如此薄弱？许多美国人是个人主义的拥趸，支持"即使身处困境，也不应依赖他人"的观点。美国的种族和移民史也很重要。人们不愿意和他们不认识的陌生人一起参加互助保险计划，并且即使在今天，在非洲裔美国人口占多数的各州，国家一级的福利都尚不普遍，数额也较为有限。[18]第二次世界大战后，英国成为第一个现代福利国家，而在同期，美国杜鲁门政府推行全国医疗保险的努力因南方民主党参议员的反对而失败。[19]由于第二次世界大战期间发生的颇具预示性的历史事件①，美国企业开始承担支付雇员医疗保险的责任，以此规避工资管制。

---

① 此处似指美国当前医疗保险体系的由来。第二次世界大战期间，美国实行工资管制。雇主不能提高工资，遂转向通过提供医疗保险等福利吸引人才。——译者注

企业最终还为员工提供养老金，形式为由雇主向特定账户存入资金，作为员工的退休后福利。这样一来，美国企业，而不是美国政府，构建了个人社会保障网的主体。这种制度，就像底特律条约一样，在1970年之前运转良好，因为那时医疗费用支出较少，企业几乎不会面临来自国外的竞争。但是，20世纪70年代以来，日本和德国的进口汽车大量涌入，随后出现更加全面的全球化，再加上医疗费用迅速攀升，这些因素共同作用，使得这一制度难以为继。企业无力承担员工的养老金，于是它们通过401（k）自定储蓄计划将责任转嫁到员工身上。此外，正如我们看到的，医疗费用的上升降低了现有保险计划的数量和质量。[20]然而，即使在今天，美国的社会保障网中私人出资的比例仍然远远高于任何其他富裕国家。根据经济合作与发展组织2013—2015年的数据，在美国，私人在社会保障方面的支出占GDP的9%，而英国和法国分别为4.6%和3.3%。相比之下，法国在社会保障方面的公共支出占GDP的28%，英国为20.5%，而美国仅为19.8%[21]。

全球化和来自国外的竞争使得美国公司在为其员工提供医疗保险、养老金和其他福利方面越来越困难，而机器人则不需要福利。在我们对于工资停滞、福利下降和就业权利减少的叙事中，这些广泛的全球力量构成了基础。但这些力量并非单独起作用，如果美国的社会安全网不是远远弱于其他富裕国家，那么这些因素的影响也会不同。美国社会保障制度的设计与其他许多方面的设计一样，在很大程度上是由于国家不愿意采取将非洲裔美国人也纳入其中的全民保障措施。这种说法由来已久。此外，近期又出现了一种新的观点，即工人相对于公司的权力下降，不仅体现在工作场所和劳动力市场上，还体现在国会的对峙中。我们现在就来看一看这个问题。

第十五章 企业、消费者和工人

亚当·斯密在其《国富论》中有一段著名的论述，他写道：“同业中人，会在一起，即令以娱乐消遣为目的，言谈之下，恐亦不免是对付公众的阴谋，是抬高价格的策划。”[1]正如我们在医疗行业已经看到的那样，借助市场势力抬高价格的行为在今天仍然值得警惕。面临不法商人“阴谋”威胁的，并非只有价格，还包括工资。在其最新发表的一篇论文中，经济学家艾伦·克鲁格报告了他与杰弗里·苏尔的对话，后者曾在密歇根州沃伦市的圣约翰普罗维登斯医院的重症监护室做护士。该地区的医院希望阻止护士通过跳槽提高薪水，“（医院）高管们经常在会议上讨论这些问题，并相互交流薪水的信息”，这无疑给他们带来了娱乐消遣。苏尔作为首席原告参加了一场最终胜诉的集体诉讼，但他的雇主给他找了很多麻烦，以致他被迫辞职，而其他医院也不愿雇用他。他认为这种勾结一直在延续，尽管现在已不再明目张胆。[2]

克鲁格在讲述他的经历时，面对的听众并不是劳动经济学家或工会会员，而是各国的央行行长，他们正齐聚怀俄明州的杰克逊霍尔，出席全球央行行长年会，这证明了各国决策者对越来越壮大的公司可能滥用市场势力的普遍忧虑。人们对商业界一直心存疑虑，担心许多行业集中度上升，商业成为不平等的缔造者，更担心它不能为许多人，特别是受教育程度较低的工人，提供薪资合理的好工作。然而，并不是所有人都对这些忧虑表示认同。虽然我们知道，美国的医疗制度不算成功，至少与其他富裕国家相比相形见绌，但经济的其他方面并没有类似一目了然的证据。商业为消费者和员工带来了巨大而普遍的益处，我们需要在这些益处和其所造成的伤害或存在的任何滥用之间进行权衡。我们的观点是，商业带来的益处是实实在在的，但它造成的损害同样真实可见，有些损害来自合法的企业选择，有些则来自非竞争性行为，而对于受教育程度较低的工人而言，这些损害尤其真切。

美国式资本主义：过去和现在

在 19 世纪末至 20 世纪初的第一次镀金时代，收入和财富的不平等状况像今天一样严重。当时，美国已经成为全球领先的工业经济体，而且和现在一样，经济正在迅速转型。伟大的创新给一些创新型企业家带来了巨大的收益和财富。这是资本主义带来进步的方式，我们没有理由仇视财富，只要它来自造福众生的活动，并且那些没有从中受益的人得到了公平对待。用经济学的话说，当个人激励与社会激励一致时，个人致富的方式不仅有利于自己，也有利于他人。

不过，这出大戏还有第二幕。赢家很快就会面临来自模仿者和新一代颠覆者的竞争。第一幕中的一些赢家受到鼓舞继续创新，并通过进一步的创新令新进入者望尘莫及，但也有人试图收起身后的梯子，用能找到的所有手段扼杀竞争，以防被他人超越。他们的手段之一就是从政治家那里获得帮助。在第一幕中，只要有想法并去竞争就已经足够，但在第二幕中，政治保护变得非常有用，有时甚至是必需的。[3] 在第一次镀金时代，标准石油公司的做法包括收购竞争对手，以及与铁路公司合谋，向竞争对手收取更高的运费，从而迫使其他公司倒闭。古斯塔夫·斯威夫特创建了肉类包装行业，他研究出如何使用冷藏火车车厢和冷藏用冰供应商系统向东部城市输送廉价的新鲜肉类产品。随后，这一行业利用卡特尔和定价协议对付竞争对手。[4]此时，个人激励与社会激励不再协调一致，企业通过牺牲消费者的利益谋求财富。

为大众谋福利的“公众恩人”变成“强盗贵族”，例如，安德鲁·卡内基、安德鲁·梅隆、亨利·克莱·弗里克、约翰·D.洛克菲勒、杰伊·古尔德和约翰·皮尔庞特·摩根。西奥多·罗斯福将他们称为“罪恶大富豪”。各州和联邦的政客臣服于这些人，并为他们提供保护。不过，从恩人到恶人的界限并不总是那么分明。正如经济史学家内奥米·拉莫罗所说，[5]在当时（正如现在）往往很难判断某些行为到底是好还是坏。公司要扩大规模，可以通过创新（这是好的行为），或通过操控价格（不好的行为）。但是，如何判断公司购买供应商或分销商的行为呢？这些做法一方面降低了成本，但另一方面又限制了竞争。而且，如果对垄断行为投诉的一方是因价格过高而面临出局的竞争者，而后者被淘汰对其他所有人都有利，那么又该如何处理？确定公共利益的平衡点从来都不是一件容易的事，即使纸上谈兵也不容易，更不用说在滚滚政治热浪中实践此事了。

今天的“恩人–恶人”是那些已经变得极其富有的技术创新者，这些创新者和首席执行官、企业主或金融家一起，站在了收入分配的最顶端，他们的年薪高达数百万美元，他们对政治也有巨大的影响力。有些公司，比如谷歌，一开始不愿意参与游说行为，但现在已经成为华盛顿开支最大的游说势力之一。在2006年之前，谷歌基本没有在游说上花什么钱。2018年，它的游说支出高达2100万美元，比任何公司都多。像一个世纪前那样，大众普遍关注的不仅是不平等现象，还关注这种现象是如何出现的，即企业如何受到政治力量的保护，以牺牲工人的利益为代价让少数人赚取巨额财富，任由工人的生活不断恶化。现在，对资本主义和民主的未来感到担忧的，已经不限于激进的左派实践家。近年来，针对这一问题涌现了大量专著，其作者不仅包括长期持批评态度的人，还包括昔日的捍卫者、成功的企业家和影响力巨大的前政策制定者。[6]

第一次镀金时代很快让位于“进步时代”，那个时代通过了许多限制托拉斯和垄断的法律，其中大部分至今仍然有效。然而，目前出现了一种怀疑论调，并且在媒体和专业经济学家中引起广泛争议，那就是反垄断法实施不力，使得托拉斯得以在现代重生。反垄断政策及其实施可以而且应该为美国工人和消费者提供保护，使其免受市场势力滥用的侵害。但我们不能对此期望太高，因为反垄断政策的目的是促进竞争的环境，而不是减少因为竞争，或因为华盛顿被金钱力量腐蚀导致的不平等。

今天的新贵很大一部分是新兴高科技公司，这些公司所属的行业在半个世纪前尚不存在。谷歌、苹果、微软、脸书和亚马逊已经取代铁路和钢铁公司，而银行家和金融家则在这两个时代都大发横财。新技术使我们的生活更美好，有时还带来了惊人的改变，这种现象在第一次镀金时代也曾出现。一个世纪前，与朋友和家人保持经常性联系的可能性并不存在，沟通速度非常慢，成本也很高。人们需要奔波数百里听一场难得一听的交响音乐会，或去寻找一本绝版书。今天，我们可以在瞬间找到全球各地的音乐、电影和文学作品。我们坐拥丰富的娱乐和信息，这是我们的父母或祖父母（甚至年轻时的自己）做梦也想不到的便利。公司为许多美国人提供了很好的工作，这些工作不仅薪水丰厚，而且还给人带来尊严和意义。

不过，没有学士学位的美国人并没有分享这些进步的成果。对于低技能人群，劳动力市场的机会已经变得极其暗淡，因为企业正在积极调整，以应对全球化竞争以及机器人价格下降和能力提升的形势。全球化和自动化最终会为人类带来裨益，但它们也会造成破坏，特别是在短期内，许多技术水平较低的工人将失去工作。不过，正如我们在第十四章看到的，打击受教育程度较低工人的，并不仅仅是全球化和技术为先的劳动力市场。

过高的医疗保险价格导致企业裁员。这不是一场自然灾害，而是一场人为灾难，其诱因包括寻租行为、受到政治保护的暴利和医疗行业反垄断执法不力。反竞争和寻租行为并不局限于医疗行业。企业合并可以让雇主有权在本地市场设定工资和工作条件。大公司有可能利用市场势力提高价格。通过压低工资和提高价格，这种反竞争行为伤害了那些不得不支付更高价格的消费者和遭受双重伤害的工人。竞争是美国资本主义的标志之一，但当竞争（在某种程度上）在其他国家蓬勃发展之时，它在美国却逐渐消退。[7]不仅在医疗行业，而且在更普遍的商业领域，反竞争行为无论存在于何处，都是向上再分配的动因。

垄断与寡头垄断：超额收费的权力

公司通过损害其他人的利益攫取财富的手段之一是超额收费。在一个理想（并且只是稍加简化）的世界里，人们要购买某件东西，只需支付生产它所需的劳动力成本、材料成本和正常利润，不必付出更多费用，也不会有人压制消费者，阻止他们购买负担得起且生产成本低于他们认定价值的产品。按理说，生产商之间的竞争应该确保这种情况成为现实。如果某个产品的定价高于其成本，对手就会被潜在的利润吸引并加入竞争，从而推动产品价格下降。如果在位公司拥有垄断权，比如国家授予的独家销售许可，或者对某些关键成分或生产过程拥有控制权，那么竞争将被扼杀，垄断者则可以收取任何它认为合适的费用。消费者将不得不为较少的价值支付更多金钱，而垄断者的行为不会受到竞争约束。

美国电话电报公司在 1984 年被分拆前是一家垄断公司，不过它受到的主要指控并非牟取暴利，而是缺乏创新。如今，许多美国人只有一家有线电视公司或宽带提供商可供选择。这些公司是地方性垄断公司，尽管在全国范围内它们面临竞争。如今，这些地方性垄断企业正受到互联网流媒体的挑战，长期垄断企业往往受到新技术的挑战。比垄断更常见的是寡头垄断，即市场上只有少数卖家，每个卖家对价格都有一定的控制权。某个地区可能只有一家丰田汽车的经销商，但其他品牌汽车的经销商可以提供不完全竞争。苹果并不是唯一的手机生产商，但它有大量忠实的用户，这些用户不太可能转向三星，这使得苹果能够将 iPhone 的价格定得远远高于其生产成本。航空公司推出常旅客计划，目的就是让旅客在价格上涨时不愿更换航空公司。寡头垄断者有时还会私下或公开串通，以保持高昂的价格。

市场势力无处不在的证据

有许多迹象表明，当前的经济存在缺陷。行业集中度越来越高，意味着越来越多的销售额来自少数几家大公司，利润率不断上升，劳动者收入在 GDP 中的比重不断下降，不平等现象不断加剧。企业合并愈演愈烈，初创企业数量下降。投资率呈下降趋势，特别是在集中度最高的行业。投资是增长的先决条件，它体现了最新的知识和技术，并提高了生产率，而按历史标准来看，目前生产率的增长相当低。虽然这些大趋势（多数）相互印证，但对于到底应如何解读这些趋势，以及在多大程度上应为此感到担心，存在广泛的分歧。

在多数行业中，最大的几家公司所占的销售份额均呈现增加的趋势。例如，在零售行业，销售额最大的四家公司在 1980—2015 年的份额从 15% 增加到 30%。[8] 零售业和交通运输业是大型公司发展最快的行业，这些公司越来越在行业中占据主导地位。零售业的一大巨头是亚马逊公司，而主导航空业的，则是通过合并而成的四大航空公司，即美国航空公司、达美航空公司、联合航空公司和西南航空公司。著名投资家沃伦·巴菲特对竞争的厌恶有目共睹，他喜欢引用彼得·林奇的名言“竞争可能对人类财富造成危害”，他曾长期拒绝投资航空业（“如果一位资本家于 20 世纪初出现在基蒂霍克，他应该开枪打死奥维尔·莱特”），他还声称对航空公司投资无疑是跳入一个“死亡陷阱”[9]。但他最近似乎发现，航空业已变得更合自己的口味，他的伯克希尔–哈撒韦公司现在是达美航空的第一大股东，以及西南航空、美联航和美国航空的第二大股东。[10]这种"横向持股"对竞争构成威胁，尤其是考虑到其他大股东，例如先锋集团，都是被动投资者。[11]旅客们对于航空公司间竞争的减少不太可能拥有巴菲特一样的热情。一次从资本的角度有利可图的飞行对乘客而言将是一次不舒服的旅程，乘客们排着队被赶上飞机（有时甚至会被拖离飞机），他们被困在已经变身为高价购物中心的航站楼，登机口在某个遥远的角落。一些航线的机票价格降低了，但也有些航线的机票价格高涨。2019 年秋，从纽瓦克出发，到洛杉矶（2800 英里）的商务舱往返机票价格是 1140 美元，到巴黎（3600 英里）的机票价格是 10000 美元，而到香港（8045 英里）的价格是 7800 美元。决定价格的因素显然已经不是服务的边际成本，虽然在一个充分竞争的市场中，后者本应是价格的决定因素。

1980 年，所有美国公司中有一半的成立时间不足 5 年。到 2015 年，这一数字下降到 1/3。1980 年，这些新公司提供的工作岗位占总就业量的 20%，但到 2015 年，这一数字下降到 10%。[12]根据准确测算（尽管准确度要视不易解决的计量标准而定），价格加成（商品销售价与成本价之间的差价）自 1970 年以来一直在增加。[13]在 20 世纪 60 年代，销售利润占售价的平均份额为 4%，到 20 世纪 80 年代，这一份额降为 2%，但到 2015 年，这一份额已经上升到 8%。越来越多的公司利润率已经超过销售额的 15%。工资在 GDP 中的占比长期以来一直比较稳定，大约为 2/3，但现在已经下降到 60%。[14]

这些数据可以被解读为美国商业界的竞争越来越弱。借用目前更热门（民粹主义？）的术语，这个制度可被视为越来越青睐商家。卓越的英国经济学家约翰·希克斯爵士曾表示，垄断利润的最大好处，就是可以享受平静的生活。[15]垄断不仅能带来超高的价格，而且随着恼人的竞争被消除，企业不再有必要改进产品、提供更好的服务，或者投资寻找和实施新想法。相反，回报最高的投资不是将利润投资于企业本身，而是投资于挖掘一条护城河，阻止竞争对手进入。垄断者可以收购并消除潜在的竞争对手，或投入资金，进行对社会毫无贡献但可为私人带来巨大利益的游说，以保护其市场势力和保证较低的税赋。有证据表明，许多最初号称可以节省成本和降低价格的企业并购，实际上导致了价格上涨，而生产率却没有提高，这表明反垄断监管机构在过去 25 年一直没有尽到自己的责任。[16]

这些观点能说明很多问题，但并不是全部。[17] 大部分加成和利润增长的确是由各行业中的少数公司贡献的，通常是那些在信息和通信技术上投入大量资金的公司。[18] 例如，亚马逊大量投资平台建设，航空公司斥资开发网站和用于定价的算法，沃尔玛打造创新的物流、供应和库存管理系统。一旦系统到位，这些公司的生产和交付成本就会下降，利润率则会提升，尽管利润可能要到系统成本付清之后才会增加。随着时间推移，这些公司的规模相对于同行业中其他公司会有所扩张，并获得更大的市场份额，其他一些公司可能发现它们已经无法与之竞争，因此该行业中的公司数量将减少，集中度将上升。成功的创新者很可能会获得一定的市场势力，尤其是在竞争者很少的情况下。在理想情况下，新进入的公司将设法模仿甚至改善市场领导者的机制，随之推动价格下降。当这一过程有效时，技术变革将带来价格的降低和更有效的生产方式，从而为消费者带来社会效益，尽管这需要花费较长的时间，而且在此过程中可能会有大批公司出局。[19]

在这种情况下，行业集中度并不是因为具有市场主导力量的公司采取了不法行为，而是由于市场从效率较低的公司向效率更高的公司转移。确实，数据表明，利润率的提高并不是各行业典型公司的普遍现象，而只发生在一些赢利的公司，尤其是那些在 IT（信息技术）上进行了大量投资的公司。如果按照这个说法，那么这些公司既不是犯罪分子，也不是强盗贵族，而是超级巨星。

行业集中度提高至少部分源于一些公司特别具有创新精神，而不仅仅是因为这些公司设置了非生产性市场壁垒。这一说法有充分的证据支持，因为欧洲也正在发生类似的变革。在多数欧洲国家，劳动者收入在 GDP 中的占比同样正在下降，资本在 GDP 中的占比则在上升，尽管英国可能是一个例外。同样，欧洲企业的利润率也在不断上升，[20] 同时行业集中度不断加剧。所有这些都支持了上面的观点，即导致利润增长的，是超级巨星式的企业，而不是因为美国的游说机制、政治制度或国家特别不愿意强力实施反垄断法。[21] 近年来，欧洲国家的收入不平等现象也有所加剧，但远没有美国那样严重，这符合一个观点，即贸易和信息技术加剧了不平等现象，但美国还存在其他的独特力量，大大加剧了这种现象。

创新的发生往往伴随着创造性破坏的过程，这一过程又被称为熊彼特竞争，这个说法得名于奥地利经济学家约瑟夫·熊彼特（他最为人所知的是公开宣称自己的三大人生目标——成为世界上最伟大的经济学家、奥地利最伟大的骑士、维也纳最完美的情人。他后来声称，完全是由于骑兵队的没落，才使他的三大人生目标未能圆满实现，尽管他的这种说辞并不为所有经济学家所接受）。熊彼特认为，技术进步具有内在的破坏性。拥有新技术的局外人对在位公司构成威胁。对前者而言，将新想法推向市场需要先期投资，并面临巨大的失败风险，但如果它们能够取代现有的在位公司，则将有机会获得垄断利润。这可以说是夺取市场的竞争，而不是在市场之中进行竞争。创新是一系列竞赛，是对支配地位的挑战，获胜者将获得丰厚的奖品。安东宁·斯卡利亚法官在他的判决书中深得此点精髓，他写道："单纯拥有垄断权并收取垄断性价格不仅不违法，而且是自由市场体系的重要组成部分。至少在短期内，正是由于有机会收取垄断性价格，才会吸引'精明的商业头脑'入场。它会鼓励人们承担风险，从而促进创新和经济增长。"[22]

市场势力是当前需要解决的问题吗

在充斥着熊彼特式竞争的世界里，反垄断监管需要防止成功的挑战者收起他们身后的梯子。暂时拥有竞争优势没有问题，但永远保持优势则不行。监管机构应该对消灭竞争对手的行为进行监管，例如，微软通过在其操作系统中内置自己的浏览器消灭网景，脸书收购 Instagram 和 WhatsApp，制药公司收购研发过程中的非专利药物以阻止它们进入市场。行业集中本身不应成为打击目标，因为集中可能代表效率，而不是相反，而且行业往往和市场并不一样。消费者在本地经常会面对单一供应商，例如唯一的有线电视供应商，或者本地机场由单一航空公司占据主导地位。因此，即使某个行业充分竞争，消费者也可能面临垄断。相反，亚马逊的发展增进了美国许多地区的竞争，特别是在农村和人口稀少的地区，那些地区几乎没什么本地零售商店可供消费者选择。[23]

市场势力到底有多泛滥是当今经济学界争论最激烈的领域之一，同样争论激烈的还有我们到底在多大程度上应该对此表示担心。不过，我们关注的重点是垄断和其他形式的市场势力是否会导致更高的价格和更低的实际工资，并因此导致绝望的死亡登场。我们认为，医疗行业无疑存在这种情况，此外还有其他一些值得关注的行业，例如，航空公司及其所有者的集中度不断提高，或者银行的频繁盘剥行为。我们还担心占优势地位的企业会扼杀潜在的竞争对手。但是，我们相信，目前还没有任何压倒性的证据表明，美国商业的竞争程度在下降，并正在通过抬高价格损害消费者的利益。[24]的确，对于许多商品和服务来说，创新的浪潮已经到来，从而带来更低的价格，甚至带来许多免费的产品和服务。所有这些创新引发的问题并不是价格过高，而是在于熊彼特式的创造性破坏不仅具有创造性，还具有破坏性。它消灭了以前存在的工作，同时这个进程由于高昂的医疗保险费用而加速，工人在没有强大社会安全网的保护下，被迫面对越来越不利的劳动力市场。同时，原有工作支持的生活和社区因工作消失而濒于瓦解，并在最坏的情况下，导致绝望和死亡。

劳动力市场与买方垄断：压价的力量

正如在只有一个卖方的情况下会产生垄断一样，如果只有一个买家，则将导致买方垄断。此处，我们特别关注的是劳动力市场上只有唯一买方的现象。“买方垄断”一词是由经济学界最杰出的女性之一琼·罗宾逊提出的，[25]她是约翰·梅纳德·凯恩斯在剑桥大学的学生和合作者，也是竞争理论研究的代表人物之一。完全围绕某家公司而生的一座城镇就属于典型的买方垄断例子。与卖方垄断一样，买方垄断中也可能有少数几个雇主，每个雇主都有压低工资的权力，从而构成寡头垄断。买方垄断或买方寡头垄断意味着公司拥有工资制定权，而在完全竞争状态下，工人的工资随行就市，任何压低工资的雇主都会雇不到员工。农村地区是雇主能够支付低于市价工资的典型地方，那里也许几乎没有任何类型的工作，除了快餐店、鸡肉加工厂或国家监狱的工作。农村或小城镇的教师或护士也可能处于类似的地位。工人们当然可以选择搬家，但这样做总是会有成本和风险，找一份新工作可能需要付出巨大的代价，而且人们可能与自己居住的社区或周围的人存在紧密联系，所有这些都给予雇主压低工资的权力。美国的流动性下降部分是因为许多城市的土地变得非常昂贵，还有部分是因为受教育程度较低的人在城市中的上升空间越来越小，因此存在这样一种可能性，即买方垄断已经变得日益严重，因而将工资压低到市场竞争水平以下，并以牺牲工资为代价换取更高的利润。[26]

当劳动力市场处于竞争状态时，如果政府的法定最低工资高于市场工资水平，则雇主将会解雇工人。这是经济学教科书上常见的解释。目前有很多研究都在寻找这样的结论。尽管联邦最低工资自 2009 年以来就没有提高过，但许多州在此期间提高了最低工资，为研究法定最低工资的影响提供了许多机会。迄今为止，最全面和最有说服力的一项研究是由经济学家多鲁克·森吉兹、阿林德拉吉特·杜贝及其合作者共同开展的。他们的研究发现，法定最低工资提高对就业没有影响；雇主没有因此解雇工人或减少新员工数量，而只是将工人的工资从略低于新的最低工资标准的水平提高到略高于最低工资标准的水平。[27] 其他国家也有类似的证据，尤其是英国。英国原来没有最低工资标准，它在 1999 年制定了相对较高的最低工资标准。针对英国进行的几十项研究都没有发现这一变化对就业产生任何影响。[28] 如果雇主没有设定工资的权力，上面这些结果都是不可能出现的。劳动力市场上的竞争并不像教科书让我们相信的那么强，如果雇主付给工人的工资低于工人创造的价值，那么即使被迫支付更高的工资，他们也毫不意外地将继续雇用工人，因为至少在工资达到某一水平之前，工人创造的价值仍然高于其成本。

在城市工作的人通常比在农村地区做类似工作的人获得更高的报酬，如果一个地区的雇主数量很少，那么该地的工资也会低于雇主较多的地区。不过，造成工资差异的原因可能有很多，而且就像有关卖方和市场势力的争论一样，如果不了解集中度高或低的根源，就不可能知道如何对雇主集中度和工资之间的相关性做出解释。在国家层面集中度提高的同时，地方层面的雇主集中度降低，这减少了收入不平等现象。[29] 话虽如此，企业的不当行为确实存在。我们在本章开始时提到的护士工资的案例表明，几家医院合谋压低工资。当市场上只有少数雇主的情况下，共谋会更容易，而且看上去医院似乎非常善于对病人和雇员两头压榨。[30] 压低护士的工资会导致人员短缺，医院会通过从合同制劳务派遣公司那里雇用护士弥补这种短缺，尽管从劳务派遣公司雇用护士的成本高于聘用合同护士，但这种聘用方式使医院无须向较大数量的在编护士支付更高的工资。这也再次证明，有些公司确实会有意压低工人的工资。

更不友善的工作场所和工会的衰落

雇主经常会让雇员签署竞业禁止协议，包括在加州这样的地方也会如此操作。虽然此类协议在这些州并不具有效力，但它也可能成为有效的威胁。这些协议限制了员工为其他公司工作的机会，也使雇主更容易压低工资。25% 的美国就业者签署了某种形式的竞业禁止条款。[31] 如果员工掌握了商业秘密或对其他对竞争对手有用的知识（如设计图或程序代码），签署竞业禁止条款自然可以理解，但在低薪工作中并不存在此类理由。然而，在工资水平位于中位数以下的员工中，20% 的人在签署了竞业禁止条款的情况下工作。对此情况，（相当）乐观的一种解释可能是，员工在签署协议时清楚这些条款的内容，并因此得到了补偿。但更可能的是，他们并不清楚这一点，而是无意中给了雇主压低工资的权力。

正如我们在第十一章看到的，公司已经普遍将大量支持性服务岗位外包，如清洁、安保、餐饮服务和运输类工作岗位。这使得公司能够专注于自己更擅长的核心业务，但是外包公司往往是不那么吸引人的工作场所，那里福利更差，工资更低，员工权利更少，晋升的机会很少或根本没有。[32] 经济学家戴维·多恩、约翰内斯·施密德和詹姆斯·斯普利策写道："国内的人员外包服务已经彻底改变大量工作的雇佣关系性质，从清洁和安保等相对低技能的工作到人力资源和会计等高技能的工作。"[33] 他们估计，2015 年，大约 25% 从事清洁和安保工作的工人是商业服务公司的雇员；商业服务公司雇用的工人数量是 1950 年的 4 倍多。2019 年 3 月，谷歌的临时工和承包商数量已经超过其员工总数，尽管前者与后者并肩工作，有时还做着类似的工作。[34] 外包业务的增长及其工作等级的降低在破坏劳工阶层的生活上发挥了不容忽视的作用。

如果工会的力量更强大，它肯定会代表会员就公司推行这些做法进行集体谈判。工会的存在可以是（或者它们过去曾经是）对管理层的一种反制力量，能够在企业于工资和公司利润之间进行分配增值收益时，推动企业提高工资和改善工作条件，以及增加员工福利和限制管理层的权力。2019 年初，10.5% 的工人加入工会，而在开始有现代数据的 1983 年，这一比例为 20.1%。私营部门更是只有 6.4% 的工人加入工会。在 20 世纪 40 年代和 50 年代初工会的鼎盛时期，1/3 的家庭中至少有一名工会会员。[35]

由于工会势力被削弱，其在华盛顿的游说声音完全被企业游说淹没，这也是尽管 70% 的美国人认为应该提高最低工资，但联邦最低工资标准自 2009 年 7 月以来一直保持在每小时 7.25 美元的原因之一（尽管如此，正如我们已经注意到的，许多州已经提高其最低工资标准，已经有 29 个州的最低工资标准高于联邦最低工资，从伊利诺伊州的 8.25 美元到华盛顿州的 12 美元不等。因此，根据各州的工人数量计算，2007—2016 年，实际最低工资增长了 10.8%）。[36]

公司行为

随着工会的力量逐渐被削弱，公司的经营方式也发生了改变。管理层摒弃了原来的经营模式，不再坚持既为股东服务，又为员工、客户和社区服务，转而只关注股东和资本所有者的利益。有一点或许令人感到惊讶，那就是人们对于公司的宗旨到底是什么依然存在争议。[37] 董事会到底该对谁负责？目前大多数人认为，董事会只需要对股东负责，但对此也有其他看法，如董事会应对公司本身，或包括消费者和雇员在内的更广泛的利益相关者负责。各个州对此也有相关的法规，而且它们各自的法规也不尽相同，例如，加州就要求董事会至少有一名女性成员。尽管质疑之声越来越大，但公司致力于实现股东价值最大化已成为近年来的主流做法。当然，股东并不直接管理公司，但近年来流行将股票和股票期权作为公司管理层薪酬的一部分，这就使得管理层自身的财富与公司的市场价值紧密相连，因而管理层越来越有动力维护股东的利益。所谓公司的市场价值，是指股东期望公司未来可产生的利润价值，因此，如果管理层的行为会令其他利益相关者（无论是员工、客户，还是社区）获益，除非这样做会给公司带来更高的利润，否则他们的个人利益将遭受损失。

此外，公司可能面临突袭者的恶意收购，这种威胁进一步强化了只关注利润的做法。如果一个资金充足的外部人士认为公司的利润表现不佳，作为突袭者，他可以收购足够多的股票，迫使公司改变政策，或解雇管理层，甚至可能为了公司的资产价值而肢解公司。在当今世界，此类突袭变得更容易和更便宜，因为很多股票的持有方都是被动投资者（此类投资者不会试图影响董事会），例如先锋或贝莱德，所以突袭者可以通过拥有一小部分股票获得公司的控制权。

许多人认为，股市的价值是美国经济状况的重要指标。他们追踪道琼斯指数或标准普尔 500 指数，就像追踪棒球得分一样，在其上涨时欢欣鼓舞，在其下跌时悲痛欲绝。诚然，未来更好的增长前景通常会提振市场，每个人都认为这是好事一桩，但如果工资下降或管理层用更便宜的机器人取代工人，市场也会上涨。显然，股票市场会对从劳动力向资本的再分配给予积极响应。正如我们所看到的，管理层越来越有动力促进这种再分配发生。在这一背景下，人们很少讨论另一个群体，即那些通过 401（k）计划持股的股东，或者任何拥有固定缴款养老金计划的人。从前，员工更有可能拥有固定收益的养老金计划，这些养老金计划的资金是由其他人负责提供的。股票市场的价值可能与投资者有关，但与广大雇员无关。那些拥有固定缴款计划或者投资于股票市场的雇员则会因市场的良好表现而直接获益，因此当工资下降或工人被自动化机器取代时，他们也会得到好处。持有这些投资资产的主要是拥有大学学历的人，他们的工资水平一直表现良好。因此，通过以固定缴款的养老金计划取代固定收益的养老金计划，受教育程度较高和较为成功的美国人又通过损害受教育程度较低同胞的利益而获利。我们在此并不是暗示，美国受教育程度较高的精英正在主动与劳工阶层为敌，但他们的默许无疑为自己谋得了丰厚的报酬。自1990年以来，标准普尔500指数每年上涨逾7%。

华盛顿的劳资之争

美国拥有许多规模巨大且利润丰厚的公司以及大量超级富豪，这种状况的副产品之一就是两者对政治施加的巨大影响，尤其是这会让我们面临下面的风险，即财大气粗者能够更有效地参与美国政治，受教育程度较低的普通人则无缘参政议政，正是后者的死亡，构成了本书的主题。穷人成为富人利益的牺牲品，并且无人为他们的利益发声。今日美国的民主制度已经失灵，而对此华盛顿盛行的金钱政治难逃干系。[38]

2018年，华盛顿共有11654个注册的游说团体，其游说活动共耗资34.6亿美元。[39]这意味着，535名参议员和众议员平均每人对应了22个说客，或650万美元的游说资金。这笔资金还不包括用作竞选资金的外部资金，后者在2018年达到13亿美元。这些数字很大，也对华盛顿的政治产生了巨大影响，但相对于企业预算的规模来说，它们只是九牛一毛，例如，2015年，汽车制造商在广告上的花费高达470亿美元。[40]

华盛顿一直不缺少游说者，他们试图说服政府代表其利益行事，但是直到20世纪70年代监管改革实行之后，企业才开始以更大的力度进行游说。1971年，后来成为最高法院大法官的刘易斯·鲍威尔在一份现在非常著名的备忘录中写道，“美国经济体系正受到广泛攻击”，商界必须培养政治力量，并“积极果断地”使用这些力量，[41]这一建议在随后的几年中被广泛遵循。在20世纪70年代之前，代表商业利益在华盛顿进行游说的团体，并不会代表某一家公司，而是会代表行业协会，这些协会体现了某个行业的集体利益，过去经常（现在也依然）有效地为其成员，如医生或房地产经纪人谋求特别优待。

多数公司没有在华盛顿安插说客，不过，那些安插了说客的公司往往是大公司。2018 年，按金额排名，游说支出最高的是 Alphabet（谷歌母公司），其次是美国电话电报公司、波音、康卡斯特、亚马逊、诺斯罗普·格鲁曼、洛克希德·马丁和脸书（1260 万美元）。行业协会的手笔更大，按金额排名，游说支出最大的为美国商会（9480 万美元）、美国全国房地产经纪人协会以及制药厂商、医院、保险公司和医生的行业协会，美国医学协会在 2018 年的支出与 Alphabet 差不多。在游说支出金额最高的 20 个团体中，唯一的非商业团体是开放社会政策中心，这个中心得到乔治·索罗斯的赞助，针对国家安全、民权和移民等问题开展游说活动。医疗行业作为整体（包括制药业、医院、保险公司和医生）在 2018 年的游说支出超过 5 亿美元，金融业的支出与此大致相当。劳工团体的总体游说支出仅有 4700 万美元，不到两者中任意一个的 10%。[42] 正如在企业内部的情况一样，劳工阶层在华盛顿的力量相对于公司，尤其是大公司而言，也已经落了下风。

与人们通常的看法相反，游说制度并不是一部强大的机器，财大气粗的公司和个人可以通过游说编写自己想要的立法，然后买通参议员和众议员，使这些法案获得通过。这是因为面对重大政策问题，各方力量竞争激烈，并且会存在多个游说团体同时行动的情况。游说的确很重要，但它并不能操纵美国的政治制度，使其只为付钱的人说话。不过，它的所作所为吸收了华盛顿的能量，使那些不能或不愿进行游说者的影响力越来越小。一些曾经强大的组织，如工会，其声音已经被淹没。如果负担不起游说，那么你在政治角力中就没有代表，更糟糕的是，用在华盛顿经常被引用的一个贴切说法，如果餐桌旁没有你的座位，那么你就有可能出现在菜单上。

正是在劳工阶层鲜有代表的华盛顿的“餐桌”旁，向上再分配的制度被设计了出来并得到落实。普通人的利益被从餐桌边推开，让位给公司关注的内容。众议员和参议员本应代表所有选民的利益，但却只是全力支持他们所代表的富人的利益，对其他大多数人的利益则漠然置之。[43] 同样重要（或许更重要）的是，许多劳工阶层关心的问题（例如，最低工资）根本就得不到付诸表决的机会。显然，这种附带游说的民主已经成为一种选择性民主。

小结：公司和工人

在第十三章，我们提出一个观点，即受教育程度较低的工人工资下降和工作条件恶化的问题，在很大程度上是由于医疗费用高昂且不断上升所致。雇主必须支付的其他强制性福利，如社会保险和医疗保险计划、失业保险和工伤赔偿保险等，也有同样的效果，尽管其影响力度较小。具有讽刺意味的是，这些福利长期以来都是工会努力争取的目标，而一旦它们成为法律，加入工会就不再具有很大的吸引力。这些与劳动力相关的成本还促使雇主将部分工作外包，以减少直接雇员的数量，因为这样做更有利可图。

工人们正在遭受其他方面的损失。虽然他们也分享了新技术、新产品和新服务带来的好处，但他们出售劳动力的市场却变得越来越不友好。制造业的衰落，借助贸易被外国工人有效取代的威胁，以及私营部门工会的衰落，都降低了受教育程度较低的工人在就业市场上的议价能力，[44] 这与商业游说行为的兴起剥夺了劳工阶层在华盛顿的议价能力如出一辙。许多雇主对低技能雇员的工资至少具备一定的市场势力，并经常利用这种市场势力将工资压低到竞争市场的正常水平以下。外包制的出现消灭了好工作及其附带的良好福利，将这些工作变成几乎没有任何福利的临时性工作。[45] 对于许多受教育程度较低的美国人来说，他们再也无缘加入一家令人羡慕的企业，作为其雇员为公众和股东服务，并享受这份工作带来的意义。

与半个世纪前的先辈相比，今天受教育程度较低的工人生活在一个更加险恶的世界里。这种情况不仅出现在美国，也出现在其他富裕国家。其他一些国家的工人工资和工作条件也在不断恶化，它们也经历了制造业的衰落和服务业的兴起、经济增长率的放缓和工会化程度的降低。但这些国家的医疗体系并不像美国这样昂贵，并且拥有更健全的社会保障体系。同时，没有一个国家的工资水平像美国这样长期停滞不前。所有这些，或许可以解释为什么绝望的死亡的流行病没有在所有富裕国家蔓延。然而，对于所有国家的低技能工人来说，西方资本主义的未来阴云密布，这是一个真正值得忧虑的问题。

第十六章
何去何从

我们希望看到一个更加公平的美国。问题是，不同的人对什么是公平有着迥然不同，甚至相互矛盾的观点。但是，我们在有些方面仍然大有可为，例如，重点关注那些明显的不公之处，即多数人一致认为错误的社会特征。我们不必就公平的所有方面都达成共识再要求进行改革。这就是经济学家兼哲学家阿马蒂亚·森所称的比较方法，他将之与以描述理想社会为开端的先验方法进行了对比。[1]如果我们能够明确一系列社会不公问题，并就此达成共识，那么每解决一个问题，都将使我们更接近一个更美好的世界。

以一些具体问题为例，人们普遍认为，从人类的苦难中获利是错误的，因而这种苦难导致的不平等有失公平。此外，无论右派还是左派，即使政治观点迥异，人们也普遍认为，寻租和裙带资本主义是不公平的。此外，无论我们如何看待对财富的追求，我们都同意，凭借特别优待谋取财富，例如，做出亚当·斯密谴责的所谓支持"荒谬和压迫性垄断"的行为，也是不公平的。与此相反的是，当前人们并没有达成共识，认为任何减少收入不平等的行为都理所当然是可取之举。

许多研究收入分配问题的经济学家支持如下观点：人们拥有的越多，在制定政策时，对福祉赋予的权重（优先权）就应该越小。这种观点首先在经济学上得到广泛应用，[2]现在被哲学家称为"优先主义"[3]。优先主义者支持平等，在经济上，优先主义者在设计税收制度时追求实现收入平等，但同时认识到下列事实导致的局限性，那就是人们的税赋越重，他们对经济的贡献就越小。因此，最终的税收制度取决于现实性问题，特别是人们对税收的反应以及富人对其他人的福祉有多大贡献。同时，税收制度还取决于价值观，特别是优先主义，尽管并非人人对此表示赞同。事实上，按我们的推测，大多数美国人并不赞同优先主义的观点。特别是，鼓吹这种观点在道德层面存在争议，就像优先主义者所宣称的那样，向占据收入分配顶层的前1%的人口再分配额外的收入，对社会的价值如此之小，所以可以忽略不做。[4]

我们要在这些问题上表明我们自己的立场。我们认为，处于困境中的人们理应享有优先权，但这并不意味着那些没有处于困境中的人在收入或财富方面的优先权有所下降。与绝望的死亡相关的痛苦是最重要的问题。通过将顶级富豪的财富以再分配的手段转移给普通的有钱人，甚至是受教育程度较高的中产阶级，并借此减少不平等，在我们看来，除非它还能够带来其他好处，否则这种做法似乎意义不大。这就是我们并未纠结于不平等现象本身，而是更关注导致不平等现象出现的部分原因，如通过盗窃和寻租，或通过我们在本书中描述的非自愿的向上再分配。确切地说，我们并不否认，不平等有时会导致其他重要的社会目标受到损害，例如，富人有可能会利用其财富侵蚀民主制度，或破坏大多数人依赖的公共产品。但是，我们反对按照优先主义理论计算得出的针对最高收入者的高边际税率。相反，我们更建议应该对寻租行为予以直接打击，如果能够成功做到这一点，必将大大减少不平等现象。

阿片类药物

药物过量使用致死是人数最多的一类绝望的死亡。作为一个更大规模流行病的一部分（这个流行病还包括酗酒和自杀导致的死亡），它反映了我们在本书中描述的社会失灵。然而，医药公司的行为就好比在阴燃的绝望上浇上汽油，导致死亡的人数大大增加。阻止毒品流行并不能消除绝望的死亡的根源，但它无疑能够拯救许多生命，因而应成为当务之急。

一旦成瘾，想要治愈将极其困难，即使成瘾者全力配合，也很难。人们普遍认为药物辅助治疗是一种有效的方法，但并不是每个人都能得到治疗，这通常是因为费用问题。有报道称，一些地方的药物过量使用致死人数大幅减少，其中就包括俄亥俄州代顿市，在约翰·卡西奇州长的领导下，俄亥俄在全州范围扩大了医疗补助计划，同时警察和公共卫生官员共同致力于治疗而不是维持治安。[5]无论是针对药物过量使用问题，还是针对其他医疗问题，进一步扩大医疗补助计划都将有所帮助。

今天，医生对阿片类药物处方的危险性更加了解，远远超过大流行的初期，阿片类药物的处方率也已经在2012年见顶。不过，截至2017年，每100个美国人仍然对应58张阿片类药物处方，是1999年的三倍，同时每张处方的平均药物用量为18天。[6]如我们所见，20年来阿片类药物处方的膨胀并没有减少疼痛症状的报告。尽管我们对饱受疼痛折磨的人们深感同情，但我们仍然相信，在使用阿片类药物治疗慢性疼痛的过程中，存在处方过度现象。医疗制度需要探索更好的选择，包括1999年以前使用的各种替代疗法。保险公司也应该为这些治疗付费，即使它们比滥开止痛药的费用更高。

今天，美国的医药行业已经功能失调，同样失灵的还包括整体医疗制度。奥施康定本不应该获得批准，因为当时根本没有考虑大规模向人群提供成瘾性药物可能导致的后果。作为更广泛的医疗改革的一部分，美国需要设立像英国国家卫生与临床优化研究所那样的监管机构，评估各种治疗方法的益处和费用，并有权阻止那些效益不佳的治疗方法投入使用。当然，这是政府干预市场的一个例子。然而，正如我们已经指出的那样，医药市场并不是，也不可能是一个完全自由的市场。

医疗

一般而言，自由市场能带来更大的社会效益的观点不可辩驳，但这并不适用于医疗制度。[7]不受监管的医疗市场对社会没有好处，受监管的市场反而可以很好地发挥作用。在英国，国家卫生与临床优化研究所似乎成功顶住了政治压力，这些压力可能导致其被关闭或者将其变成吸引寻租者的磁铁。[8]在提供全民医疗保险和控制医疗费用方面，美国应该效仿其他富裕国家，提供全民医保极其重要，而控制医疗费用更加重要。美国目前在这两方面的表现都是最糟糕的，政府的干预不但未能控制医疗费用，反而为寻租创造了机会，并因此而抬高了费用。不受监管的医疗市场不可能提供社会可接受的覆盖范围。正如肯尼斯·阿罗很久以前指出的那样，“在医药领域采取无为而治的做法完全不可容忍”[9]。我们需要一定程度的强制性，同样必需的还包括对无力支付费用的人提供补贴。如果不考虑这些方面，任何改革都注定会失败。

尽管存在许多困难，但至少从原则上讲，更好的医疗制度具有极大的积极意义。由于当前美国的医疗制度浪费严重，因此有可能建设一个更好、更高效的体系，既可以改善国民的健康状况，又能够节省大量金钱，还能够提高获取医疗服务的公平性。这样的系统不仅可以覆盖目前没有医疗保险的2850万美国人（截至2017年），[10]而且还可以增加普通就业者实际到手的工资。许多工会拥趸和政界人士之所以对取消现行医疗制度心存疑虑，是因为受教育程度较低的工人在多年来收入非但一直没有增长，甚至有所下降，因而人们担心，取消雇主提供的医疗保险将是对这些工人的进一步打击。但是我们需要从更广泛的角度理解这一问题，看到雇主提供医疗保险正是导致工资增长不尽如人意的主要原因之一。

有些危言耸听者经常高喊，美国负担不起全民医疗保险，如果由政府买单，则将在无限期的未来需要巨额的额外税收，但这未必是事实。我们知道，这个听起来像乌托邦梦想的事情远非乌托邦，因为其他国家已经做到这一点。但实现目标绝非易事也的确是一个事实。为了改善今天医疗保障方面的混乱状况，我们需要做大量工作，这与从零开始设计一个全新体系大不相同。即便如此，我们必须始终牢记成功可以带来的巨大益处，并且在设定清晰目标的同时，也要充满激情。

任何可行的医疗改革方案要想顺利实施，都必须具有强制性，以防止那些不需要保险的人拒绝支付费用，同时必须控制成本，以免服务提供商的收入受到挤压，因为不是所有的提供商都资金雄厚。新的方案还将削减一些目前拥有医保的人可以享受并非常喜欢的产品或治疗。没有人喜欢被强迫，尤以美国人为甚，他们厌恶医疗服务需要定量配给的想法，但是显然他们并不反感根据钱多钱少确定医疗服务的配额，并将那些没有钱的人完全排除在外的主张。他们还希望得到相互矛盾的结果，例如，一方面希望医疗保险能够覆盖既往病史，另一方面，又希望在没有既往病史的情况下不必购买保险。我们花在医疗上的每一分钱都会成为某人的收入，而那些人会为维持现状而拼命抵抗。但是我们一定要明白，这些人之所以努力抗争，是为了保护自己的收入，而不是为了大众的健康，或者为了传说中的自由市场医疗制度，后者是医药公司在面临价格管制威胁时最喜欢唱的高调。

对目前正在讨论的几个方案，我们并不支持其中任何一个。目前可供选择的方案很多，包括其他国家的不同做法，这些做法本身就因国而异。有些说法并不正确，例如，说除了目前的医疗保险制度外，唯一的选择就是英国的制度。这种制度实际上是由政府提供医疗保障，支付医生和医院的费用。除了那些费用极其高昂的计划，如由联邦政府向所有人提供医疗保险，即面向 65 岁以下的人开放这项计划，并由税收承担全部费用，我们还有很多选择。有些国家与规模较小、监管严格的保险业和私营保险公司合作，但它们都通过某种机制确保每个人都能够参保，并保证对一些人提供补贴和严格控制成本。[11] 当然，在其他国家有效的做法可能并不适用于美国，因为不同国家的人收入不同，并拥有不同的传统和不同的期望。经济学家维克托·福克斯毕生大部分时间都致力于思考医疗制度问题，他写道："美国可以借鉴他国的经验，但必须建立一个符合美国历史和环境的制度。" [12] 他已经设计一个详细的计划，该计划使用代金券，并且不是单一付款人体系。[13] 这个计划还包括建立一个类似英国国家卫生与临床优化研究所的成本控制委员会，并且通过专门的增值税提供所需资金。除此之外，还有其他一些计划，重点在于延伸医疗保险计划的覆盖范围，但并不立即将全部费用转嫁给政府，[14] 而是要求雇主继续提供医疗保险，或者在不提供的情况下，向一个联邦计划供款。

几乎可以确定的一点是，政府在新的医改方案推出时必然会增加支出，但应在长期内控制费用的增长，这样可以确保医疗服务提供商的收入不会突然减少，而是缓慢地将其利润降到较低水平。医疗业游说团体是华盛顿最强大的一股力量，因此几乎可以肯定，在进行改革时如果不能给他们好处，那么改革就不可能成功推行。如果不改革，我们将永远受他们剥削，而一个精心设计的改革，加上费用控制，将通过对那些日益昂贵而收效甚微的治疗手段进行严格控制，慢慢减少我们不得不向他们缴纳的贡金。我们希望再次强调，虽然设计一个新的医疗改革方案并为其筹措资金会涉及许多极具挑战性的问题，但这些问题不包括需要寻找大量凭空产生的资金支持一个全新的福利计划。现有医疗制度耗费的资金已经远超所需。因此，目前的挑战部分在技术和金融工程方面，需要找到重新分配资金的方法，另一部分在政治工程方面，需要通过给予当前的受益方充足的好处，以换取它们对推动改革进程的支持，并在长期内逐步收回这些好处。1946 年，时任工党政府卫生大臣的奈·贝文在推出英国国民医疗服务体系时，被问及他是如何应对医生游说团体的（后者将他比作纳粹医疗元首）。他的回答是，他之所以能获得成功，是因为“用金子堵住了他们的嘴” [15]。

公司治理

工会的衰落使权力从雇员手中转移到经理和资本所有者手中。尽管我们希望看到工会会员不断减少的趋势得到逆转，或者至少能看到工会像过去一样发挥作用，但我们认为，工会重生的可能性不大，而且即使它最终能够重生，这一进程也很可能非常缓慢。

美国公司进行全面改革的可能性也不大，像欧洲许多地区那样，在公司董事会中设立员工代表的做法同样不太可能。一种不那么具有吸引力但仍然有效的改革将是对企业现在所从事的某些有害做法加以严格监管。例如，应该有可能确保外包公司的存在不能仅仅是为了削减福利或利用非法移民压低工资。竞业禁止条款也应被全面禁止，就像加州目前已经做到的那样。

税收与福利政策

尽管税前收入不均现象日益严重，但欧洲的社会保障网多年来一直足够强大，从而得以防止实得收入的差距加大。[16] 我们已经看到英国的例子，近年来，英国的社会安全网有效发挥作用，抵消了收入最高人口的收入也增长更快的影响。话虽如此，我们目前尚没有直接证据证明，绝望的死亡与缺乏社会安全网有关，无论是国家内部，还是不同国家之间。尤其需要看到，处于这场绝望的死亡流行病中心的，是美国受教育程度较低的白人男女，而他们远不是美国最贫困的群体。我们已经证明，在 20 世纪 90 年代、21 世纪初，以及经济大衰退期间，无论是他们的贫困状况，还是他们的收入变化，都没有和死亡率之间产生任何明显的联系。

如果我们令时光倒流 40 年，在全球化和自动化导致人们失去工作和收入时，如果拥有一个更健全的社会安全网，无疑能使他们在度过这一转型期时不会那么痛苦。全民医疗保险也拥有同样的功效。同时，不附带条件的福利还将缓解工资下降的压力，因为那会让人们不必那么急切地在短期找到新工作，并且全民医疗保险将降低企业解雇工人的动力。现有的一些福利是附带条件的，例如“所得税抵免”只有在有工作的条件下才能享受。斯堪的纳维亚半岛国家青睐的积极的劳动力市场政策则将有助于阻止工人流出劳动力市场。

然而，不过分依赖更强大的社会安全网将是明智之举。如果我们沿用迈克尔·杨对“民粹主义者”和“伪善主义者”的划分，并以受教育程度划分美国人口和欧洲人口，那么社会安全网就好比一个创可贴，虽然有用，但却无助于解决根本问题。尽管如此，我们并没有解决这一问题的政策建议。哲学家夸梅·安东尼·阿皮亚认为，我们需要不拘一格地选拔人才，而不能局限于那些通过精英制度考试的人，但至少对于我们二人而言，这一点如何做到尚不清楚。[17]

普遍基本收入①的概念有很多拥护者，的确，在一个机器人已取代许多乃至大多数工人的世界里，通过类似政策确保国民收入不会全部归于机器人的拥有者和发明者不无道理。但是，我们距离实现这一反乌托邦还有很长的路要走。不过，即使现在也存在强大而有说服力的论据支持普遍基本收入的观点，正如存在支持全民医保和全民教育的论据一样。自由社会的人应该免费拥有一定的基本时间，供自己自由支配。我们特别推荐菲利普·范·帕里斯和扬尼克·范德堡特雄辩的论点。[18]他们指出，普遍基本收入将增进每个人的自由。许多人认为，普遍基本收入政策将有助于政治和民主更好地发挥作用，而没有它则会使政治和民主彻底失效，尤其是在基本生活得不到保障的地方。[19]此外，还有一个有关富裕国家收入来源的强

① 普遍基本收入又称无条件基本收入，是一种政策概念，指在不审查任何条件与资格的情况下，由政府或组织定期定额发放给全体成员（人民）一定数额的金钱，以满足其基本生活需要。——译者注

有力伦理论据，即尽管这些国家的收入与当前的努力分不开，但其在更大程度上有赖于国家遗产的支持，如教育和就业基础设施，以及我们欠上一代人的物质和社会资本。[20] 全社会每个人都应有权分享这些继承的财富。

不过，在目前的情况下，我们并不支持普遍基本收入的概念。从算术角度来看，这一概念在左右两边经常被引用的支持作用将相互抵消。在其右边，这项福利取代了所有其他政府转移支付，包括养老金和伤残补助金，因此许多老年人和残疾人的境况将比现在恶化。在其左边，普遍基本收入被视为对现行制度的补充，这使得它非常昂贵，每人每年一万美元的普遍福利意味着目前的税收将大概翻番。在这两个极端之间存在更现实的可能性，即可以通过修改现行福利和税收政策，使其更接近普遍基本收入的概念，例如，通过对福利制度加以改进，使穷人不会因任何额外收入而面临高额税收。但事实证明，就连这一点也很难以可行的成本加以实现。[21]

普遍基本收入涉及一个更深层次的问题，那就是如何看待工作。它的捍卫者分为两类，一类人想证明普遍基本收入不会降低人们工作的意愿，另一类人则认为不工作的自由是一种特性，而不是一种缺陷。毫无疑问，对于许多纳税人来说，他们中的一些人甚至对为他人的医疗或他人子女的教育买单感到不满，现在要让他们为别人的闲暇买单，这无疑是一种过分的要求。经济学家罗伯特·弗兰克描绘了印第安纳波利斯的一个勤勉牙医，他每天开车在雪地中奔波，治疗脾气暴躁的病人，而这些病人则喋喋不休地抱怨他收费太高，根本没人关心他已经累得患上静脉曲张，然后，他在电视上看到一群成年人靠着他们的普遍基本收入整日无所事事，阅读诗歌和借助艺术陶冶情操。[22] 许多美国人认为，如果一个人要充分参与生活，工作是必不可少的；如果普遍基本收入政策降低了人们的工作意愿，减轻了他们寻找有报酬工作的压力，那么实际上是在减少他们的生活机会。这使得普遍基本收入的政治可行性取决于它对劳动力供给的影响。普遍基本收入有可能为失去工作的人提供自由，使他们得以为获得新工作接受培训，开展新的活动，为社区做出贡献，更充分地参与民主政治活动，并且从长远来看，重建自己的生活。尽管我们十分关心那些饱受绝望的死亡威胁，以及因失业而丧失生活意义和地位的人，但我们很难将普遍基本收入政策视为改革的最佳途径。

反垄断

反垄断执法是当今经济学和法学界极具争议的话题。一方认为，行业集中度、市场势力和剥削行为不断加剧，而与此同时，执法者则酣然入睡或被催眠。另一方则认为，没有任何证据表明垄断造成了损害，相反，垄断带来了大量益处，尤其是对消费者而言。我们在第十五章探讨过这些争论。我们同意某些行业确实存在问题，例如，医疗行业和金融行业，但我们不认为美国普遍存在垄断问题。劳动力市场中的市场势力，即寡头垄断，是另一个大问题，有充分证据表明雇主想方设法地压低工人工资，使其低于竞争性工资。

尽管如此，我们认为对此进行辩论非常重要。随着科技进步和贸易发展，各个行业正在迅速变化，即使现行政策在今天奏效，也并不能保证其能一直如此。欧洲的监管者和政治家拥有不同想法也是一件好事，因为这会让我们看到不同政策的实际效果，即使他们的政策有时是出于针对美国公司的保护主义。尽管垄断是非法的，但很难对其提起诉讼和进行监管，需要努力找到更好的办法。我们还认为，反垄断政策更积极地对企业并购加以审查，特别是防止大型企业收购潜在竞争对手，是一个好主意。或许举证责任应该更坚定地从监管机构转移到提议合并的公司。我们也赞同让亚马逊、脸书和谷歌在每次使用从用户那里获得的信息时都要付费。[23] 这是一个绝佳的例子，可以通过扩大，而非破坏市场，让资本主义变得更强大。

工资政策

本书的一个主要论点是，受教育程度较低的美国人丧失好工作的现象不仅伤害了那些直接受到影响的人，而且也伤害了其他人，因为这让许多社区遭到破坏，并摧毁了一种生活方式。因此，我们有充分的理由支持提高工资的公共政策，这是因为，如果任由劳动力市场自己决定工资，那么它不会考虑外部影响。提高工资可以通过工资补贴制度或提高最低工资标准来实现。工资补贴能够创造就业机会，并同时提高工资和利润。诺贝尔经济学奖得主埃德蒙德·菲尔普斯长期以来一直倡议提高工资补贴，近年来保守派评论员奥伦·卡斯也提出同样的建议。[24] 提高最低工资也会使工资增加。这样做是否会造成就业岗位流失则取决于最低工资增加的规模和劳动力市场的竞争性。不管怎样，企业利润都可能因此下降。因此，右派倾向于支持工资补贴，反对提高最低工资标准，左派则持相反观点。

我们并不反对工资补贴。在我们看来，关键是恢复就业岗位。但我们认为，近期美国的最低工资标准调整提供了令人信服的证据，表明小幅提升最低工资不会导致就业机会丧失，只会将处于最低工资水平线以下的工人的工资提高到最低工资水平线之上，并使原本高于最低工资水平线的工资同步增长，这很可能是为了维持某些重要的低薪岗位与其他岗位间的既有薪酬差异。1999 年实行最低工资制度后，英国低工资岗位的变化也给我们留下了深刻印象。这两组证据都已在第十五章进行过论述。同时，许多美国人赞成提高最低工资标准，这一点也很重要，因为这意味着实施最低工资标准在政治上可能比实施工资补贴更容易。

因此，我们赞同适当提高最低工资标准，支持将联邦最低工资标准从当前的每小时 7.25 美元逐步提高到 15 美元。我们认为，提高最低工资是将权力和金钱从企业向劳动力再分配这一更大目标的组成部分。根据美国劳工统计局的数据，2017 年，共有 180 万美国人的收入勉强达到最低工资水平线，或者低于最低工资水平，其中约 2/3 的人从事服务业，主要是食品制备。[25] 这些工作不是受教育程度较低的美国人失掉的那些好工作，而是他们失去工作后不得不退而求其次的工作。提高最低工资标准的作用与扩大社会安全网相似，将有助于缓解这种转型造成的冲击。

寻租

琼·罗宾逊曾描述所谓的专利悖论，即专利阻碍了扩散，反而使专利变得更多。[26] 专利是一种公开授予的获取租金的许可，但其条件并不固定，而且面临强力游说。布林克·林赛和史蒂文·特莱斯 [27] 提出的观点认为，版权法和专利及许可要求，以及地方土地使用法规数量的迅速增长有利于寻租者和在位者，不利于挑战者，这一点正在阻碍创新和经济增长。随着软件在许多行业中取代了有形资本，版权已得到更加积极地应用。建筑物可以用围栏和防护装置加以保护，但代码很容易被复制。版权、专利、土地使用法规和许可的存在自然有其合理性，但是如果滥用这些权利进行向上再分配，即从竞争者和创新者向已经那些在位并试图通过保护自己地位来谋利的人进行分配，则需要对它们加以有力控制。有些观点认为，许多专利保护都是不必要的，并且有违公共利益，[28] 而目前做法的成本实际上远远大于收益。

在第十五章中，我们对游说的讨论主要集中在谷歌、美国电话电报公司或波音等大型企业的游说行为。但小企业在游说上的支出往往更多，虽然游说支出不是直接花费，而是通过他们所在的协会，例如美国商会、美国房地产经纪人协会和美国医学协会。这些组织之所以强大，不仅是因为它们花了大笔资金，还因为它们的成员分散在全国各地，在每个社区都有代表，更重要的是，在每个州和每个国会选区都有代表。它们为了使这些小企业获得特殊待遇而进行游说，这些特殊待遇包括免除大企业需要遵守的法规，或者为房地产经纪人提供特殊的税收减免。[29]汽车经销商受到州法律的保护，这些法律禁止制造商直接向消费者出售汽车。医生及其协会严格控制医学院的招生人数，以减少医生的数量，从而维持他们的高工资。他们强制实施住院医师要求，有效地将外国医生排除在外；精英阶层的专业人士在防止来自外国竞争者的挑战方面做得更好，远远超过受教育程度较低的工人。

寻租行为和对小企业的保护是理解美国不平等现象的两个关键点。经济学家马修·史密斯、丹尼·雅根、欧文·齐达尔和埃里克·茨威格研究了企业及其所有者的税收数据，发现积极管理企业的企业家是导致顶层收入不均的关键因素。这些富有的企业主无论是在收入总额，还是在人数上，对于顶层收入不均现象的贡献都远超公司首席执行官。这些人主要从事“专业服务（如顾问、律师、特殊产品贸易员）或健康服务（如医生和牙医）。位居美国顶层0.1%的人口所拥有的典型企业是年销售额2000万美元，有百余名员工的区域性企业，例如，某家汽车经销商、饮料经销商或大型律师事务所”[30]。这些企业几乎全部仰仗活跃于华盛顿或者州议会的游说团体，受到政府颁发的专门许可的保护，这些许可要求正是亚当·斯密口中“可说是用鲜血写就的法律”[31]。律师为寻租者提供法律依据，指导他们推动制定或修改哪些法律法规，并帮助他们远离监狱。

没有什么可以阻止行业协会或公司游说民选官员以获得保护。联邦和州立法者对这些法规的重视程度可能取决于选民对其所授出的许可保护的了解程度，以及在了解情况后选民对此的关心程度。我们怀疑选民通常不知道自己的利益正在被一点点蚕食（或更糟）。因此，提供更多的信息，让选民知道是谁在进行游说，以及游说的内容和游说的后果，可能有助于降低这些游说活动的有效性。

教育

在本书中，我们一次又一次地看到，拥有和没有学士学位的人口之间存在严重的分化，后者面对包括死亡在内的一系列糟糕境遇。如果每个人都拥有学士学位，这个世界是否会变得更好？

也许会吧。美国在普及小学教育方面处于世界领先地位，并在科技发展提出新的需要时，又率先普及高中教育。在今天信息和通信革命的背景下，也许到了再次提高我们的教育水平，使大学教育成为一种常态的时候。

我们认为，很多现在没有学士学位的人本来可以获得学位，或者可以回炉深造并获得学位。他们会因此得到更好的待遇，同时其他人也可以从中受益，尽管可能益处没有那么明显。这尤其适用于那些有才华却未能上大学的人，无论他们是因为经济原因，还是因为他们没有意识到像他们这样的人可以继续接受高等教育，后者无疑更令人痛惜。许多人认为，这些人在今天重新接受高等教育比以前更加困难，因为高中毕业生重返大学校园的低成本机会越来越少。即使在今天，学士学位的经济回报也足以证明，上大学是很好的投资，不过风险确实存在，今天进入大学的人中，约有一半未能顺利毕业，他们可能会欠下债务却没能获得学士学位。目前进入大学的年轻人的比例持续上升，但获得学士学位的年轻人的比例基本未见增加，从许多方面来看，这种情况都是不幸的。显然，上过大学但未能毕业带来的好处相对有限，因此这种情况极其浪费。任何能够解决这些问题的政策都会有所帮助，尽管让每个人都能免费上大学将耗费巨资，而且会将大部分利益分配给最不需要的人。

从更广泛的角度来看，学士学位显然没有魔力，能使持有者免于被机器取代，或者在竞争中胜过其他国家的廉价劳动力。学士学位并不是一套能够保护个人免受变化影响的铠甲。正如50年前非洲裔美国人首当其冲地遭受失业和社区毁灭的打击，今天同样的命运又降临到没有学士学位的白人身上一样，许多拥有学士学位的人很可能将在未来面临同样的冲击，这绝非耸人听闻，让每个人都接受教育并不能阻止这种结果出现。

不过，在其他富裕国家，拥有和没有学士学位的人口之间并未出现如此显著的分化。英国接受大学教育的人口比例较低，尽管上大学的费用不断上涨，但进入大学学习的人数仍然迅速增加。德国有著名的学徒制，许多人选择接受学徒训练而不是上大学，这种制度培养了没有学士学位的人对工作和技艺的极大自豪感。反对学徒制的一个论点是，学徒制将人与特定技能联系在一起，而不是为他们提供人文教育所应有的灵活性和适应性。然而，德国工人似乎并没有因此而受苦，在面对变化时接受再培训也是家常便饭。

我们认为，美国必须考虑其他选择。在美国，是否拥有学士学位所带来的不同境遇既是分裂性的，也对生产力毫无帮助可言。美国的基础教育体系主要是为上大学做准备，但是却只有 1/3 的人成功地上了大学，这既是一种浪费，又极不公平。[32] 那些没有成功完成大学学业的人有可能被打上失败者的烙印，要么从此自暴自弃，要么会认为社会制度不公，要么会两者兼而有之。[33]

可供其他富裕国家借鉴之处

我们已经用很大的篇幅讨论美国可以从其他国家学到什么，以使我们可以消除绝望的死亡的流行病。其他国家是否受到同样的威胁？虽然我们不认为美国经历的一定会很快扩散到其他国家，但其他国家确实可以从美国发生的事情中学到很多，其中很多是教训，即哪些事情不该做。

最明显和最直接的教训是，其他国家应该维持目前对阿片类药物的管控。首先，欧洲（包括英国）的医生在开止痛药方面谨慎得多，而且事实证明他们的病人并没有因此而不得不忍受痛苦。欧洲国家的中年人显然没有出现疼痛症状流行的迹象。奥施康定等阿片类药物会在手术后立即在医院得到使用，但这样的处方在社区极为罕见。然而，阿片类药物生产商已经从烟草公司那里学到一课，并开始在全球推广使用其药物对抗疼痛。普渡制药旗下的国际子公司萌蒂制药向医生和其他倡导者支付费用，以换取他们推广阿片类药物，并鼓励医生克服“阿片恐惧症”[34]。欧洲医学期刊上经常出现医生撰写的文章，主张放宽处方规定。美国的例子不应该被效仿，相反，它应该成为向其他国家发出的可怕警告，提醒它们为了企业利润而牺牲人们的生命将会带来怎样的后果。

欧洲目前的政治形势几乎和美国政治一样令人担忧。许多投票支持英国脱欧，或者支持欧洲右翼政党或民粹主义政党的人，和众多受教育程度较低的美国人一样，感觉在政治进程中被剥夺了权利。与美国一样，传统上代表劳工利益的社会民主党看上去与代表资本方的政党已经没什么两样。同时，也许正是由于这个原因，在包括英国在内的一些欧洲国家（虽不是所有），普通民众经历了十余年的工资增长停滞和紧缩，并导致公共服务水平下降，这其中也包括医疗保障。[35] 正如我们对美国困境的描述，当劳工阶层越来越面对自动化和贸易的影响之际，政治家和企业非但没有努力帮助他们缓解这种影响的冲击，反而借机从中渔利，将收入从劳动力向上再分配给管理者和股东。在英国，紧缩政策也扮演着类似的角色，在人们最需要它的时候削弱了社会安全网。

英国人口的预期寿命并未出现持续下降，但其此前长期的持续增长已经放缓乃至停滞。英国 10 年的工资增长停滞尚无法与美国长达半个世纪的工资下降相提并论，但这显然已经发出足够强的信号，警示政府不能自满。1945 年之后，英国的工党政府建立了全球首个现代福利国家，如果它又成为率先摧毁福利制度的国家之一，导致其年青一代和许多美国年轻人一样，将资本主义视为敌人，那将是一个多么大的讽刺。

未来可期，未可言败

要想消灭绝望的死亡，我们必须以某种方式阻止或扭转受教育程度较低的美国人工资下降的趋势。悲观主义者可能会说，我们正在经历贸易和技术突变，这是不可避免的，而我们对此无能为力。如果情况果真如此，我们只能坐等潮水退去，并眼睁睁地看着许多人在此期间被吞噬。

也许劳工阶层的困境与工资、工作或任何其他外部环境都没有关系，而是如政治学家查尔斯·默里所说，是由于受教育程度较低的美国白人丧失了勤奋和其他美国人固有的美德。[36] 如果是这样，那么政策是否能起到帮助作用不得而知，真正需要的是道德或宗教复兴。对这个观点我们无法苟同。在本书专门讨论劳动力市场的第十一章，我们看到，受教育程度较低的白人无论在劳动力参与率，还是在工资增长率方面都在下降，这种现象在男性中已经存在多年，近年来又扩散到女性中。参与率和工资同步下降清楚地表明，雇主需要的低技术水平工人数量变少了。由于工作岗位减少，工人要么退出劳动力市场（参与率降低），要么接受更差的工作（工资降低）。如果导致参与率降低的是工人勤奋程度下降（工作意愿降低），那么随着雇主争夺更少的可用工人，工资应该上涨，但事实显然不是这样。

无论在过去，还是在现在，死亡都不是不可避免的必然结果。在任何其他富裕国家，都未曾出现绝望的死亡。我们认为，美国的绝望和死亡程度反映了美国的具体政策和环境。美国医疗制度对人民健康造成的危害无异于一场灾难，更严重的是，它正在耗尽美国人的生存基础，以便使少数富人更加富有。医药公司通过使病人成瘾和使普通百姓无法享受数十年医疗进步的定价策略攫取了巨大的利润。在经济的其他方面，一方面，贸易和自动化使劳工阶层处于更脆弱的境地，另一方面，公司和立法者并没有抓住机会加强社会安全网，以尽量减轻伤害。如果说两者做了什么，那就是利用劳动力的弱势地位压低工资和向上分配收入，换言之，从劳动力手中夺取财富并分配给资本，从普通人手中夺取财富并分配给精英。与此同时，政治体系受制于游说集团和立法者对财大气粗支持者的需要，已经日益成为各种商业和专业人士角逐利益的战场。在一个运作良好的民主国家，国会本应保护大多数人的利益，但其在很大程度上忽视了他们。法律本应保护弱者不受强者寻租行为的侵害，但其越来越站到勒索者一方。诺丁汉郡治安官搬到了华府定居，良心警察已经离开，而罗宾汉并没有出现。

不过，我们依旧感到乐观。我们曾考虑以“资本主义的失败”作为本书的书名，但最终选择了“资本主义的未来”，这是一个我们希望拥有的更美好的未来。我们认为，资本主义需要为人民服务，而不是让人民为它服务。资本主义需要更好的监督和管理，并由国家全盘接管商业。民主可以面对挑战，国家可以做得更多，并做得更好，但我们也清楚地意识到政府的危险，更大的政府意味着更多的寻租空间和更大的不平等[37]。我们在上面提到的许多改革措施都是支持市场而非反市场的，理应得到左右双方的支持，无论是右翼市场原教旨主义者，还是左翼过度不平等的批评者。我们希望能够有一个比现行税收制度更公平的制度，但我们不赞同优先考虑对富人课以重税，因为我们不认为不平等是一个根本性的问题。最根本的问题是不公平，换言之，当前的制度令处于财富顶端的少数人获得巨额不义之财，而众多普通人却根本得不到任何机会。我们的观点是，限制寻租和减少掠夺将使富人受到控制，减少财富顶层的不公平收入，同时不必对被普遍视为公平收入的那一部分收入或财富征收高额税赋。

美国的民主并没有很好地发挥作用，但它远未消亡，如果人们如同在一个世纪前的进步时代和20世纪30年代新政时期那样，努力推动它，民主将可以再次发挥作用。

对于坚持读到最后的读者来说，我们的建议应该并不出乎意料。这些建议大多是针对我们对已经发现的问题提出的解决办法。即便如此，把它们汇总在一起仍然有一定意义。我们无法详细描述政策建议，并且既无意，也无能力在众多人已经全面阐述的医疗改革和社会安全网设计方案中做出选择。然而，我们希望，严重的死亡流行病，以及寻租和向上再分配所造成的极端不平等局面将创造一个机会，使那些长期以来一直在讨论中的改革计划得以实施。这是我们早就该采取的行动。

致谢

许多人对本书贡献良多，对于他们的建议、意见和评论我们深表感谢。在此，我们要特别感谢下列人士：奥利·阿申费尔特、丽莎·伯克曼、蒂姆·贝斯利、埃里克·凯恩、戴夫·卡德、苏珊·凯斯、丹尼尔·钱德勒、安德鲁·切尔林、吉姆·克利夫顿、弗朗西斯·柯林斯、珍妮特·柯里、戴维·卡特勒、杰森·道可特、比尔·伊斯特利、贾妮丝·埃伯利、汉克·法伯、维克·富克斯、杰森·富曼、莱纳德·盖洛萨、黛比·吉特曼、达娜·戈德曼、奥利弗·哈特、苏珊·希金斯、乔·杰克森、丹尼·卡尼曼、阿里伊·卡普滕、莱恩·肯沃西、珍娜·科瓦尔斯基、南希·克里格、伊莉安娜·库兹伊姆科、安娜·莱姆比、戴维·利普顿、阿德里安娜·雷勒斯–穆妮、特雷冯·洛根、迈克尔·马尔莫特、萨拉·麦克拉南、埃伦·米拉、爱丽丝·穆尔霍夫、弗兰克·纽波特、朱迪思·诺瓦克、巴拉克·奥巴马、萨姆·普雷斯顿、鲍勃·普特南、朱莉·雷、伦纳德·谢弗、安德鲁·舒勒、乔恩·斯金纳、吉姆·史密斯、乔·斯蒂格利茨、亚瑟·斯通、鲍勃·蒂戈尔、约翰·范·雷宁、诺拉·沃尔科夫、戴维·威尔、吉尔·韦尔奇、密克隆·韦耶内斯、丹·威克勒、诺顿·怀斯、马丁·沃尔夫、欧文·齐达尔和路易吉·津加莱斯。

我们尤其需要感谢并非经济学家的诸位友人，他们愿意帮助我们开阔思路，并使我们避免了犯下一些错误。如果本书中仍然存在任何错误和误解，希望他们能够原谅，对此我们将承担全部责任。本书探讨的议题无法以单一学科涵盖，对于两位经济学家而言，这是一次令我们深感谦卑的经历，它使我们认识到，自己的专业存在如此多的疏忽和谬误。我们从众多社会学家、人口学家、哲学家、政治学家、历史学家、医生和流行病学家那里得到了大量宝贵的帮助。

2019 年 4 月，我们在斯坦福大学举办的“坦纳人类价值观”讲座中介绍了本书的一些材料。在此我们希望感谢坦纳基金会的支持，感谢斯坦福大学的盛情款待，并感谢在此期间举办的许多正式讨论和有益的交谈。

我们在普林斯顿大学伍德罗·威尔逊学院从事教学和研究工作多年。普林斯顿大学提供了一个理想的学术环境，伍德罗·威尔逊学院也为学术研究在政策问题上发挥作用提供了大力支持。我们还长期与美国全国经济研究所合作，其前任主席吉姆·波特巴和已故的马蒂·费尔德斯坦多年来一直对我们的工作给予了支持和鼓励。迪顿是南加州大学的首席教授，在此他希望感谢他在南加州大学自我报告科学中心、经济和社会研究中心和伦纳德·D. 谢弗卫生政策和经济中心的诸位同事。同时，作为盖洛普的资深科学家，他还希望感谢盖洛普的各位同事，他们一直以来都像取之不尽的源泉，提供了大量资料支持、数据，以及无上的热情和绝佳的创意。

普林斯顿大学出版社是一家理想的出版社。我们希望感谢杰姬·德莱尼、乔·杰克逊、特丽·奥波雷、卡罗琳·普里迪、詹姆斯·施奈德以及其他许多人，正是在他们的帮助下，本书才得以面世。

我们还得到美国国立卫生研究院国家老龄化研究所的慷慨支持，本书中的内容综合了几项得到不同拨款支持的研究项目。已故的理查德·苏兹曼曾在国家老龄化研究所这一最高级别的社会调查机构任职，他对我们在人口健康状况领域的研究提供了主要支持。对于我们以个人身份或者双方联合从下列机构获得的研究基金，包括国家老龄化研究所以及全国经济研究所（R01AG040629、P01AG05842、R01AG060104、R01AG053396、P30AG012810-25）、普林斯顿大学（P30AG024928）和南加州大学（R01AG051903），我们同样深表感谢。

注 释

引言

1. Emile Durkheim, 1897, *Le suicide: Etude de sociologie*, Germer Baillière, but the link with education goes back further. See Matt Wray, Cynthia Colen, and Bernice Pescosolido, 2011, "The sociology of suicide," *Annual Review of Sociology*, 37, 505–28.

2. Sara McLanahan, 2004, "Diverging destinies: How children are faring under the second demographic transition," *Demography*, 41(4), 607–27; Andrew Cherlin, 2014, *Labor's love lost: The rise and fall of the working-class family in America*, Russell Sage Foundation; Robert D. Putnam, 2015, *Our kids: The American dream in crisis*, Simon and Schuster; David Goodhart, 2017, *The road to somewhere: The populist revolt and the future of politics*, Hurst; Charles Murray, 2012, *Coming apart: The state of white America, 1960–2010*, Crown.

3. Michael Young, 1958, *The rise of the meritocracy*, Thames and Hudson.

4. Michael Sandel, 2018, "Populism, Trump, and the future of democracy," openDemocracy, May 9, https:// www.opendemocracy.net/en/populism-trump-and-future-of-democracy/.

5. William Julius Wilson, 1987, *The truly disadvantaged: The inner city, the underclass, and public policy*, University of Chicago Press, 39.

6. Carol Anderson, quoted in Susan B. Glasser and Glenn Thrush, 2016, "What's

going on with America's white people?," *Politico Magazine*, September/October 2016.

7. Martin Luther King Jr., 1965, "Address at the conclusion of the Selma to Montgomery march," March 25, Martin Luther King, Jr. Research and Education Institute, Stanford, https:// kinginstitute.stanford.edu/king-papers/documents/address-conclusion-selma-montgomery -march.

8. Daniel Cox, Rachel Lienesch, and Robert P. Jones, 2017, "Beyond economics: Fears of cultural displacement pushed the white working class to Trump," PRRI/*Atlantic* Report, April 9, https://www.prri.org/research/white-working-class-attitudes-economy-trade-immigration -election-donald-trump/.

9. Anderson, quoted in Glasser and Thrush, "What's going on."

10. Wilson, *Truly disadvantaged*; Charles Murray, 1984, *Losing ground: American social policy 1950–1980*, Basic Books.

11. Murray, *Coming apart*.

12. Bureau of Labor Statistics, 2015, "Table A-4: Employment status of the civilian population 25 years and over by educational attainment," Data Retrieval: Labor Force Statistics (CPS), July8, https:// www.bls.gov/webapps/legacy/cpsatab4.htm.

13. Nicholas Bloom, 2017, "Corporations in the age of inequality," The Big Idea, *Harvard Business Review*, https://hbr.org/cover-story/2017/03/corporations-in-the-age-of-inequality.

14. Neil Irwin, 2017, "To understand rising inequality, consider the janitors at two top companies, then and now," *New York Times*, September2, https:// www.nytimes.com/2017/09/03 /upshot/to-understand-rising-inequality-consider-the-janitors-at-two-top-companies-then -and-now.html.

15. Emily Guendelsberger, 2019, *On the clock: What low-wage work did to me and how it drives America insane*, Little, Brown; James Bloodworth, 2018, *Hired: Six months undercover in low-wage Britain*, Atlantic Books.

16. Durkheim, *Le suicide*.

17. Dani Rodrik, 1997, *Has globalization gone too far?*, Institute for International

Economics.

18. Sam Quinones, 2015, *Dreamland: The true tale of America's opiate epidemic*, Bloomsbury.

19. Adam Smith, 1776, *The wealth of nations*, bk. 4.

20. Matthew Smith, Danny Yagan, Owen M. Zidar, and Eric Zwick, 2019, "Capitalists in the 21st century," *Quarterly Journal of Economics*, 134(4), 1675–745.

21. Kenneth Scheve and David Stasavage, 2016, *Taxing the rich: A history of fiscal fairness in the United States and Europe*, Princeton University Press.

22. Charles Jordan Tabb, 2007, "The top twenty issues in the history of consumer bankruptcy," *University of Illinois Law Review*, 1, 9–30, 29.

23. Jacob S. Hacker and Paul Pierson, 2011, *Winner-take-all politics: How Washington made the rich richer—and turned its back on the middle class*, Simon and Schuster; Martin Gilens, 2012, *Affluence and influence: Economic inequality and political power in America*, Princeton University Press; Larry M. Bartels, 2008, *Unequal democracy: The political economy of the new gilded age*, Princeton University Press.

24. Walter Scheidel, 2017, *The great leveler: Violence and the history of inequality from the Stone Age to the twenty-first century*, Princeton University Press.

25. David Cannadine, *Victorious century: The United Kingdom, 1800–1906*, Penguin.

26. Robert C. Allen, 2017, *The Industrial Revolution: A very short introduction*, Oxford University Press.

第一章

1. Quoted in Paul Farmer, 1999, *Infections and inequalities: The modern plagues*, University of California Press, 202.

2. William F. Ogburn and Dorothy S. Thomas, 1922, "The influence of the business cycle on certain social conditions," *Journal of the American Statistical Association*, 18(139), 324–40; Chris-topher J. Ruhm, 2000, "Are recessions good for your health?,"

Quarterly Journal of Economics, 115(2), 617–50.

3. John Komlos and Benjamin E. Lauderdale, 2007, "Underperformance in affluence: The remarkable relative decline in U.S. heights in the second half of the 20th century," *Social Science Quarterly*, 88, 283–305, https://doi.org/10.1111/j.1540-6237.2007.00458.x.

第二章

1. Brookings Institution, 2017, *Policy approaches to the opioid crisis, featuring remarks by Sir Angus Deaton, Rep. Ann McLane Kuster, and Professor Bertha K. Madras: An event from the USC- Brookings Schaeffer Initiative for Health Policy, Washington, DC*, November 3, https://www.brookings.edu/wp-content/uploads/2017/11/es_20171103_opioid_crisis_transcript.pdf.

2. 除非另有说明，否则在整本书中，我们将非西班牙裔白人称为"白人"，将非西班牙裔黑人称为"黑人"，将所有种族的西班牙裔人称为"西班牙裔"。

3. See Katherine Baicker, Amitabh Chandra, and Jonathan S. Skinner, 2005, "Geographic variation in health care and the problem of measuring racial disparities," *Perspectives in Biology and Medicine*, 48(1), supplement (Winter), S42–53.

4. 另一个问题是这种停滞或逆转是否部分由于这一中年年龄组人口在这段时间变老了。确实，1990—2017 年，45~54 岁年龄段的人的平均年龄增长了 0.4 岁（从 49.2 岁增加到 49.6 岁），而我们可以预见，死亡率也会由于平均年龄的增长（哪怕是小幅上升）而有所提高。不过图表已经将这一点考虑在内，并进行了相应调整。如果不进行调整，美国白人的死亡率曲线还会稍高一些，但是美国白人与其他国家公民之间，或者与假设 20 世纪末期的进步得以延续而本来预期可以达到的水平之间，仍然存在十分明显的差异，任何此类调整都无法消除这种差异，参见 Andrew Gelman and Jonathan Auerbach, 2016, "Age-aggregation bias in mortality trends," *Proceedings of the National Academy of Sciences*, 113(7), E816–17。

5. 本书交付出版之时，我们尚不知道 2018 年美国的预期寿命会有什么变化，目前也不清楚它将以何种方式变动。

第三章

1. *PBS Newshour*, 2017, "'Deaths of despair' are cutting life short for some white Americans," February16, video, 8:19, https:// www.pbs.org/newshour/show/deaths-despair-cutting -life-short-white-americans.

2. Nicole Lewis, Emma Ockerman, Joel Achenbach, and Wesley Lowery, 2017, "Fentanyl linked to thousands of urban overdose deaths," *Washington Post*, August 15, https://www.washingtonpost.com/graphics/2017/national/fentanyl-overdoses/.

3. Robert L. DuPont, 2008, "Addiction in medicine," *Transactions of the American Clinical and Climatological Association*, 119, 227–41.

4. Robert L. DuPont, 1997, *The selfish brain: Learning from addiction*, American Psychiatric Association.

5. 在此期间，马里兰州和密西西比州的酒精性肝病死亡率略有下降，而新泽西州则略有上升。许多小州几年未报告数据，如阿拉斯加州、特拉华州、夏威夷州、北达科他州、南达科他州、佛蒙特州和怀俄明州。在这些州中，除特拉华州外，数据报告期内的死亡率均有所上升。

6. Ellen Meara and Jonathan Skinner, 2015, "Losing ground at midlife in America," *Proceedings of the National Academy of Sciences*, 112(49), 15006–7.

7. 这些统计数据包含了非西班牙裔白人和西班牙裔白人，能够获得的 1990 年之前按种族划分的数据并不完善。

8. Yulia Khodneva, Paul Muntner, Stefan Kertsesz, Brett Kissela, and Monika M. Safford, 2016, "Prescription opioid use and risk of coronary heart disease, stroke, and cardiovascular death among adults from a prospective cohort (REGARDS study)," *Pain Medicine*, 17(3), 444–55, https://www.ncbi.nlm.nih.gov/pmc/articles/PMC6281131/; American Heart Association, 2018, "Opioid use may increase risk of dangerous hearth rhythm disorder," meeting report, poster presentation, November5, https:// newsroom.heart.org/news/opioid-use-may-increase-risk -of-dangerous-heart-rhythm-disorder?preview=303c; L. Li, S. Setoguchi, H. Cabral, and S. Jick, 2013, "Opioid use for noncancer pain and risk of myocardial infarction amongst adults," *Journal of Internal*

Medicine, 273(5), 511–26, https://www.ncbi.nlm.nih.gov/pubmed/23331508.

9. Andrew Stokes and Samuel H. Preston, 2017, "Deaths attributable to diabetes in the United States: Comparison of data sources and estimation approaches," *PLoS ONE*, 12(1), e0170219, https://doi.org/10.1371/journal.pone.0170219.

10. Jay Olshansky, Douglas J. Passaro, Ronald C. Hershow, et al., 2005, "A potential decline in life expectancy in the United States in the 21st century," *New England Journal of Medicine*, 352(11), 1138–45.

11. For England, see NHS Digital, 2018, "Health Survey for England 2017," December 4, https://digital.nhs.uk/data-and-information/publications/statistical/health-survey-for -england/2017; for Australia, see Australian Institute of Health and Welfare, 2018, "Overweight and obesity rates across Australia 2014–15," June7, https:// www.aihw.gov.au/reports/overweight -obesity/overweight-and-obesity-rates-2014-15/data.

第四章

1. Statistics are from Thomas D. Snyder, ed., 1993, *120 years of American education: A statistical portrait*, Center for Education Statistics, US Department of Education, table 3, https://nces.ed.gov/pubs93/93442.pdf.

2. 收入溢价的计算方法是：拥有学士学位的全职、全年工作劳动者的时薪中位数，与只拥有高中文凭并没有接受额外教育劳动者的时薪中位数之比，参见 Jonathan James, 2012, "The college wage premium," *Economic Com mentary*, 2012-10, August 8, Research Department of the Federal Reserve Bank of Cleveland。

3. 统计数据针对平民人口，参见 American Community Survey 2017。

4. Lawrence Mishel and Julia Wolfe, 2019, "CEO compensation has grown 940% since 1978," Economic Policy Institute, August14, https:// www.epi.org/publication/ceo-compensation -2018/.

5. Thomas Piketty and Emmanuel Saez, 2003, "Income inequality in the United States, 1913–1998," *Quarterly Journal of Economics*, 118(1), 1–39; Thomas Piketty, 2013, *Capital in the 21st century*, Harvard; Matthew Smith, Danny Yagan, Owen M.

Zidar, and Eric Zwick, 2019, "Cap italists in the 21st century," *Quarterly Journal of Economics*, 134(4), 1675–745.

6. Robert D. Putnam, 2015, *Our kids: The American dream in crisis*, Simon and Schuster; Charles Murray, 2012, *Coming apart: The state of white America, 1960–2010*, Crown; Sara McLanahan, 2004, "Diverging destinies: How children are faring under the second demographic transition," *Demography*, 41(4), 607–27.

7. 作者计算所用数据来自盖洛普追踪民调结果。

8. Alex Bell, Raj Chetty, Xavier Jaravel, Neviana Petkova, and John van Reenen, 2019, "Who becomes an inventor in America? The importance of exposure to innovation," *Quarterly Journal of Economics*, 134(2), 647–713.

9. Michael Young, 1958, *The rise of the meritocracy*, Thames and Hudson.

10. Young, 152.

11. Michael Sandel, 2018, "Populism, Trump, and the future of democracy," openDemocracy, May9, https:// www.opendemocracy.net/en/populism-trump-and-future-of-democracy/.

12. Kim Parker, 2019, "The growing partisan divide in views of higher education," Pew Research Center, August19, https:// www.pewsocialtrends.org/essay/the-growing-partisan -divide-in-views-of-higher-education/.

13. Dana Goldstein and Jugal K. Patel, 2019, "Need extra time on tests? It helps to have cash," July 30, *New York Times*, https://www.nytimes.com/2019/07/30/us/extra-time-504-sat-act.html.

14. Christopher Hayes, 2012, *Twilight of the elites: America after meritocracy*, Crown.

15. See also Daniel Markovits, 2019, *The meritocracy trap: How America's foundational myth feeds inequality, dismantles the middle class, and devours the elite*, Penguin.

16. Samuel H. Preston, 1996, "American longevity: Past, present, and future," Syracuse University Center for Policy Research, Policy Brief No. 7, 8; Samuel H. Preston

and Michael R. Haines, 1971, *Fatal years: Child mortality in late nineteenth-century America*, Princeton University Press.

17. Michael Marmot, 2004, *The status syndrome: How social standing affects our health and longevity*, Times Books.

18. 作者计算所用数据来自行为风险因素监视系统和美国国家健康与营养检查调查。

19. 对于按受教育程度划分的人口死亡率数据，我们仅能追溯到 1992 年。从那时起，大多数州才开始在死亡证明上标注死者的受教育程度。但佐治亚州、俄克拉何马州、罗得岛州和南达科他州这四个州的标注工作进展较慢，因此我们所有的死亡和受教育程度调查结果都排除了居住在这些州的美国人（占美国总人口的 5%）。

20. 从 20 世纪 90 年代末到 2017 年，拥有学士学位的 45~54 岁年龄段人口的比例几乎保持不变，约为 1/3。如果自 20 世纪 90 年代后期以来，有学士学位和无学士学位人口的比例发生巨大变化，则将引发如下担心，即图中显示的不是死亡率变化，而是有学位和没学位的人口变化。人口比例的稳定使得这种情况不太可能发生。

21. Emile Durkheim, 1897, *Le suicide: Etude de sociologie*, Germer Baillière; Matt Wray, Cynthia Colen, and Bernice Pescosolido, 2011, "The sociology of suicide," *Annual Review of Sociology*, 37, 505–28.

第五章

1. Gary Trudeau, 2017, *Doonesbury*, *Washington Post*, March 26.

2. 死亡率是所有白人（包括西班牙裔白人）和所有黑人（包括西班牙裔黑人）的死亡率。1968 年之前，死亡证明将死者归类为"白人"和"其他种族"，因此我们将曲线的起止点限制在 1968 年和 2017 年。

3. Emile Durkheim, 1897, *Le suicide: Etude de sociologie*, Germer Baillière.

4. George Simpson, introduction to *Suicide, a study in sociology*, by Emile Durkheim, trans. John A. Spaulding and George Simpson, ed. George Simpson, Free Press, 1951, loc. 367 of 7289, Kindle.

5. William Julius Wilson, 1987, *The truly disadvantaged: The inner city, the underclass, and public policy*, University of Chicago Press, 39.

6. Wilson, 254.

7. Raghuram Rajan, 2019, *The third pillar: How markets and the state leave the community behind*, Penguin.

8. William N. Evans, Craig Garthwaite, and Timothy J. Moore, 2018, "Guns and violence: The enduring impact of crack cocaine markets on young black males," NBER Working Paper 24819, July.

9. Daniel Patrick Moynihan, 1965, *The negro family: The case for national action*, US Department of Labor.

10. Charles Murray, 1984, *Losing ground: American social policy 1950–1980*, Basic Books; Charles Murray, 2012, *Coming apart: The state of white America, 1960–2010*, Crown.

11. Wilson, *Truly disadvantaged*, 14.

第六章

1. Amartya K. Sen, 1985, *Commodities and capabilities*, Elsevier.

2. World Health Organization, n.d., "Constitution," accessed October 15, 2019, https://www.who.int/about/who-we-are/constitution.

3. Centers for Disease Control and Prevention, 2019, "Behavioral Risk Factor Surveillance System," last reviewed August27, https:// www.cdc.gov/brfss/index.html.

4. National Center for Health Statistics, 2019, "National Health Interview Survey," last reviewed August22, https:// www.cdc.gov/nchs/nhis/index.htm.

5. BRFSS（电话调查）的样本量比 NHIS（上门进行家庭访谈）多了一个数量级，而 NHIS 的样本量又比美国国家健康与营养检查调查多了一个数量级。美国国家健康与营养检查调查每年通过访谈、体检和实验室检测对 5000 人进行调查并搜集数据。美国有关国家健康和营养检查调查的信息，参见 National Center for Health Statistics, 2019, "National Health and Nutrition Examination Survey," last reviewed

September 17, https://www.cdc.gov/nchs/nhanes/index.htm。

6. Majid Ezzati, Hilarie Martin, Suzanne Skjold, Stephen Vander Hoorn, and Christopher J. L. Murray, 2006, "Trends in national and state level obesity in the USA after correction for self- report bias: Analysis of health surveys," *Journal of the Royal Society of Medicine*, 99, 250–57, https://doi.org/10.1177/014107680609900517; Duncan Thomas and Elizabeth Frankenberg, 2002, "The measurement and interpretation of health in social surveys," in *Summary measures of population health: Concepts, ethics, measurement and applications*, World Health Organization, 387–420.

7. Amartya K. Sen, 2002, "Health: Perception versus observation: Self reported morbidity has severe limitations and can be extremely misleading," *British Medical Journal*, 324, 860–61.

8. Ellen L. Idler and Yael Benyamini, 1997, "Self-rated health and mortality: A review of twenty-seven community studies," *Journal of Health and Social Behavior*, 38(1), 21–37.

9. 为了交叉检查结果不受 BRFSS 的某些特殊性影响，我们使用了另一项大型全国性调查 NHIS 来复制图 6–1 中的结果，并得到一致的结果。

10. Nicholas Eberstadt, 2016, *Men without work: America's invisible crisis*, Templeton.

11. Jeffrey B. Liebman, 2015, "Understanding the increase in disability insurance benefit receipt in the United States," *Journal of Economic Perspectives*, 29(2), 123–50.

第七章

1. Naomi I. Eisenberger, 2015, "Social pain and the brain: Controversies, questions, and where to go from here," *Annual Review of Psychology*, 66, 601–29, https://doi.org/10.1146/annurev -psych-010213-115146.

2. National Academies of Sciences, Engineering, and Medicine, 2017, *Pain management and the opioid epidemic: Balancing societal and individual benefits and risks of prescription opioid use*, National Academies Press, https://doi.org/10.17226/24781.

3. Rob Boddice, 2017, *Pain: A very short introduction*, Oxford; Antonio R. Damasio, 2005, *Descartes' error: Emotion, reason, and the human brain*, Penguin.

4. Margo McCaffery, 1968, *Nursing practice theories related to cognition, bodily pain and man-environmental interaction*, University of California, Los Angeles, Students' Store, quoted in Ameri-can Pain Society, n.d., *Pain: Current understanding of assessment, management, and treatments*, 4.

5. Anne Case and Angus Deaton, 2005, "Broken down by work and sex: How our health declines," in David A. Wise, ed., *Analyses in the economics of aging*, National Bureau of Economic Research Conference Report, University of Chicago Press for NBER, 185–212.

6. 此图绘制的年龄范围是 25~64 岁，而不是 45~54 岁的白人，这样做是为了可以使用更大的样本来估算小区块的人的疼痛状况。

7. Anne Case and Angus Deaton, 2017, "Suicide, age, and well-being: An empirical investigation," in David A. Wise, ed., *Insights in the economics of aging*, National Bureau of Economic Research Conference Report, University of Chicago Press for NBER, 307–34.

8. Gallup World Poll, accessed September 18, 2019, https://www.gallup.com/analytics /232838/world-poll.aspx.

9. 这些国家是澳大利亚、奥地利、比利时、加拿大、丹麦、芬兰、法国、德国、爱尔兰、意大利、日本、荷兰、新西兰、挪威、葡萄牙、西班牙、瑞典、瑞士和英国。

10. 盖洛普调查中提出的问题与"昨天"有关，而 NHIS 中提出的问题与过去三个月有关，这可能是 NHIS 报告疼痛症状的比例更高的原因。不过即便如此，我们仍然可以观察到，两种调查存在类似的规律，即 60 岁之前比 60 岁之后报告疼痛症状的比例增长更快。我们无法解释图 7–2 中欧洲老年人疼痛程度较高的现象。

11. 作者计算所用数据来自年度行为危险因素监视系统调查。

12. Case and Deaton, 2005, "Broken down."

13. Greg Kaplan and Sam Schulhofer-Wohl, 2018, "The changing (dis)-utility of

work," *Journal of Economic Perspectives*, 32(3), 239–58.

第八章

1. Emile Durkheim, 1897, *Le suicide: Etude de sociologie*, Germer Baillière.

2. Robert L. DuPont, 1997, *The selfish brain: Learning from addiction*, American Psychiatric Association, Kindle.

3. Zachary Siegel, 2018, "I' m so sick of opioid disaster porn," *Slate*, September 12, https:// slate.com/technology/2018/09/opioid-crisis-photo-essays-leave-out-recovery.html.

4. DuPont, *Selfish brain*, loc. 2093 of 8488, Kindle.

5. Kay Redfield Jamison, 2000, *Night falls fast: Understanding suicide*, Vintage, 128.

6. Ian R. H. Rockett, Gordon S. Smith, Eric D. Caine, et al., 2014, "Confronting death from drug self-intoxication (DDSI): Prevention through a better definition," *American Journal of Public Health*, 104(12), e49–55, e50.

7. Daniel S. Hammermesh and Neal M. Soss, 1974, "An economic theory of suicide," *Journal of Political Economy*, 82(1), 83–98; Gary S. Becker and Richard A. Posner, 2004, "Suicide: An economic approach," unpublished manuscript, last revised August, https://www.gwern.net /docs/psychology/2004-becker.pdf.

8. Norman Kreitman, 1976, "The coal gas story: United Kingdom suicide rates, 1960–71," *Brit ish Journal of Preventive Social Medicine*, 30, 86–93.

9. Kyla Thomas and David Gunnell, 2010, "Suicide in England and Wales 1861–2007: A time-trends analysis," *International Journal of Epidemiology*, 39, 1464–75, https://doi.org/10.1093 /ije/dyq094.

10. John Gramlich, 2018, "7 facts about guns in the U.S.," Fact Tank, Pew Research Center, December27, https:// www.pewresearch.org/fact-tank/2018/12/27/facts-about-guns-in-united -states/.

11. National Research Council, 2005, "Firearms and suicide," in *Firearms and*

violence: A criti cal review, National Academies Press, 152–200.

12. Robert D. Putnam, 2000, *Bowling alone: The collapse and revival of American community*, Simon and Schuster.

13. CDC Wonder, average suicide rates over the period 2008–17.

14. 美国 50 个州的相关系数是 0.4。

15. Anne Case and Angus Deaton, 2017, "Suicide, age, and well-being: An empirical investigation," in David A. Wise, ed., *Insights in the economics of aging*, National Bureau of Economic Research Conference Report, University of Chicago Press for NBER, 307–34.

16.1945 年和 1970 年的出生队列中获得学士学位人口的比例并没有很大差异，因此，这些结果不太可能归因于两个出生队列在拥有和没有学士学位的人口构成上发生了变化。

17. Eric Augier, Estelle Barbier, Russell S. Dulman, et al., 2018, "A molecular mechanism for choosing alcohol over an alternative reward," *Science*, 360(6395), 1321–26, https://doi.org/10.1126 /science.aao1157.

18. Christopher Finan, 2017, *Drunks: An American history*, Beacon, 41.

19. Keith Humphreys, 2003, *Circles of recovery: Self-help organizations for addictions*, Cambridge University Press.

20. National Institute on Alcohol Abuse and Alcoholism, n.d., "Alcohol's effects on the body," accessed September18, 2019, https:// www.niaaa.nih.gov/alcohol-health/ alcohols -effects-body.

21. Global Burden of Disease Alcohol Collaborators, 2018, "Alcohol use and burden for 195 countries and territories, 1990–2016: A systematic analysis for the Global Burden of Disease Study 2016," *Lancet*, 392, 1015–35, http://dx.doi.org/10.1016/S0140-6736(18)31310-2.

22. 感谢盖洛普公司的弗兰克 · 纽波特将这些数据发送给我们。

23. Jay Bhattacharya, Christina Gathmann, and Grant Miller, 2013, "The Gorbachev anti- alcohol campaign and Russia's mortality crisis," *American Economic Journal:*

Applied Economics, 5(2), 232–60, http://dx.doi.org/10.1257/app.5.2.232.

24. Pavel Grigoriev, France Meslé, Vladimir M. Shkolnikov, et al., 2014, "The recent mortality decline in Russia: Beginning of the cardiovascular revolution?," *Population and Development Review*, 40(1), 107–29.

25. Robert T. Jensen and Kaspar Richter, 2004, "The health implications of social security failure: Evidence from the Russian pension crisis," *Journal of Public Economics*, 88(1–2), 209–36.

26. Angus Deaton, 2008, "Income, health and wellbeing around the world: Evidence from the Gallup World Poll," *Journal of Economic Perspectives*, 22(2), 53–72.

第九章

1. Stephen R. Platt, 2018, *Imperial twilight: The opium war and the end of China's last golden age*, Knopf.

2. Platt, 202.

3. Richard J. Grace, 2014, *Opium and empire: The lives and careers of William Jardine and James Matheson*, McGill-Queen's University Press.

4. Tom M. Devine, 2018, *The Scottish Clearances: A history of the dispossessed, 1600–1900*, Allen Lane, 3.

5. National Institute on Drug Abuse, 2019, "Overdose death rates," revised January, https://www.drugabuse.gov/related-topics/trends-statistics/overdose-death-rates.

6. Amy S. B. Bohnert, Maureen A. Walton, Rebecca M. Cunningham, et al., 2018, "Overdose and adverse drug event experiences among adult patients in the emergency department," *Addic tive Behaviors*, 86, 66–72. 在密歇根州弗林特市一级创伤中心接受调查的药物使用过量患者中，有 21% 的患者表示不确定自己的意图。

7. Substance Abuse and Mental Health Services Administration, 2017, *Key substance use and mental health indicators in the United States: Results from the 2016 National Survey on Drug Use and Health*, HHS Publication No. SMA 17-5044, NSDUH Series H-52, Center for Behavioral Statis-tics and Quality, Substance Abuse, and Mental

Health Services Administration, https://www.samhsa.gov/data/sites/default/files/NSDUH-FFR1-2016/NSDUH-FFR1-2016.pdf.

8. Dionissi Aliprantis, Kyle Fee, and Mark Schweitzer, 2019, "Opioids and the labor market," Federal Reserve Bank of Cleveland, Working Paper 1807R; Alan B. Krueger, 2017, "Where have all the workers gone? An inquiry into the decline of the U.S. labor force participation rate," *Brookings Papers on Economic Activity*, Fall, 1–87.

9. Jared S. Hopkins and Andrew Scurria, 2019, "Sacklers received as much as $13 billion in profits from Purdue Pharma," *Wall Street Journal*, October 4.

10. Sam Quinones, 2015, *Dreamland: The true tale of America's opiate epidemic*, Bloomsbury.

11. David T. Courtwright, 2001, *A history of opiate addiction in America*, Harvard University Press, Kindle.

12. Courtwright, loc. 604 of 4538, Kindle.

13. Beth Macy, 2018, *Dopesick: Dealers, doctors, and the drug company that addicted America*, Hachette.

14. Ronald Melzack, 1990, "The tragedy of needless pain," *Scientific American*, 262(2), 27–33.

15. Dana Guglielmo, Louise B. Murphy, Michael A. Boring, et al., 2019, "State-specific severe joint pain and physical inactivity among adults with arthritis—United States, 2017," *Morbidity and Mortality Weekly Report*, 2019(68), 381–87, http://dx.doi.org/10.15585/mmwr.mm6817a2.

16. James M. Campbell, 1996, "American Pain Society 1995 Presidential Address," *Journal of Pain*, 5(1), 85–88.

17. Chris McGreal, 2019, "US medical group that pushed doctors to prescribe painkillers forced to close," *Guardian*, May25, https:// www.theguardian.com/us-news/2019/may/25 /american-pain-society-doctors-painkillers; Damien McNamara, 2019, "American Pain Society officially shuttered," Medscape, July2, https:// www.medscape.com/viewarticle/915141.

18. Mayo Clinic, 2019, "Hydrocodone and acetaminophen (oral route)," last updated October1, https:// www.mayoclinic.org/drugs-supplements/hydrocodone-and-acetaminophen -oral-route/description/drg-20074089.

19. Mayo Clinic Staff, 2018, "How opioid addiction occurs," Mayo Clinic, February 16, https:// www.mayoclinic.org/diseases-conditions/prescription-drug-abuse/in-depth/how-opioid -addiction-occurs/art-20360372.

20. Jason Doctor, Andy Nguyen, Roneet Lev, et al., 2018, "Opioid prescribing decreases after learning of a patient's fatal overdose," *Science*, 361(6402), 588–90.

21. Macy, *Dopesick*, 60.

22. Quinones, *Dreamland*.

23. Quinones.

24. Scott Gottlieb, 2019, "The decline in opioid deaths masks danger from designer drug overdoses in US," CNBC, August22, https:// www.cnbc.com/2019/08/21/decline-in-opioid -deaths-masks-new-danger-from-designer-drug-overdoses.html.

25.2012—2017 年，年龄在 25~64 岁的非洲裔美国人，按年龄调整的每 10 万人中死亡人数增加了 20.8 个。而同一时期涉及其他合成类（非海洛因，非美沙酮）阿片类药物（芬太尼）的每 10 万人中死亡人数增加了 15 个。

26. Anna Lembke, 2016, *Drug dealer, MD: How doctors were duped, patients got hooked, and why it is so hard to stop*, Johns Hopkins University Press.

27. Travis N. Rieder, 2016, "In opioid withdrawal, with no help in sight," *Health Affairs* 36(1), 1825.

28. Lee N. Robins, 1993, "Vietnam veterans' rapid recovery from heroin addiction: A fluke or a normal expectation?," *Addiction*, 88, 1041–54, 1049.

29. 我们感谢丹尼尔·维克勒针对本章所做的讨论。他的父亲亚伯拉罕·维克勒的想法在制订驻越南美军戒毒计划的过程中发挥了重要作用。

30. Ken Thompson, personal communication, September 13, 2018.

31. Benjamin A. Y. Cher, Nancy E. Morden, and Ellen Meara, 2019, "Medicaid expansion and prescription trends: Opioids, addiction therapies, and other drugs," *Medical*

Care, 57(3), 208–12, https://www.ncbi.nlm.nih.gov/pmc/articles/PMC6375792/; Andrew Goodman-Bacon and Emma Sandoe, 2017, "Did Medicaid expansion cause the opioid epidemic? There is little evi-dence that it did," *Health Affairs*, August23, https:// www. healthaffairs.org/do/10.1377 /hblog20170823.061640/full.

32. Energy and Commerce Committee, US Congress, 2018, *Red flags and warning signs ignored: Opioid distribution and enforcement concerns in West Virginia*, December 19, 4, https://republicans -energycommerce.house.gov/wp-content/uploads/2018/12/ Opioid-Distribution-Report -FinalREV.pdf.

33. Brit McCandless Farmer, 2019, "The opioid epidemic: Who is to blame?," 60 Minutes Overtime, February24, https:// www.cbsnews.com/news/the-opioid-epidemic-who-is-to-blame -60-minutes/; Scott Higham and Lenny Bernstein, 2017, "The drug industry's triumph over the DEA," *Washington Post*, October 15.

34. Peter Andrey Smith, 2019, "How an island in the antipodes became the world's leading supplier of licit opioids," *Pacific Standard*, July 11, updated July 24, https:// psmag.com/ideas /opioids-limiting-the-legal-supply-wont-stop-the-overdose-crisis.

35. Katie Thomas and Tiffany Hsu, 2019, "Johnson and Johnson's brand falters over its role in the opioid crisis," *New York Times*, August 27.

36. District of Massachusetts, US Attorney's Office, Department of Justice, 2019, "Founder and four executives of Insys Therapeutics convicted of racketeering conspiracy," May 2, https:// www.justice.gov/usao-ma/pr/founder-and-four-executives-insys-therapeutics-convicted -racketeering-conspiracy.

37.Lembke, *Drug dealer, MD*. 当然，一旦药物获批，接受处方时就不会再进行这样的排除，因此，接受药物治疗的人群与接受药物试验的人群是不一样的。

38. National Academies of Sciences, Engineering, and Medicine, 2017, *Pain management and the opioid epidemic: Balancing societal and individual benefits and risks of prescription opioid use*, National Academies Press, https://doi.org/10.17226/24781.

39. Allen Frances, quoted in Patrick Radden Keefe, 2017, "The family that built an empire of pain," *New Yorker*, October 23.

40. Keefe.

41. 我们感谢约翰·范·雷恩的这句箴言。

42. Devine, *Scottish Clearances*, 3.

第十章

1. Raj Chetty, Michael Stepner, Sarah Abraham, et al., 2016, "The association between income and life expectancy in the United States, 2001–2014," *Journal of the American Medical Association*, 315(16), 1750–66.

2. Irma Elo and Samuel H. Preston, 1996, "Educational differences in mortality: United States, 1979–85," *Social Science and Medicine*, 42(1), 47–57.

3. Kathryn Edin and H. Luke Shaefer, 2015, *$2.00 a day: Living on almost nothing in America*, Houghton Mifflin; Matthew Desmond, 2016, *Evicted: Poverty and profit in the American city*, Crown; United Nations Human Rights Office of the Commissioner, 2017, "Statement on visit to the USA, by Professor Philip Alston, United Nations rapporteur on extreme poverty and human rights," December15, https:// www.ohchr.org/EN/NewsEvents/Pages/DisplayNews.aspx? NewsID=22533; Angus Deaton, 2018, "The US can no longer hide from its deep poverty problem," *New York Times*, January 24. 作为全球贫困人口统计的官方出口，世界银行根据全球贫困标准，估计美国有 530 万人处于贫困状态。但最近使用行政数据进行的研究认为，世界银行（和美国人口普查局）用于计算贫困的调查低估了美国贫困人口从社会安全网中获得的福利金额，参见 Bruce D. Meyer, Derek Wu, Victoria R. Mooers, and Carla Medalia, 2019, "The use and misuse of income data and extreme poverty in the United States," NBER Working Paper 25907,May. 几乎可以肯定，世界银行对发展中国家的调查也存在同样的问题，因此，这种比较的真实性仍然无法解决。埃丁、谢弗、戴斯蒙德和奥斯顿（较小规模）的民族志研究记录了美国存在的贫困怪象。

4. Richard Wilkinson and Kate Pickett, 2009, *The spirit level: Why greater equality makes socie ties stronger*, Bloomsbury. See also the wide range of claims at the Equality Trust's website, https://www.equalitytrust.org.uk/.

5. Bureau of Labor Statistics, 2015, "Table A-4: Employment status of the civilian population 25 years and over by educational attainment," Data Retrieval: Labor Force Statistics (CPS), https://www.bls.gov/webapps/legacy/cpsatab4.htm.

6. Census Bureau, n.d., "Poverty," accessed September 19, 2019, https://www.census.gov /topics/income-poverty/poverty.html; 作者计算所用数据来自 3 月当期人口调查。

7. 作者计算所用数据来自 3 月当期人口调查。

8. https://overdosemappingtool.norc.org/ 提供了一个用于药物过量和贫困的出色的交互式图表绘制工具。

9. Richard Wilkinson, 2000, *Mind the gap: An evolutionary view of health and inequality*, Dar-winism Today, Orion, 4.

10. Raj Chetty, Nathaniel Hendren, Patrick Kline, and Emmanuel Saez, 2014, "Where is the land of opportunity? The geography of intergenerational mobility in the United States," *Quar terly Journal of Economics*, 129(4), 1553–623.

11. David M. Cutler, Edward L. Glaeser, and Karen E. Norberg, 2001, "Explaining the rise in youth suicide," in Jonathan Gruber, ed., *Risky behavior among youths: An economic analysis*, University of Chicago Press, 219–79; Julie A. Phillips, 2014, "A changing epidemiology of suicide? The influence of birth cohorts on suicide rates in the United States," *Social Science and Medicine*, 114, 151–60.

12. Kyla Thomas and David Gunnell, 2010, "Suicide in England and Wales 1861–2007: A time trends analysis," *International Journal of Epidemiology*, 39, 1464–75.

13. William F. Ogburn and Dorothy S. Thomas, 1922, "The influence of the business cycle on certain social conditions," *Journal of the American Statistical Association*, 18(139), 324–40.

14. Christopher J. Ruhm, 2000, "Are recessions good for your health?," *Quarterly Journal of Economics*, 115(2), 617–50.

15. Ann H. Stevens, Douglas L. Miller, Marianne Page, and Mateusz Filipski, 2015, "The best of times, the worst of times: Understanding pro-cyclical mortality," *American*

Economic Journal: Economic Policy, 7(4), 279–311.

16. 如需了解从种族和教育的角度对收入和死亡率之间关系进行的更全面分析，参见 Anne Case and Angus Deaton, 2017, "Mortality and morbidity in the 21st century," *Brook ings Papers on Economic Activity*, Spring。

17. Ben Franklin, Dean Hochlaf, and George Holley-Moore, 2017, *Public health in Europe during the austerity years*, International Longevity Centre, UK, https://www.bl.uk/collection-items /public-health-in-europe-during-the-austerity-years.

18. 关于欧洲的人口预期寿命，还有另一个刚刚显现的谜团。在 2010 年之后的几年中，最健康国家的死亡率的下降速度一直在放缓，2014—2015 年，至少有 12 个国家的预期寿命下降。尽管这种想法颇具吸引力，但这并不能说明欧洲大陆正在追赶美国，并将出现类似的情况。在欧洲，预期寿命的下降是由于老年人口死亡率上升，而在美国，预期寿命的下降是由于中年人口或更年轻人口的死亡率上升。在欧洲，2015 年初几个月的流感季节情况非常糟糕，疫苗对病毒不太有效，造成许多老年人死亡。作为某种补偿，2016 年初几个月的死亡人数比平常少，因为许多体弱多病的人已经“被收割”（是的，这是人口统计学家的标准术语），并且 2016 年的预期寿命相对于 2015 年出现了反弹。英国是一个例外，预期寿命并没有反弹，同时有关紧缩政策及其影响的激烈辩论因为死亡率的情况而更趋激化。西蒙·雷恩–李维斯对此留下了一份精彩的记录（2017 年，“Austerity and mortality”），参见其博客 "Austerity and mortality," *Mainly macro* (blog), November 25, https://mainlymacro.blogspot.com/2017/11/austerity-and-mortality.html。

19. Rob Joyce and Xiaowei Xu, 2019, *Inequalities in the 21st century: Introducing the IFS Deaton Review*, Institute for Fiscal Studies, May, https://www.ifs.org.uk/inequality/wp-content /uploads/2019/05/The-IFS-Deaton-Review-launch.pdf.

20. Public Health England, 2018, *A review of recent trends in mortality in England*, December, https://assets.publishing.service.gov.uk/government/uploads/system/uploads/attachment _data/file/762623/Recent_trends_in_mortality_in_England.pdf; Office of National Statistics, 2018, "Changing trends in mortality: An international comparison: 2000 to 2016," August 7, https://www.ons.gov.uk/peoplepopulationandcommunity/

birthsdeathsandmarriages /lifeexpectancies/articles/changingtrendsinmortalityaninternationalcomparison/2000to2016; Jessica Y. Ho and Arun S. Hendi, 2018, "Recent trends in life expectancy across high income coun-tries: Retrospective observational study," *BMJ*, 362, k2562, https://doi.org/10.1136/bmj.k2562.

21. David Autor, David Dorn, and Gordon Hansen, 2018, "When work disappears: Manufacturing decline and the falling marriage market-value of young men," NBER Working Paper 23173, revised January; Justin R. Pierce and Peter K. Schott, 2016, "Trade liberalization and mortality: Evidence from U.S. counties," NBER Working Paper 22849, November.

22. Amy Goldstein, 2017, *Janesville: An American story*, Simon and Schuster.

第十一章

1. Benjamin M. Friedman, 2005, *The moral consequences of economic growth*, Vintage; Thomas B. Edsall, 2012, *The age of austerity: How scarcity will remake American politics*, Doubleday.

2. Loukas Karabarbounis and Brent Neiman, 2013, "The global decline of the labor share,"

3. *Quarterly Journal of Economics*, 129(1), 61–103.

4.1980 年，女性的大学教育工资溢价高于男性（50% 对 30%）。2000 年及以后，男性和女性的溢价水平都是 80%。作者计算所用数据来自当期人口调查。

5. 作者计算所用数据来自当期人口调查。一些成年人直到年近 30 岁仍然在努力获得学士学位。2008 年，在 30 岁获得学士学位的人口比例为 30%，到 2017 年升至 36%。作者计算所用数据来自美国社区调查。

6. Stephen Machin, 2015, "Real wage trends," Understanding the Great Recession: From Micro to Macro Conference, Bank of England, September 23 and 24, https://www.ifs.org.uk /uploads/Presentations/Understanding%20the%20recession_230915/SMachin.pdf.

7. White House, 2019, *Economic Report of the President*, March, https://www.

govinfo.gov /features/erp.

8. Robert D. Putnam, 2000, *Bowling Alone: The collapse and revival of American community*, Simon and Schuster, 196–97.

9. Nikki Graf, 2016, "Most Americans say that children are better off with a parent at home," Pew Research Center, October10, https:// www.pewresearch.org/fact-tank/2016/10/10/most -americans-say-children-are-better-off-with-a-parent-at-home/.

10. Katharine G. Abraham and Melissa S. Kearny, 2019, "Explaining the decline in the US employment to population ratio: A review of the evidence," NBER Working Paper 24333, re-vised August.

11. 并不是每个人都能在图 11–2 中看到棘轮效应。美国企业研究所的尼古拉斯 · 埃伯斯塔特认为："在过去的 50 年中，美国青壮年男性的劳动参与率呈显著线性下降趋势。男性退出就业市场的这场大逃亡几乎完全不受经济波动影响。" 参见 Eberstadt, 2018, "Men without work," *American Consequences*, January30, http:// www.aei.org/publication/men-without-work-2/。

12. 其他原因包括劳动力老龄化和调查包含的女性工人所占比例较高，因为妇女患病人数比男性多，参见 Jeffrey B. Liebman, 2015, "Understanding the increase in disability insurance benefit receipt in the United States," *Journal of Economic Perspectives*, 29(2), 123–50。

13. Henrik Jacobsen Kleven, 2014, "How can Scandinavians tax so much?," *Journal of Economic Perspectives*, 28(4), 77–98.

14. Lane Kenworthy, 2019, *Social democratic capitalism*, Oxford University Press.

15. Bertrand Russell, 1935, *In praise of idleness and other essays*, Routledge.

16. Michele Lamont, 2000, *The dignity of the working man*, Harvard University Press.

17. Andrew Cherlin, 2014, *Labor's love lost: The rise and fall of the working class family in America*, Russell Sage Foundation.

18. Richard B. Freeman and James L. Medoff, 1984, *What do unions do?*, Basic Books.

19. Henry S. Farber, Daniel Herbst, Ilyana Kuziemko, and Suresh Naidu, 2018, "Unions and inequality over the twentieth century: New evidence from survey data," NBER Working Paper 24587, May.

20. Bureau of Labor Statistics, 2019, "Union members summary," Economic News Release, January18, https:// www.bls.gov/news.release/union2.nr0.htm.

21. Cherlin, *Labor's love lost*.

22. Emily Guendelsberger, 2019, *On the clock: What low-wage work did to me and how it drives America insane*, Little, Brown.

23. James Bloodworth, 2018, *Hired: Six months undercover in low-wage Britain*, Atlantic Books, 57.

24. Guendelsberger, *On the clock*.

25. Neil Irwin, 2017, "To understand rising inequality, consider the janitors at two top companies, then and now," *New York Times*, September 3.

26. Nicholas Bloom, 2017, "Corporations in the age of inequality," The Big Idea, *Harvard Busi ness Review*, https://hbr.org/cover-story/2017/03/corporations-in-the-age-of-inequality.

27. Cherlin, *Labor's love lost*, 172.

28. Daniel Cox, Rachel Lienesch, and Robert P. Jones, 2017, "Beyond economics: Fears of cultural displacement pushed the white working class to Trump," PRRI/*Atlantic* Report, April 9, https://www.prri.org/research/white-working-class-attitudes-economy-trade-immigration -election-donald-trump/.

第十二章

1. An early statement is in David T. Ellwood and Christopher Jencks, 2004, "The uneven spread of single-parent families: What do we know? Where do we look for answers?," in Kathryn M. Neckerman, ed., *Social inequality*, Russell Sage Foundation, 3–77.

2. 我们给出了 1980—1982 年、1990—1992 年、2000—2002 年、2010—2012

年和 2016—2018 年每个时段的三年平均值。

3. Claudia Goldin and Lawrence F. Katz, 2002, "The power of the pill: Oral contraceptives and women's career and marriage decisions," *Journal of Political Economy*, 110(4), 730–70.

4. Robert D. Mare and Christopher Winship, 1991, "Socioeconomic change and the decline of marriage for blacks and whites," in Christopher Jencks and Paul F. Peterson, ed., *The urban underclass*, Brookings Institution, 175–202.

5. William Julius Wilson and Kathryn Neckerman, "Poverty and family structure: The widening gap between evidence and public policy issues," in Sheldon H. Danziger and Daniel H. Weinberg, ed., *Fighting poverty: What works and what doesn't*, Harvard University Press, 232–59.

6. Ansley J. Coale and Susan Cotts Watkins, 1986, *The decline of fertility in Europe*, Princeton University Press; E. Anthony Wrigley and Roger Schofield, 1981, *The population history of England 1541–1871: A reconstruction*, Edward Arnold.

7. Sara McLanahan, 2004, "Diverging destinies: How children are faring under the second demographic transition," *Demography*, 41(4), 607–27.

8. McLanahan; Kathleen Kiernan, Sara McLanahan, John Holmes, and Melanie Wright, 2011, "Fragile families in the US and the UK," https://www.researchgate.net/profile/Kathleen _Kiernan3/publication/254446148 _Fragile _families _in _the _US _and _UK/links /0f31753b3edb82d9b3000000/Fragile-families-in-the-US-and-UK.pdf; Kelly Musick and Katherine Michelmore, 2018, "Cross-national comparisons of union stability in cohabiting and mar-ried families with children," *Demography*, 55, 1389–421.

9. Andrew Cherlin, 2014, *Labor's love lost: The rise and fall of the working-class family in America*, Russell Sage Foundation, 145.

10. Guttmacher Institute, 2017, "Abortion is a common experience for U.S. women, despite dramatic declines in rates," news release, October 19, https://www.guttmacher.org/news-release /2017/abortion-common-experience-us-women-despite-dramatic-declines-rates.

11. Kathryn Edin and Timothy J. Nelson, 2013, *Doing the best I can: Fathers in the inner city*, University of California Press.

12. Andrew Cherlin, 2009, *The marriage-go-round: The state of marriage and the family in Amer ica today*, Vintage Books/Random House, loc. 2881 of 4480, Kindle.

13. Robert D. Putnam, 2000, *Bowling alone: The collapse and revival of American community*, Simon and Schuster.

14. 作者计算所用数据来自盖洛普民意调查。有关一般性说明，参见 Gallup, "How does Gallup Daily tracking work?," accessed September 20, 2019, https://www.gallup.com /174155/gallup-daily-tracking-methodology.aspx。

15. Larry M. Bartels, 2008, *Unequal democracy: The political economy of the new gilded age*, Princeton University Press; Martin Gilens, 2012, *Affluence and influence: Economic inequality and political power in America*, Princeton University Press.

16. Robert D. Putnam and David E. Campbell, 2010, *American grace: How religion divides and unites us*, Simon and Schuster.

17. 作者计算所用数据来自盖洛普民意调查。

18. Putnam and Campbell, *American grace*.

19. Robert P. Jones and Daniel Cox, 2017, *America's changing religious identity*, PRRI, https:// www.prri.org/research/american-religious-landscape-christian-religiously-unaffiliated/.

20. Robert Wuthnow, 1998, *After heaven: spirituality in America since the 1950s*, U of California.

21. Cherlin, *Marriage-go-round*, loc. 485 of 4480, Kindle.

22. Kathryn Edin, Timothy Nelson, Andrew Cherlin, and Robert Francis, 2019, "The tenuous attachments of working-class men," *Journal of Economic Perspectives*, 33(2), 211–28.

23. David G. Myers, 2008, *A friendly letter to skeptics and atheists: Musings on why God is good and faith isn't evil*, Jossey-Bass/Wiley.

24. Richard Layard, 2005, *Happiness: Lessons from a new science*, Penguin.

25. 作者计算所用数据来自盖洛普民意调查，分别计算了受调者对各种感受的问题的答案。

第四篇

1. Kaiser Family Foundation, 2018, "Key facts about the uninsured population," December 7, https://www.kff.org/uninsured/fact-sheet/key-facts-about-the-uninsured-population/.

2. Victor R. Fuchs, 2019, "Does employment-based health insurance make the US medical care system unfair and inefficient?," *Journal of the American Medical Association*, 321(21), 2069–70, https://doi.org/10.1001/jama.2019.4812; VictorR. Fuchs, 1976, "From Bismarck to Woodcock: The 'irrational' pursuit of national health insurance," *Journal of Law and Economics*, 19(2), 347–59.

3. John Maynard Keynes, 1919, *The economic consequences of the peace*, Macmillan.

4. Charles P. Kindleberger, 1986, *The world in depression, 1929–1939*, University of California Press, 17–26.

5. Max Hantke and Mark Spoerer, 2010, "The imposed gift of Versailles: The fiscal effects of restricting the size of Germany's armed forces, 1924–29," *Economic History Review*, 63(4), 849–64.

6. 作者计算所用数据来自美国社区调查。

7. Frank Newport, 2013, "In U.S., 87% approve of black-white marriage, vs. 4% in 1958," Gallup, July25, https:// news.gallup.com/poll/163697/approve-marriage-blacks-whites.aspx.

8. Andrew J. Cherlin, *Love's labor lost: The rise and fall of the working-class family in America*, Russell Sage Foundation, 54.

9. Ilyana Kuziemko, Ryan W. Buell, Taly Reich, and Michael I. Norton, 2014, "'Last-place aversion' : Evidence and redistributive implications," *Quarterly Journal of Economics*, 129(1), 105–49.

10. Alan S. Gerber, Donald P. Green, and Edward Kaplan, 2003, "The illusion of learning from observational research," September10, https:// www.researchgate.net/profile/Donald_Green4 /publication/228755361_12_The_illusion_of_learning_from_observational_research/links /0046351eaab43ee2aa000000/12-The-illusion-of-learning-from-observational-research.pdf.

第十三章

1. Anne B. Martin, Micah Hartman, Benjamin Washington, Aaron Catlin, and the National Health Expenditure Accounts Team, 2019, "National health care expenditure in 2017: Growth slows to post-Great Recession rates; share of GDP stabilizes," *Health Affairs*, 38(1), 96–106, https://doi.org/10.1377/hlthaff.2018.05085.

2. Adam Smith, 1776, *The wealth of nations*, bk. 4. See our introduction.

3. Robert E. Hall and Charles I. Jones, 2007, "The value of life and the rise in health spending," *Quarterly Journal of Economics*, 122(1), 39–72, https://doi.org/10.1162/qjec.122.1.39.

4. Kenneth J. Arrow, 1963, "Uncertainty and the welfare economics of medical care," *American Economic Review*, 53(5), 941–73.

5. Authors'update of Max Roser, 2017, "Link between health spending and life expectancy: US is an outlier," Our World in Data, May 26, https://ourworldindata.org/the-link-between -life-expectancy-and-health-spending-us-focus. The underlying data used for extension are from the World Bank' s World Development Indicators, http://data.worldbank.org/data-catalog /worlddevelopment-indicators; and Organisation for Economic Co-operation and Development data, data https://stats.oecd.org/.

6. Victor Dzau, Mark B. McClellan, Michael McGinnis, et al., 2017, "Vital directions for health and health care: Priorities from a National Academy of Medicine initiative," *Journal of the Ameri can Medical Association*, 317(14), 1461–70, https://doi.org/10.1001/jama.2017.1964.

7. William H. Shrank, Teresa L. Rogstad, and Natasha Parekh, 2019, "Waste in the

US health care system: Estimated costs and potential for savings," *Journal of the American Medical Association*, 322(15), 1501–9, https://doi.org/10.1001/jama.2019.13978.

8. Elizabeth Arias and Jiaquan Xu, 2019, "United States life tables, 2017," *National Vital Statistics Reports*, 68(7), https://www.cdc.gov/nchs/data/nvsr/nvsr68/nvsr68_07-508.pdf.

9. OECD.Stat, 2019, "Health status," last updated July2, https:// stats.oecd.org/Index.aspx ?DatasetCode=HEALTH_STAT.

10. Jonathan Skinner and Amitabh Chandra, 2018, "Health care employment growth and the future of US cost containment," *Journal of the American Medical Association*, 319(18), 1861–62.

11. Irene Papanicolas, Liana R. Woskie, and Ashish K. Jha, 2018, "Healthcare spending in the United States and in other high-income countries," *Journal of the American Medical Association*, 319(10), 1024–39, https://doi.org/10.1001/jama.2018.1150; EzekielJ. Emanuel, 2018, "The real cost of the US healthcare system," *Journal of the American Medical Association*, 319(10), 983–85.

12. James Banks, Michael Marmot, Zoe Oldfield, and James P. Smith, 2006, "Disease and disadvantage in the United States and in England," *Journal of the American Medical Association*, 295(17), 2037–45.

13. Authors' calculations, Gallup World Poll.

14. Karen Davis, Cathy Schoen, Stephen Schoenbaum, et al., 2007, *Mirror, mirror on the wall: An international update on the comparative performance of American Health Care*, Commonwealth Fund, https://www.commonwealthfund.org/publications/fund-reports/2007/may/mirror -mirror-wall-international-update-comparative-performance.

15. Papanicolas et al., "Healthcare spending."

16. Emanuel, "Real cost."

17. Dean Baker, 2016, *Rigged: How globalization and the rules of the modern economy were structured to make the rich richer*, Center for Economic Policy Research.

18. Jon Bakija, Adam Cole, and Bradley T. Heim, 2012, "Jobs and income growth of

top earners and the causes of changing income inequality: Evidence from U.S. tax return data," April, https://web.williams.edu/Economics/wp/BakijaColeHeimJobsIncomeGrowthTopEarners.pdf.

19. Papanicolas et al., "Healthcare spending."

20. Michelle M. Mello, Amitabh Chandra, Atul A. Gawande, and David M. Studdert, 2010, "National costs of the medical liability system," *Health Affairs*, 29(9), 1569–77, https://doi.org /10.1377/hlthaff.2009.0807; Martin etal., "National health care expenditure."

21. Emanuel, "Real cost," 983.

22. Baker, *Rigged*.

23. Danielle Ofri, 2019, "The insulin wars: How insurance companies farm out their dirty work to doctors and patients," *New York Times*, January 18.

24. *Economist*, 2019, "Why America's biggest charities are owned by pharmaceutical companies," August 15.

25. Nicholas Timmins, 2009, "The NICE way of influencing health spending: A conversation with Sir Michael Rawlins," *Health Affairs*, 28(5), 1360–65, 1362, https://doi.org/10.1377/hlthaff.28.5.1360.

26. Emanuel, "Real cost."

27. Zack Cooper, Stuart V. Craig, Martin Gaynor, and John van Reenen, 2019, "The price ain't right? Hospital prices and health spending on the privately insured," *Quarterly Journal of Eco nomics*, 134(1), 51–107, https://doi.org/10.1093/qje/qjy020.

28. Zack Cooper, Fiona Scott Morton, and Nathan Shekita, 2017, "Surprise! Out-of-network billing for emergency care in the United States," National Bureau of Economic Research Working Paper No. 23623, July; Eileen Appelbaum and Rosemary Batt, 2019, "Private equity and surprise medical billing," Institute for New Economic Thinking, September 4, https://www.ineteconomics.org/perspectives/blog/private-equity-and-surprise-medical-billing; Jonathan Ford, 2019, "Private equity has inflated US medical bills," *Financial Times*, October 6.

29. Steven Brill, 2015, *America's bitter pill: Money, politics, backroom deals, and the fight to fix our broken healthcare system*, Random House.

30. David Robinson, 2016, "Top 5 highest paid New York hospital officials," Lohud.com, June2, https:// www.lohud.com/story/news/investigations/2016/06/02/ hospitals-biggest -payouts/85049982/.

31. NewYork-Presbyterian Hospital, 2017, "Amazing things are happening," https:// www.nyp.org/amazingthings/.

32. Shefali Luthra, 2018, "Playing on fear and fun, hospitals follow pharma in direct-to- consumer advertising," Kaiser Health News, November19, https:// khn.org/ news/hospitals -direct-to-consumer-health-care-advertising-marketing/.

33. Katie Thomas and Charles Ornstein, 2019, "Top cancer doctor, forced out over ties to drug makers, joins their ranks," *New York Times*, January7, https:// www.nytimes. com/2019/01/07 /health/baselga-sloan-kettering-astrazeneca.html.

34. Katie Thomas and Charles Ornstein, 2018, "Memorial Sloan Kettering's season of turmoil," *New York Times*, December31, https:// www.nytimes.com/2018/12/31/health/ memorial -sloan-kettering-conflicts.html.

35. Patrick Thomas, 2018, "Ever heard of Iqvia? Its CEO made $38 million," *Wall Street Journal*, June12, https:// www.wsj.com/articles/ever-heard-of-iqvia-its-ceo-made-38-million-1528801200.

36. Matthew Smith, Danny Yagan, Owen M. Zidar, and Eric Zwick, 2019, "Capitalists in the twenty-first century," *Quarterly Journal of Economics*, 134(4), 1675–1745.

37. Centers for Medicare and Medicaid Services, 2018, "National health expenditure data," last modified April17, https:// www.cms.gov/Research-Statistics-Data-and-Systems/ Statistics -Trends-and-Reports/NationalHealthExpendData/index.html.

38. Ezekiel J. Emanuel and Victor R. Fuchs, 2008, "Who really pays for health care? The myth of 'shared responsibility,'" *Journal of the American Medical Association*, 299(9), 1057–59.

39. Martin et al., "National health care expenditure."

40. Yi Chin, Maurizio Mazzocco, and Béla Személy, 2019, "Explaining the decline of the U.S. saving rate: The role of health expenditure," *International Economic Review*, 60(4), 1–37, https:// doi.org/10.1111/iere.12405.

41. Sara R. Collins, Herman K. Bhupal, and Michelle M. Doty, 2019, "Health insurance coverage eight years after the ACA," Commonwealth Fund, February 7, https:// www.commonwealthfund.org/publications/issue-briefs/2019/feb/health-insurance-coverage-eight -years-after-aca.

42. Martin et al., "National health care expenditure."

43. Collins et al., "Health insurance coverage."

44. David I. Auerbach and Arthur L. Kellerman, 2011, "A decade of health care cost growth has wiped out real income gains for an average US family," *Health Affairs*, 30(9), 1630–36.

45. Jonathan Gruber, 2000, "Health insurance and the labor market," in Anthony J. Culyer and Joseph P. Newhouse, ed., *Handbook of Health Economics*, Elsevier Science, vol. 1, pt. A, 645–706, https://doi.org/10.1016/S1574-0064(00)80171-7.

46. Joint Committee on Taxation, 2018, "Estimates of federal tax expenditures for fiscal years 2017–2021," May25, https:// www.jct.gov/publications.html?func=select&id=5.

47. Victor R. Fuchs, 2019, "Does employment-based health insurance make the US medical care system unfair and inefficient?," *Journal of the American Medical Association*, 321(21), 2069– 70, https://doi.org/10.1001/jama.2019.4812.

48. Leslie Josephs, 2017, "FedEx says US roads are so bad it's burning through tires twice as fast as it did 20years ago," Quartz, February1, https:// qz.com/900565/fedex-says-us-roads-are -so-bad-its-burning-through-tires-twice-as-fast-as-it-did-20-years-ago/.

49. National Association of State Budget Officers, 2018, *Summary: NASBO state expenditure report*, November15, https:// higherlogicdownload.s3.amazonaws.com/NASBO/9d2d2db1 -c943-4f1b-b750-0fca152d64c2/UploadedImages/Issue%20Briefs%20 /2018_State_Expenditure _Report_Summary.pdf.

50. Arrow, "Uncertainty."

51. Robert D. Atkinson and Michael Lind, 2018, *Big is beautiful: Debunking the myth of small business*, MIT Press.

52. Lawrence Lessig, 2015, *Republic, lost: version 2.0*, Hachette.

53. All data from https://www.opensecrets.org/, accessed August2019.

54. Brill, *America's bitter pill*.

55. Lee Drutman, 2015, *The business of America is lobbying: How corporations became politi cized and politics became more corporate*, Oxford University Press.

56. Zack Cooper, Amanda E. Kowalski, Eleanor N. Powell, and Jennifer Wu, 2019, "Politics and health care spending in the United States," NBER Working Paper 23748, revised February.

第十四章

1. National Academies of Sciences, Engineering, and Medicine, 2017, *The economic and fiscal consequences of immigration*, National Academies Press, https://doi.org/10.17226/23550. We draw on this compendium of evidence extensively in this section.

2. Ufuk Akcigit, Salomé Baslandze, and Stefanie Stantcheva, 2016, "Taxation and the international mobility of inventors," *American Economic Review*, 106(10), 2930–81, http://dx.doi.org/10.1257/aer.20150237.

3. National Academies of Sciences, Engineering, and Medicine, *Economic and fiscal consequences*.

4. Douglas S. Massey, 2017, "The counterproductive consequences of border enforcement," *Cato Journal*, 37(3), https://www.cato.org/cato-journal/fall-2017/counterproductive -consequences-border-enforcement.

5. Tom Cotton, 2016, "Fix immigration. It's what voters want," op-ed, *New York Times*, December 28.

6. National Academies of Sciences, Engineering, and Medicine, *Economic and fiscal conse quences*, 247.

7. *U.S. News and World Report*, n.d., "How much does a plumber make?," accessed July 28, 2019, https://money.usnews.com/careers/best-jobs/plumber/salary.

8. Census Bureau, "Poverty thresholds," accessed February 18, 2019, https://www.census.gov /data/tables/time-series/demo/income-poverty/historical-poverty-thresholds.html.

9. David Autor, David Dorn, and Gordon H. Hansen, 2013, "The China syndrome: Local labor market effects of import competition in the United States," *American Economic Review*, 103(6), 2121–68, http://dx.doi.org/10.1257/aer.103.6.2121. For a later review, see also David Autor, David Dorn, and Gordon H. Hansen, 2016, "The China shock: Learning from labor-market adjustment to large changes in trade," *Annual Review of Economics*, 8, 205–40, https://doi.org/10.1146/annurev-economics-080315-015041.

10. David Autor, David Dorn, and Gordon H. Hansen, 2017, "When work disappears: Manu-facturing decline and the falling marriage market of men," NBER Working Paper 23173, Febru-ary, https://www.nber.org/papers/w23173.

11. Nicholas Bloom, Kyle Handley, André Kurman, and Phillip Luck, 2019, "The impact of Chinese trade on US employment: The good, the bad, and the apocryphal," July, https://nbloom.people.stanford.edu/sites/g/files/sbiybj4746/f/bhkl_posted_draft.pdf.

12. Robert Feenstra, Hong Ma, Akira Sasahara, and Yuan Xu, 2018, "Reconsidering the 'China shock' in trade," VoxEU, January18, https:// voxeu.org/article/reconsidering-china-shock-trade.

13. David Autor, 2019, "Work of the past, work of the future," *American Economic Association Papers and Proceedings*, 109, 1–32.

14. Quoted in Steven Brill, 2018, *Tailspin: The people and forces behind America's fifty-year fall—and those fighting to reverse it*, Knopf, 181.

15. Autor, Dorn, and Hansen, "China shock."

16. Dani Rodrik, 1997, *Has globalization gone too far?*, Institute for International Economics, loc. 178 of 1486, Kindle.

17. Robert Joyce and Xiaowei Xu, 2019, *Inequalities in the 21st century:*

Introducing the IFS Dea ton Review, Institute for Fiscal Studies, May, https://www.ifs.org.uk/inequality/wp-content /uploads/2019/05/The-IFS-Deaton-Review-launch_final.pdf.

18. Alberto Alesina and Edward Glaeser, 2006, *Fighting poverty in the US and Europe: A world of difference*, Oxford University Press; Alberto Alesina, Reza Baqir, and William East-erly, 1999, "Public goods and ethnic divisions," *Quarterly Journal of Economics*, 114(4), 1243–84.

19. Michael A. McCarthy, 2017, *Dismantling solidarity: Capitalist politics and American pen sions since the New Deal*, Cornell University Press, 51.

20. Jacob S. Hacker, 2008, *The great risk shift: The new economic insecurity and the decline of the American dream*, Oxford University Press; McCarthy, *Dismantling solidarity*.

21. 经济合作与发展组织数据，参见 Jacob S. Hacker, 2019, "The economy is strong, so why do so many Americans still feel at risk?," *New York Times*, May 21。

第十五章

1. Adam Smith, 1776, *The wealth of nations*, bk. 1.

2. Alan B. Krueger, 2018, "Reflections on dwindling worker bargaining power and monetary policy," luncheon address at the Jackson Hole Economic Symposium, August 24, https://www.kansascityfed.org/~/media/files/publicat/sympos/2018/papersandhandouts /824180824kruegerremarks.pdf?la=en.

3. Luigi Zingales, 2017, "Towards a political theory of the firm," *Journal of Economic Perspectives*, 31(3), 113–30.

4. Naomi Lamoreaux, 2019, "The problem of bigness: From Standard Oil to Google," *Journal of Economic Perspectives*, 33(3), 94–117.

5. Lamoreaux.

6. Joseph Stiglitz, 2019, *People, power, and politics: Progressive capitalism for an age of discontent*, Norton; Thomas Philippon, 2019, *The great reversal: How America gave up on free markets*, Har-vard University Press; Raghuram Rajan, 2019, *The third*

pillar: How markets and the state leave the community behind, Penguin; Paul Collier, 2018, *The future of capitalism: Facing the new anx ieties*, Harper; Jonathan Tepper and Denise Hearn, 2018, *The myth of competition: Monopolies and the death of competition*, Wiley; Steven Pearlstein, 2018, *Can American capitalism survive? Why greed is not good, opportunity not equal, and fairness won't make us poorer*, St. Martin' s; Tim Wu, 2018, *The curse of bigness: Antitrust in the new gilded age*, Columbia Global Reports; Elizabeth Anderson, 2017, *Private government: How employers rule our lives (and why we don't talk about it)*, Princeton University Press; Dean Baker, 2016, *Rigged: How globalization and the rules of the modern economy were structured to make the rich richer*, Center for Economic Policy Research; Tim Carney, 2019, *Alienated America: Why some places thrive while others collapse*, Harper; Lane Kenworthy, 2019, *Social democratic capitalism*, Oxford University Press. For an unapologetic defense, see Tyler Cowen, 2019, *Big business: A love letter to an American anti-hero*, St. Martin's.

7. Philippon, *Great reversal*.

8. David Autor, David Dorn, Lawrence F. Katz, Christina Patterson, and John van Reenen, 2019, "The fall of the labor share and the rise of superstar firms," NBER Working Paper 23396, revised May2, figure4, https:// economics.mit.edu/files/12979.

9. Buffett quoted in Tepper and Hearn, *Myth of competition*, 2, 198.

10. Numbers from CNN Business online, February 19, 2019: for United, see https://money.cnn.com/quote/shareholders/shareholders.html?symb=UAL&subView=institutional; for Delta, see https://money.cnn.com/quote/shareholders/shareholders.html?symb=DAL&subView=institutional; for Southwest, https://money.cnn.com/quote/shareholders/shareholders.html?symb=LUV&subView=institutional; for American, https://money.cnn.com/quote/shareholders/shareholders.html?symb=AAL&subView=institutional.

11. Einar Elhauge, 2019, "How horizontal shareholding harms our economy—and why anti-trust law can fix it," SSRN, revised August4, http:// dx.doi.org/10.2139/ssrn.3293822; José Azar, Martin C. Schmalz, and Isabel Tecu, 2018, "Anticompetitive effects of common ownership," *Journal of Finance*, 73(4), 1513–65.

12. Tepper and Hearn, *Myth of competition*.

13. Susanto Basu, 2019, "Are price-cost markups rising in the United States? A discussion of the evidence," *Journal of Economic Perspectives*, 33(3), 3–22; Chad Syverson, 2019, "Macroeconom-ics and market power: Context, implications, and open questions," *Journal of Economic Perspec tives*, 33(3), 23–43.

14. Jan De Loecker, Jan Eeckhout, and Gabriel Unger, 2018, "The rise of market power and the macroeconomic implications," November22, http:// www.janeeckhout.com/ wp-content /uploads/RMP.pdf.

15. John R. Hicks, 1935, "Annual survey of economic theory: The theory of monopoly," *Econometrica*, 3(1), 1–20.

16. Carl Shapiro, 2019, "Protecting competition in the American economy: Merger control, tech titans, labor markets," *Journal of Economic Perspectives*, 33(3), 69–93.

17. Carl Shapiro, 2018, "Antitrust in a time of populism," *International Journal of Industrial Organization*, 61, 714–48.

18. De Loecker et al., "Rise of market power."

19. John Van Reenen, 2018, "Increasing differences between firms: Market power and the market economy," prepared for the Jackson Hole conference, https://www. kansascityfed.org /~/media/files/publicat/sympos/2018/papersandhandouts/jh%20 john%20van%20 reenen%20version%2020.pdf?la=en.

20. Autor et al., "Fall of the labor share" ; International Labor Organization and Organisation for Economic Co-operation and Development, 2015, *The Labor share in G20 economies*, report prepared for the G20 Employment Working Group, Antalya, Turkey, February 26–27, https:// www.oecd.org/g20/topics/employment-and-social-policy/ The-Labour-Share-in-G20 -Economies.pdf.

21. For a contrary view, see Philippon, *Great reversal*.

22. Verizon Communications Inc. v. Law Offices of Curtis V. Trinko LLP, 540 U.S. 398 (2004), https://www.law.cornell.edu/supct/html/02-682.ZO.html.

23. Esteban Rossi-Hansberg, Pierre-Daniel Sarte, and Nicholas Trachter, 2018,

"Diverging trends in national and local concentration," NBER Working Paper 25066, September.

24. For an argument to the contrary, see Philippon, *Great reversal*.

25. Joan Robinson, 1933, *The economics of imperfect competition*, Macmillan.

26. David G. Blanchflower, 2019, *Not working: Where have all the good jobs gone?*, Princeton University Press; David Autor, 2019, "Work of the past, work of the future," *American Economic Association Papers and Proceedings*, 109, 1–32.

27. Doruk Cengiz, Arindrajit Dube, Attila Lindner, and Ben Zipperer, 2019, "The effect of minimum wages on low-wage jobs," *Quarterly Journal of Economics*, 134(3), 1405–54.

28. David Metcalf, 2008, "Why has the British national minimum wage had little or no impact on employment?," *Journal of Industrial Relations*, 50(3), 489–512; David Card and Alan B. Krueger, 2017, "*Myth and measurement* and the theory and practice of labor economics," *ILR Review*, 70(3), 826–31.

29. Kevin Rinz, 2018, "Labor market concentration, earnings inequality, and earnings mobility," US Census Bureau, CARRA Working Paper 2018-10, September, https://www.census.gov /content/dam/Census/library/working-papers/2018/adrm/carra-wp-2018-10.pdf.

30. Krueger, "Reflections."

31. Krueger.

32. David Weil, 2014, *The fissured workplace: Why work became so bad for so many and what can be done to improve it*, Harvard University Press.

33. David Dorn, Johannes Schmieder, and James R. Spletzer, 2018, "Domestic outsourcing in the United States," January31, 1, https:// www.dol.gov/sites/dolgov/files/OASP/legacy/files /Domestic-Outsourcing-in-the-United-States.pdf.

34. *New York Times*, 2019, "Senators urge Google to give temporary workers fulltime status," August 5.

35. Henry Farber, David Herbst, Ilyana Kuziemko, and Suresh Naidu, 2018, "Unions

and inequality over the 20th century: New evidence from survey data," NBER Working Paper 24587, May, https://www.nber.org/papers/w24587.

36. Kathryn Abraham and Melissa Kearney, 2018, "Explaining the decline in the US employment to population ratio: A review of the evidence," NBER Working Paper 24333, February, https://www.nber.org/papers/w24333.

37. 我们衷心感谢奥利弗·哈特针对这些问题所做的讨论。

38. The following draws on Lee Drutman, 2015, *The business of America is lobbying: How corporations became politicized and politics became more corporate*, Oxford University Press; Jacob S. Hacker and Paul Pierson, 2011, *Winner-take-all politics: How Washington made the rich richer—and turned its back on the middle class*, Simon and Schuster; and Brink Lindsey and Steven M. Teles, 2017, *The captured economy: How the powerful enrich themselves, slow down growth, and increase inequality*, Oxford University Press.

39. Data from https://www.opensecrets.org, accessed August 5, 2019.

40. Stephanie Hernandez McGavin, 2016, "Volkswagen Group leads automotive spending on advertising," *Automotive News*, December9, https:// www.autonews.com/article/20161209 /RETAIL03/161209824/volkswagen-group-leads-automotive-spending-on-advertising.

41. Lewis F. Powell Jr., 1971, "Attack of American free enterprise system," confidential memo-randum to Eugene B. Sydnor Jr., August 23, Supreme Court History: Law, Power, and Personality, PBS, accessed August14, 2019, https:// web.archive.org/web/20120104052451 /http://www.pbs.org/wnet/supremecourt/personality/sources_document13.html.

42. Data from https://www.opensecrets.org, accessed August 5, 2019.

43. Martin Gilens, 2014, *Affluence and influence: Economic inequality and political power in America*, Princeton University Press; Larry M. Bartels, 2008, *Unequal democracy: The political economy of the new gilded age*, Princeton University Press.

44. Dani Rodrik, 1997, *Has globalization gone too far?*, Institute for International

Economics.

45. Weil, *Fissured workplace*.

第十六章

1. Amartya K. Sen, 2009, *The idea of justice*, Harvard University Press; Amartya K. Sen, 2006, “What do we want from a theory of justice?,” *Journal of Philosophy*, 103(5), 215–38.

2. Anthony B. Atkinson, 1970, “The measurement of inequality,” *Journal of Economic Theory*, 2, 224–63.

3. Derek Parfit, 1997, “Equality and priority,” *Ratio*, 10(3), 202–21.

4. Peter Diamond and Emanuel Saez, 2011, “The case for a progressive tax: From basic research to policy recommendations,” *Journal of Economic Perspectives*, 25(4), 165–90.

5. Abby Goodnough, 2018, “This city's overdose deaths have plunged. Can others learn from it?,” *New York Times*, November25, https:// www.nytimes.com/2018/11/25/health/opioid -overdose-deaths-dayton.html.

6. Centers for Disease Control and Prevention, 2019, “Prescription opioid data,” last reviewed June27, https:// www.cdc.gov/drugoverdose/data/prescribing.html.

7. Kenneth J. Arrow, 1963, “Uncertainty and the welfare economics of medical care,” *American Economic Review*, 53(5), 941–73.

8. Nicholas Timmins, 2009, “The NICE way of influencing health spending: A conversation with Sir Michael Rawlins,” *Health Affairs*, 28(5), 1360–65, https://doi.org/10.1377/hlthaff.28.5.1360.

9. Arrow, “Uncertainty,” 967.

10. Edward R. Berchick, Emily Hood, and Jessica C. Barnett, 2018, *Health insurance coverage in the United States: 2017*, report no. P60-264, US Census Bureau, September, https://www.census.gov/library/publications/2018/demo/p60-264.html.

11. Victor R. Fuchs, 2018, “Is single payer the answer for the US health care

system?," *Journal of the American Medical Association*, 319(1), 15–16, https://doi.org/10.1001/jama.2017.18739.

12. Victor R. Fuchs, 2018, "How to make US health care more equitable and less costly: Begin by replacing employment-based insurance," *Journal of the American Medical Association*, 320(20), 2071–72, 2072, https://doi.org/10.1001/jama.2018.16475, 2072.

13. Ezekiel J. Emanuel and Victor R. Fuchs, 2007, *A comprehensive cure: Universal health care vouchers*, Discussion Paper 2007-11, Brookings Institution, July, http://www.hamiltonproject.org/assets/legacy/files/downloads_and_links/A_Comprehensive_Cure-_Universal_Health _Care_Vouchers.pdf.

14. Dylan Scott, 2019, "How to build a Medicare-for-all plan, explained by somebody who's thought about it for 20years," Vox, January28, https:// www.vox.com/policy-and-politics/2019/1/28/18192674/medicare-for-all-cost-jacob-hacker. See also JacobS. Hacker, 2018, "The road to Medicare for everyone," *American Prospect*, January 3.

15. BBC News, 1998, "Making Britain better," July1, http:// news.bbc.co.uk/2/hi/events/nhs _at_50/special_report/119803.stm.

16. Anthony B. Atkinson, 2003, "Income inequality in OECD countries: Data and explanations," *CESifo Economic Studies*, 49(4), 479–513.

17. Kwame Anthony Appiah, 2018, *The lies that bind: Rethinking identity*, Liveright.

18. Philippe van Parijs and Yannick Vanderborght, 2017, *Basic income: A radical proposal for a free society and a sane economy*, Harvard University Press.

19. Emma Rothschild, 2000, "A basic income for all: Security and laissez-faire," *Boston Review*, October1, http:// bostonreview.net/forum/basic-income-all/emma-rothschild-security-and -laissez-faire.

20. Herbert Simon, 2000, "A basic income for all: UBI and the flat tax," *Boston Review*, October1, http:// bostonreview.net/forum/basic-income-all/herbert-simon-ubi-and-flat-tax.

21. Hilary W. Hoynes and Jesse Rothstein, 2019, "Universal basic income in the US and advanced countries," NBER Working Paper 25538, February, https://www.nber.org/papers /w25538.

22. Robert H. Frank, 2014, "Let's try a basic income and public work," *Cato Unbound*, August11, https:// www.cato-unbound.org/2014/08/11/robert-h-frank/lets-try-basic-income -public-work.

23. Eric A. Posner and E. Glen Weyl, 2018, *Radical markets: Uprooting capitalism and democracy for a just society*, Princeton University Press.

24. Edmund Phelps, 2009, *Rewarding work: How to restore participation and self-support to free enterprise*, Harvard University Press; Oren Cass, 2018, *The once and future worker: A vision for the renewal of work in America*, Encounter Books.

25. Bureau of Labor Statistics, 2018, "Characteristics of minimum wage workers, 2017," BLS Reports, Report 1072, March, https://www.bls.gov/opub/reports/minimum-wage/2017 /home.htm.

26. Joan Robinson, 1956, *The accumulation of capital*, Macmillan, 87.

27. Brink Lindsey and Steven M. Teles, 2017, *The captured economy: How the powerful enrich themselves, slow down growth, and increase inequality*, Oxford University Press.

28. Lindsey and Teles. See also Dean Baker, 2016, *Rigged: How globalization and the rules of the modern economy were structured to make the rich richer*, Center for Economic Policy Research.

29. Robert D. Atkinson and Michael Lind, 2018, *Big is beautiful: Debunking the myth of small business*, MIT Press.

30. Matthew Smith, Danny Yagan, Owen M. Zidar, and Eric Zwick, 2019, "Capitalists in the 21st century," *Quarterly Journal of Economics*, 134(4), 1675–1745, 1677.

31. Adam Smith, 1776, *The wealth of nations*, bk. 4.

32. Cass, *Once and future worker*.

33. Michael J. Sandel, 2018, "Populism, Trump, and the future of democracy,"

openDem-ocracy, May9, https:// www.opendemocracy.net/en/populism-trump-and-future-of -democracy/.

34. Harriet Ryan, Lisa Girion, and Scott Glover, 2016, "OxyContin goes global—'We're only just getting started,'" *Los Angeles Times*, December18, https:// www.latimes.com/projects /la-me-oxycontin-part3/.

35. Ellen Barry, 2019, "'Austerity, that's what I know': The making of a young UK socialist," *New York Times*, February24, https:// www.nytimes.com/2019/02/24/world/europe/britain -austerity-socialism.html.

36. Charles Murray, 2012, *Coming apart: The state of white America, 1960–2010*, Crown.

37. Angus Deaton, 2017, "Without governments would countries have more inequality, or less?," *Economist*, July 13.